기호와 현대철학

기호와 현대철학

Signs and Contemporary Philosophy

저자 **김상봉**

박문사

목차

0. 서설

1. 질 들뢰즈
-『프루스트와 기호들』읽기

2. 질 들뢰즈/펠릭스 가타리 ①
– 『안티 오이디푸스』에서 기호의 문제

3. 질 들뢰즈/펠릭스 가타리 Ⅱ
-『천개의 고원』에서 언어론과 기호체제론

4. 자크 데리다 I
- 『목소리와 현상』 읽기

5. 자크 데리다 Ⅱ
-『그라마톨로지에 대하여』읽기

6. 미셸 푸코
-『지식의 고고학』읽기

7. 장 프랑수아 리오타르
-『포스트모던적 조건』

8. 맺는말

0. 서설

0.1 서론

이 장에서는 현대철학에서 기호의 문제를 다루기 전에 그에 선행되어야 할 기초적 논의가 진행된다.

지난 20세기 말의 철학의 주류는 영미철학과 프랑스철학 모두 '기호'의 철학이었다. 소쉬르, 퍼스, 옐름슬레우, 비트겐슈타인에 의해 이루어진 '기호학적 전환'은 철학에 있어서 혁명을 불러일으켰다. 데리다, 들뢰즈, 푸코 등의 프랑스 사상가들은 이 '기호'의 문제를 각각의 방식대로 깊이 다루었다. 그리고 이른바 구조주의와 포스트 구조주의의 유행의 배경에는 바로 이러한 '기호적 전환'이 있었다. 왜냐하면 기호학은 인간의 의식적 사고가 '기호'에 얽혀있을 뿐만 아니라 '기호'에 의해 강하게 제약되어 있다는 사실을, 그리고 더 나아가 인간의 의식이 기호 체계의 함수 혹은 하나의 '기능'에 지나지 않는다는 사실을 밝혔고 의식 주체를 극복하려는 구조주의와 포스트 구조주의의 기획, 즉 〈무의식적 선험〉, 혹은 〈선험적 무의식〉의 기획에 이러한 기호학의 성과가 맞아 떨어졌기 때문이다. 들뢰즈는 이러한 분위기에서 다음과 같이 쓴다.

"하나의 현상이란 외관이 아니며, 결코 출현도 아니지만, 실제적인 힘 속에서 의미를 발견하는 기호이며 징후이다. 모든 철학은 징후학이자 기호학이다. 과학은 징후학적이고 기호학적인 체계이다."[1]

이러한 프랑스에서의 사상의 흐름 이외에도 비트겐슈타인의 『철학적 탐구』도 넓은 의미의 기호학적 연구에 속하며 비트겐슈타인의 이러한 탐구는 현대 영미철학 뿐만 아니라 대륙철학 전반에 영향을 미쳤다. 유명한 오스틴의 『말과 행위』나 장 프랑수아 리오타르의 『포스트모던적 조건』과 기타 다른 여러 저작들도 이러한 비트겐슈타인의 강력한 영향 아래에서 쓰였다.

그러므로 이러한 기호에 대한 철학적 논의를 빼버린다면 현대사상을 잘 이해할 수 없을 것이다. 이러한 기호와 현대철학의 관계에 대한 논의를 하기 전에 현대철학자들에게 큰 영향을 미친, '기호'에 대한 논의의 기초가 되는 사상가들로서 찰스 샌더스 퍼스, 페르디낭드 소쉬르, 루이 옐름슬레우, 루트비히 비트겐슈타인에 대해 논한다. 이들 사상가들을 이미 잘 안다면 이 장을 생략하고 1장부터 읽는 것도 나쁘지 않다.

---

1   질 들뢰즈, 이경신 옮김, 『니체와 철학』, 서울: 민음사, 2008, 20쪽

0.2 찰스 샌더스 퍼스

퍼스에 의하면 현상은 세 가지로 구분되는데, 그것은 1차성으로서의 자질(quality), 2차성으로서의 사실(fact), 3차성으로서의 사고가 바로 그것이다. 자질과 사실이 구분되는 것은 자질이 다른 것과 상관없이 그 자체로 존재하는 가능성인 반면에 사실(fact)은 서로 다른 대상들이 직접적으로 맺는 관계 속에서 대상의 존재방식을 의미하기 때문이다. 여기에는 제3의 무언가가 개입할 여지가 없다. 즉 두 대상을 매개할 제3자는 존재하지 않는다. 퍼스에 의하면 2차성의 예로는 실존과 경험이 있다. 이윤희는 2차성을 다음과 같이 정리하고 있다.

> "퍼스는 실존과 경험을 2차성의 예시로 든다. 즉 관찰자는 내부
> 와 외부 두 개의 세계에 존재하며 내부의 상상과 외부의 사실을
> 동시에 경험한다. 즉 노력과 저항, 작용과 반작용, 자아와 비자아,
> 지각과 의지라는 대립적인 이중의 의식을 실제로 경험한다."[2]

반면에 3차성으로서의 사고는 두 대상을 매개하고 종합하는 역동적인 범주이며, "다른 대상들을 연결하는 능동적인 힘"이다.[3] 이러한 3차성은 또한 일반성과 법칙성을 가진다는 점에서 2차성과 구분

2 　이윤희, 「찰스 샌더스 퍼스」, 서울: 커뮤니케이션 북스, 2017, 3쪽~4쪽

3 　조창연, 「퍼스의 기호학적 커뮤니케이션에 대한 연구: ─이론적 현황, 문제점과 대안적 모델─」, 「기호학 연구」 제42권 0호 : 329-353, 337쪽

된다.

퍼스의 〈기호〉 개념은 소쉬르의 기표/기의 이원론과는 달리 삼원론에 의해 구성된다. 기호 혹은 표상체(representamen)가 있고 이 표상체가 대신하는 것을 대상, 표상체가 정신에 낳는 효과를 해석소(interpretant)라고 한다. 그리고 이러한 "기호 개념의 삼원적 관계는 초기부터 이후까지 변함없이 남아있다."[4]

퍼스는 기호의 형식적 조건으로 다음 네 가지를 꼽았다.[5]

(1) 기호는 대상과 연관성이 있거나 대상을 재현해야 한다

  (이것을 기호의 '재현적 조건'이라고 부른다).

(2) 기호는 일종의 의미 또는 깊이를 가져야 한다

  (이것을 기호의 '표현적 조건'이라고 부른다).

(3) 기호는 하나의 해석소를 확정해야 한다(이것을 기호의 '해석적 조건'이라고 부른다).

(4) 기호 개념의 삼원적 구조에서 하나도 뺄 것이 없어야 한다.

(1) 기호의 '재현적 조건'은 기호의 대상이 될 자격에 관한 것이다. 여기서 주의할 점은 이러한 '기호의 대상'이 "기호에 의해 그 자체로 재현되는 것"만을 가리키지 않는다는 것이다. 오히려 "대상을 재현하는 기호 작용의 과정에서, 그 대상이 저항하거나, 제약을 부여하거나, 또는 일반적으로 한정요인(determinant)으로 작용하거나 하도

---

4 「찰스 샌더스 퍼스」, 22쪽

5 James Jakób Liszka, 이윤희, 『퍼스 기호학의 이해』, 서울: 한국외국어대학교 출판부, 2013, 67~68쪽

록 하는 경우"가 존재하고 이 경우에도 이 대상을 '기호의 대상'이라

고 부른다.[6] 기호에 의해 직접적으로 재현되는 대상을 퍼스는 직접

적 대상(immediate object)라 부르고 기호 작용의 과정에서 제약을 부여하

거나 한정요인으로 작용하는 대상을 역동적 대상(dynamic object)라고 부

른다. 말하자면 역동적 대상은 기호 작용을 이끌고 나가는 '보이지 않

는 힘'이다. 이런 의미에서 헐스위트는 퍼스의 역동적 대상이 도상에

대해서는 필요조건(necessary condition)의 역할을, 지표에 대해서는 작용

인의 역할을, 상징에 대해서는 목적인의 역할을 한다고 말한다.[7]

(2) 퍼스는 기호가 기호가 되기 위한 표현적 조건을 기호의 '기반'

이라고 부르는데, 이러한 기반은 추상적인 순수형식이나 '이데아'이

다. 그리고 이러한 순수형식 혹은 '이데아'는 '표상체를 통해 해석소

에 전달되는 잠재성'이다. 말하자면 기호는 대상의 '어떤 자질, 성격

또는 성질'을 그 기호 안에서 추상적인 형태, 즉 본질로 표현한다.

(3) 기호의 해석적 조건에서 기호는 해석소를 규정해야 한다. 이

러한 해석소는 말하자면 기호의 정신 내적 '번역'이라고 볼 수 있다.

번역자라는 매개를 통해 해석소가 규정되는가 하면, 번역이 기호과

정의 결과물이기도 하고, 해석소가 번역자에게 어떤 영향을 미치기

도 한다.

(4) 이뿐만 아니라 기호의 네 번째 형식적 조건으로 삼원적 관계

의 완결성을 들 수 있다. 삼원적 관계의 완결성이란 다음과 같다.

예를 들어 A 사건이 B 사건을 만들고 B 사건이 C 사건을 만들

---

6 「퍼스 기호학의 이해」, 73쪽

7 「찰스 샌더스 퍼스」, 25쪽

었을 때 두 개의 이원적 관계, 즉 A-B 관계와 B-C 관계만 존재
했을 때 A와 C의 관계는 서로 독립적일 수 있다. 그런데 애초부터
A-B-C의 3원적 관계가 존재했다면 "A는 C를 만들기 위한 수단으
로써 B를" 만드는 것이 된다. 즉 "B는 C를 만들 것 같아서 생산된
다."[8] 따라서 A, B, C 중 하나라도 빠지면 이 삼원적 관계의 완결성
은 성립하지 않는다.

퍼스는 기호가 그 대상과 맺는 관계에 따라서 기호를 도상, 지표,
상징으로 분류한다. 그리고 헐스위트의 말대로 이 세 기호는 모두
"역동적 대상과의 연관성"[9] 속에 있다.

(1) 도상은 기호의 자질과 역동적 대상의 '유사성'에 의해 그 관계
가 규정된다. 앞에서 보았듯이 역동적 대상은 도상에 대해 '필요조
건(necessary condition)'의 역할을 한다. 예를 들어 집의 청사진은 하나의
도상이며 역동적 대상으로서의 집은 '가능적인 집'이어야 한다. 만약
청사진에 있어서 역동적 대상으로서의 집이 '현실적인 집'이라면 그
집은 '직접적인 대상'이 되어 모순이 된다. 이런 의미에서 "집의 청
사진은[…] 그것의 가능성을 재현한다."[10]

(2) 지표는 대상과의 '작용의 인과관계'에 의해 규정되기도 한다.

---

8 『퍼스 기호학의 이해』, 91쪽
9 『찰스 샌더스 퍼스』, 37쪽
10 『찰스 샌더스 퍼스』, 38쪽

앞에서 역동적 대상은 지표에 대해 '작용인'으로 기능한다고 말했었다. 예를 들어 '불'은 연기라는 지표의 역동적 대상이자 작용인이다. 그런데 퍼스는 손가락으로 사물을 가리키는 것처럼 인과관계가 존재하지 않을 때 이 손가락과 같은 지표를 "퇴행적 지표"라고 부른다. 이윤희는 이러한 퇴행적 지표에 대해 다음과 같이 쓴다.

> "이때 손가락은 대상의 실제성[현실성(actuality)]이라는 역동적
> 대상을 재현한다. 여기서 대상을 재현한다는 것은 기호가 대상과
> 어떤 식으로든 연결되어 있거나 혹은 관계되어 있다는 것을 의미
> 한다."[11]

(3) 퍼스에 의하면 상징은 대상에 대한 목적성 혹은 의도성과 연결되어 있다. 상징은 대상을 지시하는 것이 아니며 대상을 해석하는 기능을 할 뿐만 아니라 "대상에 대한 일반성을 재현"한다.[12]

0.3 페르디낭 드 소쉬르

소쉬르는 『일반언어학 강의』에서 언어학의 연구대상을 확립된 집단적 체계로서 '랑그'에 한정한다. 반면에 개인적 발화로서 '파롤'은 랑그와 뚜렷이 구별된다. 이러한 랑그와 파롤의 구분은 곧 "사회

---

11 『찰스 샌더스 퍼스』, 39쪽
12 『찰스 샌더스 퍼스』, 40쪽

적인 것과 개인적인 것"의 구분 혹은 "본질적인 것과 부수적이고 다소 우연적인 것"의 구분이다.[13] 소쉬르에 의하면 랑그는 자연에 의해 천부적으로 주어진 것이 아니라 사회적으로 구성되는 것이다. 말하자면 랑그는 사회적 계약 혹은 약속으로서 존재한다. 개인 혼자서는 랑그를 구성할 수 없기 때문이다. 그럼에도 불구하고 소쉬르는 랑그가 추상물이 아닌 심리적인 것으로서 "구체적인 성질을 가진 대상"이라고 말한다.[14]

이런 의미에서 소쉬르는 추상적 구조를 탐구하는, 엄밀한 의미의 구조주의자라고 볼 수 없으며, 구조주의가 성숙 되지 않은 시기에 존재했던 구조주의의 선구자이자 개척자라고 볼 수 있다.

소쉬르는 언어학이 랑그 자체를 연구해야 하며 언어를 다른 사상(事狀)과 관련해서 연구해 온 지금까지의 연구방식이 잘못되어 있다고 말한다. 그리고 소쉬르는 랑그에 대한 다음과 같은 두 가지 잘못된 관점을 지적한다.

(1) 대중들의 피상적 견해로서, "랑그를 어휘목록[⋯]으로만 생각"하는 관점[15]
(2) 개인의 기호 메커니즘을 연구하는 심리학자의 관점

(2)가 잘못된 것은 랑그가 사회적인 것이지 개인적인 것이 아니기 때문이다.

---

13 페르디낭 드 소쉬르, 김현권 옮김, 『일반언어학 강의』, 서울: 지식을 만드는 지식, 2012, 30쪽
14 『일반언어학 강의』, 32쪽
15 『일반언어학 강의』, 35쪽

앞에서 말했듯이 소쉬르는 랑그를 연구하는 데에 있어 랑그 외적인 것을 배제하고 순수하게 랑그만을 탐구해야 한다고 말한다. 소쉬르는 이러한 랑그와 랑그 외적인 것 사이의 연관관계를 연구하는 언어학을 '외적 언어학'이라고 부르는데, 소쉬르는 이러한 '외적 언어학'이 유용할 수는 있지만, 외적인 것을 배제하고 랑그 자체를 탐구하는 것이 불가능하지 않음을 강조한다. 소쉬르는 이러한 '외적 언어학' 대신 '내적 언어학'을 주로 연구해야 한다고 말한다. 그리고 소쉬르에 의하면,

> "내적 언어학에서는 사정이 이와 전혀 다릅니다. 내적 언어학은 어떠한 배치도 허용하지 않기 때문입니다. 언어는 자기 고유의 질서만을 인정하는 체계입니다. 체스 놀이와 비교해 보면 이 사실을 더 잘 알 수 있습니다. 체스 놀이에서는 외적인 것과 내적인 것을 구별하기가 비교적 쉽습니다. 예컨대 체스 놀이가 페르시아에서 유럽으로 들어왔다는 사실은 외적인 것입니다. 이와 반대로 체스 놀이의 체계와 규칙에 관계되는 모든 것은 내적인 것입니다."[16]

그런데 소쉬르는 언어와 문자를 별개의 독립된 두 기호 체계들이며 따라서 언어가 문자와 관계없이 그 자체로 학문의 대상이 될 수 있다고 말한다. 말하자면 문자는 언어의 '외부'에 존재한다. 그런데 소쉬르는 이러한 외재성으로서의 문자가 언어의 영역을 침범할 뿐

---

16 「일반언어학 강의」, 47쪽

만 아니라 언어의 지위를 '찬탈'한다고 말한다: "문자로 쓰인 단어는 발화된 단어[…]와 밀접하게 섞여서 결국 주도적 역할을 빼앗아 버리지요."[17] 이에 대해서는 데리다가 비판하고 있다. 5장을 참조하길 바란다.

소쉬르는 이러한 음성언어보다 강력한 '문자법의 위력'을 다음과 같이 설명한다: 문자언어는 청각인상보다 더 명료하고 지속적인 시각인상에 의존하기 때문에, 음성언어보다 견고할 뿐만 아니라 문자 관계는 "유일하고도 진정한 관계"이자 "자연적 관계"로서 음성 관계보다 알기 쉽다.[18]

소쉬르는 언어가 말과 사물의 결합이 아닌, 청각영상과 개념의 결합이라고 말한다. 그리고 청각영상을 '기표'로, 개념을 '기의'로 이름 붙인다. 이것은 '소박한 실재론'을 파괴하는 주장이다. 게다가 '청각영상'으로서의 '기표' 또한 물리적, 감각적 실재가 아니라 "음성의 심리적 각인, 즉 우리 감각이 나타내 주는 음성에 대한 표상"이다.[19]

소쉬르에 의하면 이러한 기표와 기의의 결합관계는 자의적이다. 이러한 자의성은 그 관계를 주체가 마음대로 규정지을 수 있음을 뜻하지 않으며, 기표와 기의가 비동기적(immotivé)이라는 것을 의미한다. 즉 기표와 기의 사이에는 아무런 자연적 관계가 존재하지 않는다.

또한 언어 기표는 선적인 특성을 가진다. 시각적 기표는 다차원적

---

17 『일반언어학 강의』, 50쪽
18 『일반언어학 강의』, 53쪽
19 『일반언어학 강의』, 135쪽

정보를 제공하지만, 청각적 기표는 하나씩 차례로 출현하므로 일차원의 "시간상의 선" 위에만 존재한다는 것이다.[20]

소쉬르는 또한 언어학이 경제학과 마찬가지로 '가치'의 학문이라고 말한다. 그에 의하면 언어는 "순수 가치 체계", 즉 외부로부터 격리된, 특히 자연적 소재나 자연적 토대로부터 유리된 가치 체계이다. 그렇다면 소쉬르가 말하는 '언어 가치'란 무엇인가? 예를 들어 프랑스어 mouton과 영어 sheep은 의미가 같지만, 영국에서는 요리로 만들어진 양고기를 mutton이라고 말하지 sheep이라고 말하지는 않는다. 즉 가치가 다른 것이다.

소쉬르에 의하면 언어의 '가치'는 (1) 기표들 사이의 차이 (2) 기표들에 대응하는 개념에 의해 규정된다. 그중에서 기표들 간의 차이는 "음성적인 것이 아니라 무형체"이며[21] 이러한 기표들 사이의 '차이'와 개념들 사이의 '차이'가 가치를 구성한다는 점에서, "언어에는 차이만이 있"으며 "적극적 사항 없이 차이만이 있"다.[22]

> "기호 내의 관념이나 음성 질료보다는 그 기호의 주위에 있는
> 다른 기호의 관념이나 음성 질료가 더 중요합니다."[23]

---

20 『일반언어학 강의』, 143쪽
21 『일반언어학 강의』, 242쪽
22 『일반언어학 강의』, 245쪽
23 『일반언어학 강의』, 245쪽

0.4 루이 옐름슬레우

옐름슬레우의『랑가쥬 이론 서설』에는 매우 많은 개념들이 등장한다. 그중에서도 '기능'이라는 개념이 이 텍스트로 들어가는 입구가 될 수 있다. 옐름슬레우에 의하면 기능은 "분석의 조건을 충족시키는 의존성"이다.[24]

옐름슬레우에 의하면 언어는 기능=의존성의 체계이다. 즉, "총체는 대상이 아닌 의존성으로 구성"되어 있다.[25] 그리고 옐름슬레우는 두 사항 사이의 기능=의존성을 다음과 같이 세 가지로 분류한다.

(1) 서로가 서로를 전제하는 두 항 사이의 의존성으로서 상호의존성(interdépendances)

(2) 한 항이 다른 항을 일방적으로 전제하는 두 항 사이의 의존성으로서 한정
(détermination)

(3) 서로가 서로를 전제하지 않는 느슨한 의존성으로서 점멸(constellations)

그리고 "다른 대상들과 관련하여 한 기능을 가지고 있는 대상(『랑가쥬 이론 서설』, 49쪽)"을 옐름슬레우는 기능소(fonctif)라고 부른다. 옐름슬레우는 기능들 사이에도 의존성이 존재할 수 있으므로 기능들이 기능소가 될 수 있다고 말한다. 그리고 기능이 아닌 기능소들을 옐름슬레우는 규격(grandeur)이라고 부른다. 이와 같이 두 사항들의 의존성으로서 기능과 이러한 의존성의 항들을 이루는 기능소를 구별하는

---

24   루이 옐름슬레우, 김용숙 · 김혜련 옮김, 『랑가쥬 이론 서설』, 서울: 동문선, 2000, 49쪽

25   『랑가쥬 이론 서설』, 36쪽

것은 매우 중요하다.

그리고 이러한 의존성 중에서 연결종합의 의존성, 즉 "A and B and C…."의 의존성을 '관계'라고 부르고, 분리종합의 의존성, 즉 "A or B or C…."의 의존성을 '상관'이라고 부른다. 다음과 같은 표를 통해 생성되는 단어들을 보자.

$$r a t$$
$$m i s$$

이로써 만들 수 있는 단어는 rat, ras, rit, ris, mat, mas, mit, mis 가 있다. 여기서 rat에는 r과 a와 t 사이에 연결종합이 있고, mis에도 m과 i와 s 사이에 연결종합이 있다. 반면 r과 m 사이에는 분리종합이 있다.

'관계'를 이루는 기능소들을 관계소, '상관'을 이루는 기능소들을 상관소라고 부른다.

또한 '분석을 따르는 대상'을 부류(classe)라 부르고, '분석을 통하여 동질적으로 상호의존하고 부류에 의존하는 대상들'을 이 부류의 부문(composantes)이라고 부른다. 또한 부류들의 부류를 위계(hiérarchie)라고 부른다.[26]

또한 관계에 의한 위계를 과정이라고 이름 붙이고, 상관에 의한 위계를 '체계'라고 이름 붙인다. 자연언어에서의 과정과 체계는 각각

26 『랑가쥬 이론 서설』, 44쪽

텍스트와 랑그라고 불린다. 그리고 과정 내에서의 상호의존성과 체계 내에서의 상호의존성을 옐름슬레우는 각각 연대성(solidarité)과 보충성(complimentarité)이라고 부른다.

옐름슬레우에 의하면 기호 기능에는 두 가지 기능소로서 표현과 내용이 있는데, 과정으로서의 텍스트 속에서 이러한 표현과 내용은 서로를 전제한다는 점에서 하나의 연대성을 이룬다. 이런 의미에서 옐름슬레우는 "기호 기능은 그 자체로 하나의 연대성"이라고 말한다.[27] 옐름슬레우는 여기서 내용과 의미를 구별해야 한다고 말한다. 옐름슬레우는 의미를 '무정형의 사곳덩어리'로서 모든 랑그에 공통적인, 말하자면 "내용의 질료(matière)"에 해당한다고 말한다. 이러한 질료는 각 언어에서 각기 다른 형식을 가지며, "매번 새로운 형식의 실체가 되고, 어떤 형식의 실체 되는 것 이외에 가능한 다른 존재를 가지지 않는다."[28] 이런 의미에서 "내용의 형식"과 "내용의 실체"가 존재한다는 것을 받아들여야 한다고 옐름슬레우는 말한다.

옐름슬레우는 또한 표현의 질료가 존재한다고 말한다. 예를 들어 영어의 got, 독일어의 Gott, 덴마크의 godt의 발음은 동일한 표현의 질료를 가지고 있지만 각각의 발음의 내용은 서로 다르다. 그리고 이러한 표현의 질료는 모든 랑그에 공통되며 이것이 각각의 랑그에 구현될 때 "매번 새로운 형식의 실체"가 된다. 따라서 "표현의 형식"과 "표현의 실체"가 존재한다. 내용의 실체와 표현의 실체가 존재하는 것은 내용의 형식과 표현의 형식이 존재하기 때문이다.

---

27 「랑가쥐 이론 서설」, 66쪽
28 「랑가쥐 이론 서설」, 70쪽

옐름슬레우는 여기서 과감하게 '기호'를 다시 정의해야 한다고 말한다. 옐름슬레우에 의하면 '기호'는 내용의 실체와 표현의 실체를 동시에 가진, 내용의 면과 표현의 면이라는 "두 면을 가진 하나의 규격"이며 "'외부에서' 표현의 실체로 향하고 '내부에서' 내용의 실체로 향한다." 우리는 텍스트를 분석할 때 서로 연대적인 표현의 선과 내용의 선을 나눌 수밖에 없으며 체계를 분석할 때 서로 연대적인 내용의 면과 표현의 면을 나눌 수밖에 없다. 종합하자면 기호는 서로 연대적인 표현 측면과 내용 측면을 지닌다.

옐름슬레우는 기호의 체계가 경제성을 가지며 이러한 경제성은 적은 수의 요소들로 항상 무한히 새로운 기호를 생산해 내는 것이라고 말한다. 이러한 기호 이전에 존재하는 "기호 체계 내에서 기호의 부분인 이러한 비기호들"을 옐름슬레우는 "형상소(figures)"[29]라고 부른다.

옐름슬레우에 의하면 언어학의 역할은 다른 과학이 내용 질료와 표현 질료에 대해 탐구할 때 바로 언어의 형식에 대해서 탐구하는 것이다: "언어학은 이 두 측면 내에서 서로 결부된 의미에 전념하지 않은 채 언어 형식을 분석할 수 있고 또 분석해야 한다."[30]이런 내용 질료와 표현 질료의 배제는 오직 내적이고 기능적인 관점에서 언어를 분석하는 것이다. 이러한 '질료'를 배제하는 과학은 "랑그의 대수학"이 될 것이라고 옐름슬레우는 말한다.

그런데 움베르토 에코는 옐름슬레우에게 있어 표현의 질료와 내

---

29 『랑가쥬 이론 서설』, 63쪽
30 『랑가쥬 이론 서설』, 99쪽

용의 질료가 단 하나의 동일한 연속체를 이룬다고 말한다.

> "표현과 내용의 질료를 가리킬 때 옐름슬레우가 동일한 용어를
> 사용하는 것은 우연이 아니다. […] 커뮤니케이션에 필요한 연속
> 체는 곧 커뮤니케이션 대상으로서의 연속체이기 때문이다."[31]

즉 옐름슬레우가 말하는 연속체가 기호 이전에 존재하며, 무언가
를 표현하기 위해서 조직되면서도 동시에 표현되는 어떤 것이기도
한 것이 바로 이 질료-연속체라고 움베르토 에코는 말하고 있는 것
이다. **즉 동일한 질료가 어떤 경우에는 내용의 질료가 되고 다른 경
우에는 표현의 질료가 될 수 있다는 것을 뜻하는 것이지 한 기호 내
부에서 내용의 질료와 표현의 질료가 같다는 뜻이 아니다.** 이 질료-
연속체는 '무형의 중합체'이다.

이러한 표현의 질료와 내용의 질료의 동일성은 들뢰즈가 주장하
는 "존재의 일의성"과 통한다. 실제로 들뢰즈와 가타리는 『천개의
고원』에서 그들 자신의 존재론을 옐름슬레우의 개념들을 통해 전개
하고 있다. **그러나 들뢰즈/가타리와 옐름슬레우는 한 가지 큰 차이
가 있는데, 그것은 들뢰즈/가타리는 형식 대신 질료를 중요시하는
반면에 옐름슬레우는 "랑그의 대수학자"로서 형식을 중요시한다는
점이다.**

또한 옐름슬레우는 "외시적 기호학"과 "내포적 기호학"을 구분하

---

31   움베르토 에코, 김광현 옮김, 『기호: 개념과 역사』, 파주: 열린책들, 2009, 142~143쪽

는데, 외시적 기호학에서 기호 기능의 두 기능소로서 표현과 내용으로 나뉘었던 것은 내포적 기호학에서 통째로 하나의 표현, 즉 다른 내용의 표현이 된다. 이를 그림으로 나타내면 다음과 같다.

표현		내용
표현	내용	

일차적 체계에서 표현은 내용을 외시하지만, 이차적 체계에서 일 층의 표현은 이 층의 내용을 내포(함축)한다. 이에 관해 롤랑 바르트는 "신화는 이차적인 기호 체계"라고 말한다. 그리고 이 두 번째 체계는 "첫 번째 체계와의 관계를 통해서 그 첫 번째 체계로부터 파생"된다.[32]

▌ 0.5 후기 비트겐슈타인

언어게임은 후기 비트겐슈타인의 대표작 『철학적 탐구』에서 가장 중요하고 기초적인 개념 중 하나이다. 언어게임이라는 개념은 언어가 오직 한 가지의 기능, 예를 들어 실제 사물을 지시하는 기능만을 가진다는 생각 자체를 전복시킨다. 또한 언어게임이라는 개념은 언어를 '활동'의 관점에서 고려하면서 영미 화용론을 탄생시켰다. 뿐

32　　롤랑 바르트, 정현 옮김, 『신화론』, 서울: 현대미학사, 1995., 25쪽

만 아니라 비트겐슈타인은 "'언어게임'이라는 낱말은 언어를 말하는 일이 어떤 활동의 일부, 또는 삶의 형식의 일부라는 사실을 강조하기 위해 사용된다."[33]고 말하고 있는데, 나는 이것이 언어로 모든 것을 환원하려는 시도에 대한 비트겐슈타인의 비판이라고 생각한다.

그런데 비트겐슈타인이 말하는 다양한 언어게임들은 통약 불가능하고 총체화될 수 없지만, 비트겐슈타인은 언어게임들 상호 간에 가족 유사성(family resemblance)이 존재할 수 있음을 부정하지는 않는다. 이것은 '언어게임 일반'의 공통성은 존재하지 않지만(그러므로 '언어게임 일반'은 존재하지 않는다) 서로 다른 두 언어게임 사이의 공통성 혹은 유사성이 존재할 수 있음을 의미한다.

또한 비트겐슈타인은 이른바 '도구적 언어관'을 가지고 있다. 비트겐슈타인은 다음과 같이 쓰고 있다.

> "도구 상자에 있는 도구들을 생각해 보라. 거기에는 망치, 집게, 톱, 나사돌리개, 줄자, 아교 단지, 아교, 못, 나사가 있다. 낱말들의 기능은 이런 대상들의 기능만큼이나 다양하다."[34]

언어가 이렇게 '기능'할 수 있는 '도구'인 한 낱말의 의미는 '사용'에 있다. 즉, "어떤 낱말의 의미는 그 언어에서 그 낱말의 쓰임이다."[35]

그리고 비트겐슈타인은 다음과 질문을 던진다.

33　루트비히 비트겐슈타인, 『철학적 탐구』, 파주: 아카넷, 2020, 54쪽. 강조는 인용자

34　『철학적 탐구』, 40쪽

35　『철학적 탐구』, 79쪽

"어떤 사람이 자기 자신만 사용하기 위해 자신의 내적 체험들-
느낌, 기분 등-을 적거나 말할 수 있는 그런 언어도 상상해 볼 수
있을까? […]이 언어의 낱말들은 오직 말하는 사람만 알 수 있는
것, 즉 그의 직접적이고 사적인 감각들과 연관되어야 한다. 따라
서 다른 사람은 이 언어를 이해할 수 없다."[36]

비트겐슈타인은 이러한 '사적 언어'가 존재하지 않음을 증명한다.
이 증명을 다음과 같이 재구성해 볼 수 있다. 나만의 고유한 내적 체
험을 E라는 기호로 나타내기로 하자. 우리는 이러한 특정한 체험과
특정한 기호 사이의 연결이 제대로 이루어져 있는지 확인하기 위해
서는 오직 나 자신의 기억에 호소할 수밖에 없는데 왜냐하면 타자는
나만의 고유한 체험을 겪을 수 없기 때문이다. 이렇게 나의 기억에
호소할 수밖에 없다면 연결이 제대로 이루어졌다고 믿는 것은 연결
이 제대로 이루어진 것과 구별되지 않는다. 그런데 이러한 정당화될
수 없는 믿음과 사실의 등치는 받아들일 수 없다.
따라서 사적 언어는 불가능하다.

36   『철학적 탐구』, 266쪽

0.6 결론

이와 같은 상이한 기호에 대한 사유의 원천들이 있고 현대철학은 이 기호에 대한 기초적인 사유를 더 예리하게 발전시킨다. 이제 〈기호와 현대철학〉이라는 주제를 본격적으로 사유해 보자.

참고문헌

» 롤랑 바르트, 정현 옮김, 『신화론』, 서울: 현대미학사, 1995
» 루이 옐름슬레우, 김용숙 · 김혜련 옮김, 『랑가쥬 이론 서설』, 서울: 동문선, 2000
» 루트비히 비트겐슈타인, 이승종 옮김, 『철학적 탐구』, 파주: 아카넷, 2020
» 움베르토 에코, 김광현 옮김, 『기호: 개념과 역사』, 파주: 열린책들, 2009
» 이윤희, 『찰스 샌더스 퍼스』, 서울: 커뮤니케이션북스, 2017
» 조창연, 「퍼스의 기호학적 커뮤니케이션에 대한 연구 −이론적 현황, 문제점과 대안적 모델−」, 『기호학 연구』 제42권 0호 : 329−353
» 질 들뢰즈, 이경신 옮김, 『니체와 철학』, 서울: 민음사, 2008
» 페르디낭 드 소쉬르, 김현권 옮김, 『일반언어학 강의』, 서울: 지식을 만드는 지식, 2012
» James Jakób Liszka, 이윤희 옮김, 『퍼스 기호학의 이해』, 서울: 한국외국어대학교 출판부, 2013

1. 질 들뢰즈 -
『프루스트와 기호들』 읽기

1.1 서론

질 들뢰즈의『프루스트와 기호들』에 개진된 것은 단순한 문학평론이 아니라 다른 어떠한 형이상학보다도 울림이 있는 형이상학이다. 들뢰즈는 이 책에서 본질, 이데아, 의미, 진리 등의 개념들을 새롭게 혁신하여 새로운 형이상학을 구축하고 있다.

들뢰즈에 의하면 프루스트의『잃어버린 시간을 찾아서』에서 기억은 "이차적 역할"밖에 하지 못하며, 그 유명한 마들렌 과자보다 "어떤 추억도 어떤 과거의 소생도 일어나게 하지 않는"[37] 마르탱빌르의 종탑이 더 "우월"하다고 말한다. 따라서 이 책은 단순히 '기억'에 대한 소설이 아니다.

차라리 들뢰즈는 이 책이 '배움'에 대한 소설이라고 말한다. 들뢰즈의 '배움' 이론은『차이와 반복』에 논의되는데, 여기서 '앎'과 '배움'은 대비된다. 들뢰즈에 의하면, 앎에 대한 추구는 '방법'을 통해 인

---

37   질 들뢰즈, 서동욱 · 이충민 옮김, 『프루스트와 기호들』, 서울: 민음사, 2016, 20쪽

식능력들의 '자발적 일치'를 이루고 이러한 일치를 통해 '공통감각'에 도달하고자 한다. 즉 "방법은 모든 인식능력들이 협력을 조정하는 앎의 수단이다."[38]이러한 '방법'은 각각의 인식능력들에 한계와 경계를 부여하며 이러한 한계와 경계를 통해 인식능력들 사이의 '평화'가 가능하게 된다.

그런데 들뢰즈에 의하면 배움은 "비자발적인 것의 모험"으로서 '기호'들과의 비자발적인 마주침을 통해, 그리고 인식능력 사이의 '싸움'을 통해 '이념'에 도달하는 것이다. 왜냐하면 들뢰즈에게 있어서 선험적인 이념들은 '문제'들이고 이러한 '문제'들은 기호를 통해서 구성되기 때문이다.

> "문제들과 이 문제들의 상상적 특성들은 어떤 기호들과 일정한 관계에 놓여있다. '문제들을 만드는' 것은 바로 기호들이고, 이 기호들은 어떤 상징적 장 속에서 개봉된다."[39]

또 서동욱의 말대로 인식능력들 사이의 자발적 일치는 조화, 그리고 조화 속에서 각각의 인식능력들이 동일한 대상을 가짐을 임의적으로 전제한다. 서동욱은 다음과 같이 쓰고 있다. "인식 과정에서 마음의 능력들은 서로 일치하며, 그 조화는 각각의 능력들이 서로 동일한 대상을 가진다는 것으로 표현된다."[40] 그런데 배움의 비자발

---

38 질 들뢰즈, 김상환 옮김, 『차이와 반복』, 서울: 민음사, 2011, 364쪽

39 『차이와 반복』, 362쪽

40 질 들뢰즈, 서동욱 옮김, 『칸트와 비판철학』, 서울, 민음사, 2006 中 「지킬 칸트와 하이드 들뢰즈 씨」, 175쪽

적인 기호와 마주침을 통해 모든 인식능력들은 필연적으로 동일한 대상을 가지게 된다. 즉 '문제'로서 '이념'은 '모든 인식능력을 주파' 한다.

먼저 기호는 감성을 타격한다. 여기서 '기호'는 하나의 '현실적 사건'이며 이러한 '기호'가 일종의 '수수께끼'이자 해독되어야 할 하나의 '상형문자'일 때, 이러한 '기호'는 하나의 '강도'를 현시한다. "감성이 마주치는 것은 다이몬(악령)들이고 도약, 간격, 강도적이거나 순간적인 것 등의 역량들이며, […]이것들은 경계에 놓인 기호들이다."[41]

이 강도는 순수한 차이이며 그렇기 때문에 경험적 차이를 넘어선다. 그렇기 때문에 강도는 경험적 차원의 감성을 통해서는 감각이 불가능하다. 또한 강도는 감성적인 것의 '존재'이자 감각밖에 될 수 없는 것이기도 하다. 감성은 따라서 이러한 강도의 등장과 함께 자신의 주어진 한계와 경계를 넘어서는 '초월적 실행'으로 나아간다. 이러한 '강도'가 행사하는 폭력은 상상력, 기억 등의 인식능력들을 주파함과 동시에 이러한 인식능력들을 '초월적 실행'으로 나아가게 한다. 그리고 마침내 폭력이 순수사유에 도달할 때, 순수사유는 비로소 "본성상 언제나 달라지는 바로 그 초월적 '우발점'을 사유하도록 강제받"기에 이른다. 그리고 놀랍게도 들뢰즈는 이 우발점에 "모든 본질들이[…] 봉인되어 있다."고 말한다.[42] 『프루스트와 기호들』에서 들뢰즈는 이러한 '본질'에 도달하게 하는 기호들을 예술에서의 기호들이라고 말한다.

---

41 『차이와 반복』, 322쪽
42 『차이와 반복』, 321쪽

1.2 기호의 유형

물론 모든 기호들이 본질을 투명하게 현시(presenter)하는 것은 아니다. 들뢰즈는 기호들을 사교계의 기호들, 사랑의 기호들, 감각적 성질이라는 기호들, 예술에서의 기호들로 분류한다. 들뢰즈는 예술에서의 기호들이 이념적 본질을 투명하게 현시하는 "물질성을 벗은 (37쪽)" 기호들인 반면에 다른 종류의 기호들의 의미는 이러한 이념적 본질이 물질성 속에 구현된 것이라고 말한다.

(1) 먼저 사교계의 기호들은 생각이나 행위를 대신하는 것으로서 실질적인 생각이나 행위가 부재함에도 잘 기능하는 기호들이다. 즉 이 기호들은 초월적(transcendant) 의미나 이념적 내용을 가지지 않는다.

> "사교계에서 사람들은 생각하거나 행동하는 것이 아니라 기호를 만들어 낸다. 베르뒤랭 부인의 집에는 재미있는 이야기라고는 전혀 나오지 않으며 베르뒤랭 부인은 웃지 않는다. 하지만 코타르는 자신이 뭔가 재미있는 것을 이야기한다는 기호를 만들어 내며 베르뒤랭 부인은 자신이 웃고 있다는 기호를 만들어 낸다."[43]

말하자면 이러한 기호들은 내용이 텅 빈 공허한 기호들이다. 그럼에도 불구하고 들뢰즈는 이러한 공허한 기호들이 형식적 의례를 가

---

43 『프루스트와 기호들』, 23쪽

능하게 만든다고 말한다. 즉, "이 공허함은 이 기호들이 의례적인 완벽성을 갖추도록 해준다."[44]

(2) 기호의 두 번째 유형에 해당하는 것들은 사랑의 기호들이다. 들뢰즈는 내가 사랑하는 사람이 내뿜는 기호가 하나의 〈가능세계〉를 표현한다고 말한다. 들뢰즈는 이러한 가능세계가 사랑받는 사람 속에 함축되어 있다고 말할 뿐만 아니라, 각 사람의 안에는 〈다수의〉 가능세계들, 〈다수〉의 영혼들이 함축되어 있다고 말한다. 사랑은 이러한 함축된 세계를 "〈펼쳐보이고(expliquer) 전개시키고자(développer)〉" 하는 사랑하는 자의 필사적인 노력의 표현이다.[45]

이러한 미지의 세계들 속에서 사랑하는 자는 대상화되고 소외된다. 이 미지의 세계들은 "우리와 상관없이 다른 사람들과 함께 생겨난 세계"이며 따라서 이러한 세계들 속에서 사랑하는 자는 하나의 대상으로만 참여할 수 있기 때문이다.[46] 말하자면 사랑의 진리는 바로 '질투'에 있는 것이다. 즉, 사랑은 사랑받는 자와 제3자가 관계 맺는 가능세계를 전제한다. 애인의 거짓으로서의 기호들은 우리로 하여금 질투에 빠지게 할 뿐만 아니라 진실을 갈구하게 만든다. 들뢰즈는 이러한 사랑에 있어서의 '질투'의 법칙을 사랑의 첫 번째 법칙으로서 '주관적 법칙'이라고 부른다.

들뢰즈는 이 외에도 '사랑의 객관적 법칙'으로서 두 번째 법칙이

---

44 「프루스트와 기호들」, 26쪽
45 「프루스트와 기호들」, 29쪽
46 「프루스트와 기호들」, 30쪽

존재한다고 말하는데, 그것은 자웅동체의 법칙이다. 이것은 단순히 남성 속의 여성성, 여성 속의 남성성을 이야기하는 것이 아닌데, 왜냐하면 자웅동체는 여성과 남성을 섞어놓은 것이 아니며, 차라리 "자웅동체는 성들을 모으기는커녕 성들을 갈라놓"기 때문이다.[47] 들뢰즈에 의하면 이러한 자웅동체를 통해서 남성적 동성애의 계열로서 소돔의 계열과 여성적 동성애의 계열로서 고모라의 계열이 발산하게 된다. 그리고 들뢰즈는 동성애야말로 성애의 진리이며 양성애는 이러한 진리를 은폐하기 위한 가림막이라고 말한다. "이 양성 간의 사랑은 모든 것이 만들어지는 저주받은 심연을 숨기고 있다."[48]

(3) 세 번째 기호의 유형은 바로 인상 혹은 감각적 성질이다. 물론 이러한 체험을 통해서 형성된 감각적 성질들은 이러한 감각적 성질들을 촉발한 대상의 속성이 아니며, 이 대상과 "〈완전히 다른〉 대상"의 기호로 나타난다.[49] 예를 들어 『잃어버린 시간을 찾아서』에서 마들렌의 맛은 콩브레라는 도시 전체의 기호가 된다.

이러한 '다른' 대상의 현전이 일어나기 전에 이 감각적 성질들의 촉발은 특별한 기쁨이 찾아오게 만든다. 이러한 기쁨을 주는 감각적 성질 혹은 인상은 "정직한 기호, 충만하고 긍정적이며 즐거운 기호"[50]이지만 아직 물질성에서 벗어나지 못한 기호들이다. 왜냐하면

---

47 『프루스트와 기호들』, 33쪽

48 『프루스트와 기호들』, 34쪽

49 『프루스트와 기호들』, 34쪽

50 『프루스트와 기호들』, 36쪽

마들렌의 '의미'로서 콩브레가 아직 물질적인 데에서 보듯이 이 기호들은 그 의미가 물질적이기 때문이다. 또한 "이 기호들의 원천이 물질적일 뿐만 아니라 이 기호들의 펼쳐짐, 전개 또한 여전히 물질적이다."[51] 물론 우리는 이러한 기호들을 통해 이념적 본질이 존재한다는 것을 감지하게 되지만, 이러한 이념적 본질을 이해한 상태가 아니다. 즉 이 단계에서는,

"우리는 아직 이 이념적 본질이란 것을 이해할 만한 상태가 아니고 왜 우리가 그렇게 많은 기쁨을 체험하는지도 알 수 없다."[52]

물론 이러한 감각적 기호들에는 콩브레를 호출하는 마들렌처럼 비자발적 기억을 호출하는 기호들만 존재하는 것이 아니다. 이 비자발적 기억의 기호는 감각적 기호들 중 일부에 지나지 않으며, "이 감각적 기호들은 그에 못지않게 감각적인 다른 기호들, 즉 욕망의 기호, 상상력의 기호, 꿈의 기호보다 열등하다."[53]

(4) 반면에 예술적 기호들을 통해 우리는 이념적 본질에 도달하고 그것을 이해할 수 있게 된다. 그리고 이 예술적 기호들의 의미는 바로 이념적 본질이 된다. 우리가 이 이념적 본질을 깨닫게 된 순간 우리는 감각적 기호들의 물질적 의미가 이념적 본질이 물질적으로 구

---

51 『프루스트와 기호들』, 36쪽~37쪽
52 『프루스트와 기호들』, 37쪽
53 『프루스트와 기호들』, 104쪽

현되고 육화된 것이라는 것을 알게 된다. 이런 의미에서 예술을 통해서만 우리는 '이념' 또는 '이데아'에 도달할 수 있게 되며, 이는 역으로 말해서 모든 '이념'에 대한 '배움'의 과정은 "예술 자체에 대한 무의식적인 배움의 과정"이라는 것을 의미한다.[54]

그리고 이러한 배움의 과정은 비자발적이고 '깜짝 놀랄만한 사건'을 필요로 하지만 동시에 배우는 자의 점진적인 성숙을 필요로 한다. 이런 의미에서 들뢰즈는 연속과 불연속의 이분법을 넘어서고 있다: "해석자의 계속되는 점진적인 성숙 또한 필요했다. 그리고 나서 새로운 앎, 기호들의 새로운 영역으로의 질적인 도약이 이루어진다."[55]

▎ 1.3 기호, 시간, 진리

진리의 문제와 시간의 문제는 직접적으로 연결되어 있다. "잃어버린 시간 찾기는 곧 진리 찾기"이며, "진리란 본질적으로 시간과 관련된 것"이기 때문이다.[56] 이렇게 시간을 찾는 것이 진리를 찾는 것이라면, 우리는 어떻게 진리를 찾을 수 있는가? 그것은 〈방법〉을 통해 지성의 노동을 수행함으로써 가능한가? 들뢰즈는, 그리고 프루스트는 이러한 지성의 노동에 의해 형성된 관념이 단지 "가능한

---

54 『프루스트와 기호들』, 38쪽

55 『프루스트와 기호들』, 137쪽

56 『프루스트와 기호들』, 39쪽

진리"만을 가질 뿐이라고 말한다. 또 이 지성의 관념들은 명시적이
고 규약적인 의미로서 signification을 가질 뿐 기호 속에 함축되어
있는 심오한 의미로서 sens를 가질 수 없다.

들뢰즈에 의하면 '기호'와의 우연한 마주침을 통해 우리에게 사유
하도록 강요하는 것에 의해서만 우리는 필연적인 진리에 도달하게
된다. 즉,

"사유된 것의 필연성을 보장하는 것은 마주침의 우연성이다."[57]

이런 의미에서 들뢰즈는 프루스트가 〈방법〉의 지성적 노동에 〈우
연〉과 〈강요〉를 대립시킨다고 말한다. 그런데 들뢰즈에 의하면 모
든 진리는 시간의 진리이다. 우리로 하여금 사유하도록 강요하는 기
호들의 각 유형들마다 특권적 시간성이 부여되며 이 각각의 시간성
은 자신의 진리를 갖는다.

(1) 먼저 사교계의 기호들은 '잃어버리는 시간'이라는 시간성을 가
진다. 즉 아무 의미 없이 허비되는 시간, 헛되고 또 헛된 시간이다.
이러한 시간성은 변질과 소멸의 진실을 나타낸다. "사교계의 기호들
은 일시적이고 덧없는 어떤 측면을 드러내고 있다."[58]

(2) 사랑의 기호들은 '잃어버린 시간'이라는 시간성을 가장 순수한
상태로 함축하고 있다. 사랑의 기호들로서 '질투'의 기호들은 미래에
도래할 파국의 순간을 반복하고 이를 통해 그 종말과 파국의 순간을

57   『프루스트와 기호들』, 41쪽
58   『프루스트와 기호들』, 43쪽

"예기"[59]한다. 이런 의미에서 사랑의 기호들도 변질과 소멸의 진실을 드러낸다.

(3) 인상이나 감각적 성질조차도 변질과 소멸의 기호가 될 수 있다. 예를 들어 감각적 기호에 의해 촉발되는 비자발적 기억은 과거의 행복했던 시절을 상기시키지만, 이러한 과거의 행복함이 현재에는 상실되었다는 것을 깨닫게 될 때 우리는 슬픔을 느끼게 된다. 들뢰즈는 다음과 같이 쓰고 있다.

> "옛날의 감각은 현재의 감각과 서로 겹쳐지고 결합되려 하며, 현재의 감각을 여러 시기들 위에 동시에 펼친다. 그러나 현재의 감각이 자신의 <물질성>을 옛날의 감각과 대립시키는 것만으로도 충분히, 두 감각의 겹쳐짐에서 오는 즐거움은 돌이킬 수 없는 손실과 상실의 감정에게 자리를 내주고 쫓겨날 수 있다."[60]

이런 의미에서 감각적 기호들은 〈잃어버린〉 시간의 기호들이 될 수 있다. 그렇지만 동시에 '비자발적 기억'을 통해서 종종 잃어버린 시간의 가운데에서 시간을 되찾게 해주기도 한다. 이런 의미에서 감각적 기호의 시간은 잃어버린 시간인 동시에 '되찾는 시간'이기도 하다.

(4) 예술의 기호들은 앞의 세 유형의 기호들과는 달리, 변질과 소멸이 아닌 영원성의 진리에 도달하도록 하는 기호들이다. 이러한 기호의 시간성은 '되찾은 시간'으로서 절대적으로 근원적인 시간으로

---

59 『프루스트와 기호들』, 44쪽

60 『프루스트와 기호들』, 46쪽

서 영원성의 시간이다.

이와 같은 의미에서 기호의 유형들은 각각 '특권적인 시간선'을 가지고 있다. 즉 잃어버리는 시간은 사교계의 기호들과, 잃어버린 시간은 사랑의 기호들과, 되찾는 시간은 감각적 기호들과, 되찾은 시간은 예술의 기호들과 특권적인 관계를 맺는다. 그렇지만 기호들은 특권적인 시간뿐만 아니라 다른 시간에도 참여한다. 들뢰즈는 다음과 같이 쓰고 있다.

"우리가 잃어버리는 시간은 사랑으로, 또 심지어 감각적 기호 속으로까지 연장된다. 잃어버린 시간은 이미 사교계에 나타나며, 또 감성의 기호 속에서도 여전히 남아있다."[61]

1.4 주관주의와 객관주의 모두를 넘어서

우리는 종종 기호가 가진 비밀, 즉 그 기호의 '의미'를 그 기호를 방출하는 '대상'과 혼동하곤 한다. 그러나 들뢰즈에 의하면 대상은 그 기호를 운반하는 자에 불과하다. 그런데 기호가 그 기호를 방출하는 대상과 본질적인 관계가 있다는 〈객관주의적〉 믿음은 우리의 상식 속에서 자명한 듯이 받아들여진다. 이러한 객관주의는 기호

---

61 『프루스트와 기호들』, 51쪽

를 대상으로 환원함으로써 진정한 의미의 〈진리〉를 회피하도록 만든다.

그런데 우리는 우리로부터 〈필연적인 진리〉를 회피하도록 만드는 〈객관주의〉가 바로 우리 지각과 표상이 향하는 경향성인 동시에, "기호들이 아니라 사물들을 추억"하는 자발적인 기억의 경향성이고, 지성이 가진 경향성이라는 점을 명심해야 한다.[62] 특히 지성은 객관적인 내용들, 명시적이고 전달 가능한 의미로서 객관적인 signification을 지향한다. 그러나 이러한 signification의 진리는 규약적이고 〈가능적인〉 진리일 뿐 필연적 진리가 아니다. 반면 기호와의 폭력적인 마주침을 통해서 드러나는 기호 속에 함축되어 있는 의미로서 sens는 필연적 진리이다.

지성은 〈대화〉와 〈우정〉을 지향하는데, 왜냐하면 〈대화〉 속에서의 '관념'의 진리성은 전달가능성에 의해 규정되고, 〈우정〉은 "선(善) 의지를 가진 정신들"[63] 사이의 규약적인 의미, signification의 일치를 의미하기 때문이다. 그런데 들뢰즈는 다음과 같이 묻는다.

> "노동, 지성, 선(善) 의지의 결합이 낳은 객관적 진리[…] 이 객관
> 적 진리는 얼마나 가치 있겠는가?(59쪽)"

이러한 객관주의가 문학으로 나타나게 되면 사실주의 문학이 된다. 들뢰즈는 이러한 사실주의 문학이 얼마나 가치가 있느냐고 묻고

---

62 『프루스트와 기호들』, 57쪽
63 『프루스트와 기호들』, 58쪽

있는 것이다. 들뢰즈는 다음과 같이 쓴다.

> "기호들을 지시 가능한 대상들과의 관련 아래 해석하며(관찰과 묘
> 사), 객관성을 보증해 주는 것이랍시고 증언과 의사소통이라는 사
> 이비 기재[…]를 내놓고, 의미(sens)를 분명하고 명시적이며 공식
> 화된 signification[…]과 혼동하는 문학은 본래 실망스럽기 마련
> 이다."[64]

그런데 우리들은 이러한 〈객관주의〉로부터 '실망'을 통해 벗어나
게 된다. 예를 들어 우리는 어떤 사람의 특이성을 그 사람에게 속하
는 것으로 착각하고는 한다. 특히 사랑의 영역에 있어서 사랑을 느
끼는 이유가 사랑받는 사람 속에 있지 않다는 것을 깨닫지 못하곤
한다. 그런데 『잃어버린 시간을 찾아서』의 주인공은 결국 이를 깨닫
게 된다.

> "오히려 사랑을 느끼게 되는 이유는 복합적인 법칙들에 따라
> 자기 안에서 육화하는 환영들, 제삼자들, 테마들과 관련이 있다는
> 사실을 주인공은 배우게 된다."[65]

주인공의 알베르틴에 대한 사랑은 알베르틴이라는 사랑의 대상이
다른 소녀들과 다른 특별한 존재가 아니라는 것을 깨달으면서, 즉

---

64 『프루스트와 기호들』, 62~63쪽
65 『프루스트와 기호들』, 60~61쪽

알베르틴에게 '실망'함으로써 객관주의적 환상으로부터 벗어나게 된다. 이렇게 '실망'을 통해 객관주의로부터 벗어나게 된다는 점에서, '실망'은 '배움'의 한 계기이다.

"실망의 시절은 찾기와 배움의 근본을 이루는 한 시기이다."[66]

그렇다면 우리는 '주관주의'로 나아가야 하는가? 결코 그렇지 않다. 실제로 '실망'한 사람들은 주관적인 연상(association)의 법칙에 의존하지만, 그래서 "대상 쪽에서 실망하자 그 주관적인 측면에서 보상을 얻으려고" 애쓰지만 이러한 연상은 예술에 대한 올바른 해석을 방해한다.[67]

이것은 주인공이 라베르마의 공연을 관람하게 되었을 때 잘 드러난다. 주인공은 예술적 기호들을 그 기호를 방출하는 라베르마나 라베르마가 역할을 맡은 페드르라는 예술작품 속 인물과 연관 짓기 때문에 예술적 기호들을 이해하지 못하게 된다. "우리는 기호들을 라베르마라는 개인에게 관련시킴으로 인해 그 기호들을 향유할 줄도 해석할 줄도 모르게 되었다."[68] 주인공은 이렇게 대상에 '실망'하고 주관적 연상을 통해서 심리적 보상을 받으려고 한다. 베르고트는 주인공에게 라베르마의 몸짓이 고대 동상의 몸짓을 연상시킨다고 말한다. 이를 통해 주인공의 정신 속에서 라베르마와 고대 동상은 연

---

66 『프루스트와 기호들』, 64쪽
67 『프루스트와 기호들』, 64쪽
68 『프루스트와 기호들』, 65쪽

합(association)의 관계를 맺는다. 그런데 이런 식의 주관적 보상은 예술에 대한 진정한 이해를 가로막는다. 들뢰즈는 다음과 같이 쓰고 있다.

> "주관적 보상은 우리를 예술에 대한 올바른 해석으로 이끌기는커녕 예술작품 자체를 단지 우리 연상의 사슬들 속의 한 매듭으로 만드는 데 그치고 만다."[69]

그렇다면 이러한 주관주의와 객관주의를 넘어서는 무엇인가가 있는가? 들뢰즈는 다음과 같이 쓴다.

> "라베르마도 페드르도[…] 지칭 가능한 인물이 아니며, 게다가 주관적인 연상 과정 중의 한 요소도 아니라는 점을 결국 주인공은 이해하게 될 것이다. 페드르는 한 <배역>이며, 라베르마는 그 배역과 일체가 된다. 그 배역이 여전히 어떤 대상이라거나 주관적인 어떤 것이라는 의미에서가 아니다. 반대로 그 배역은 하나의 세계이며 본질들이 서식하는 정신적 환경이다. 기호들을 가지고 있는 라베르마는 배역을 수행하면서 이 기호들이 아주 비물질적인 것이 되게 한다."[70]

이런 의미에서 본질은 주관주의와 객관주의 모두를 넘어서 있다.

---

69 『프루스트와 기호들』, 66~67쪽
70 『프루스트와 기호들』, 68쪽

이제 예술적 기호 속에서 현시되는 본질에 대해 논할 때가 무르익었다.

1.5 예술에 있어서 본질과 관점에 대하여

들뢰즈가 이 책을 통해서 말하고자 하는 '본질'은 무엇인가? 들뢰즈는 이러한 '본질'을 경험적인 '차이'를 생산해 내는 선험적 이념으로 규정짓는다. 이러한 본질은 주체 안에 감싸져 있지만 주체에 대해 독립적이며 오히려 이러한 주체를 구성하는 어떤 것이다. 또한 본질은 라이프니츠적인 의미에서 '모나드'이며 이러한 '모나드' 각각은 세계를 각자의 방식으로 표현하는데, 이러한 각각의 표현을 가능하게 만드는 것은 관점들이다. 이런 의미에서 "모든 주체는 각각 어떤 하나의 관점에서 세계를 표현한다."[71] 이것은 관점이 주체에 선행한다는 것을 의미한다. 즉 라이프니츠적이고 프루스트적인 '관점주의'는 주관주의를 넘어서 있다. 들뢰즈의 다음과 같은 라이프니츠 해석을 읽어보자.

"[…]우리는 이것을 시선의 점(point de vue)이라고 부른다. 이러한 것이 관점주의의 토대이다. 이것은 미리 정의된 주체에 의존함을 의미하지 않는다: 반대로 주체는 시선의 점에 오는 것, 또는 차

---

71 『프루스트와 기호들』, 74쪽

라리 시선의 점에 머물러 있는 것이다. [···]관점주의는 [···]주체
에 따른 진리의 변동이 아니라, 변동의 진리가 주체에 나타나는
조건이다."[72]

이런 의미에서 관점주의는 객관적 진리를 거부하지 않는다. 주체
에 의해 표현된 세계는 주체의 본질이 아니라 "존재의 본질로서" 표
현되며, 본질은 "심리적 주관성"이나 "상위적인 주관성"으로 환원되
지 않는다.[73] 즉, 본질은 경험적 주관성이나 선험적 주관성으로부터
독립적이다.

들뢰즈는 라이프니츠가 자신의 '모나드' 개념을 신플라톤주의자들
에게서 가져왔다고 말하며, 신플라톤주의자들에게 '모나드'는 〈일자
〉를 의미했다고 말한다. 이러한 일자의 철학은 다수성, 혹은 다양체
와 모순되는 것이 아니며 이러한 철학 속에서 다자는 일자를 함축하
면서 동시에 일자를 설명한다. 여기서 함축은 implication을, 설명
은 explication을 나타내는데, implication은 안으로 주름을 접어
넣음을, explication은 주름을 바깥으로 펼침을 뜻한다. 들뢰즈는
이러한 주름을 접어 넣음과 주름을 펼침이 동시적 사태라고 말한다.
들뢰즈는 또한 『스피노자와 표현 문제』에서 이러한 접어 넣음과 펼
침이 스피노자가 말한 '표현'의 두 측면이라고 말한다.

"설명하는(펼치는) 것은 전개하는 것이다. 함축하는(감싸는) 것은

---

72 질 들뢰즈, 이찬웅 옮김, 『주름, 라이프니츠와 바로크』, 서울: 문학과 지성사, 2012, 40~41쪽

73 『프루스트와 기호들』, 74쪽

내포하는 것이다. 그렇지만 그 두 항은 반대 항이 아니다. 그것들은 표현의 두 측면을 지시할 뿐이다. 한편으로 표현은 설명이다. 즉 자신을 표현하는 것의 전개, 다자에서 일자의 현시[…]이다. 그러나 다른 한편으로 다자의 표현은 일자를 함축한다. 일자는 그를 표현하는 것에 함축되어 있고[…]"[74]

함축과 설명은 서로 대립되는 것이 아니라 "종합의 원리, 복합 (complication)을 지시한다(『스피노자와 표현 문제』, 14쪽)." 스피노자에게 있어서 신은 만물을 '복합'하고 있다. 들뢰즈에 의하면 이러한 의미에서 프루스트에게 있어서 영원한 본질은 다자로서의 시간을 '복합'하고 있다고 말한다. 들뢰즈는 다음과 같이 쓰고 있다.

"[…]본질은 시간 자체의 탄생이다. 시간이란 이미 펼쳐져 있는 그런 것이 아니다. 즉 시간이 그에 맞추어 전개될 서로 구별되는 차원들은 아직 없으며 또 시간이 그 안에서 서로 다른 리듬들에 맞추어 분포될 서로 분리된 계열들조차 아직은 없다. 모든 전개, 모든 펼침, 모든 <설명>에 선행하는 근원적인 상태를 가리키기 위해 몇몇 신플라톤주의자들은 <복합>이라는 심오한 단어를 사용했다."[75]

이러한 의미에서 영원성은 생성 또는 변화의 부재를 의미하는 것

---

74 질 들뢰즈, 현영종 · 권순모 옮김, 『스피노자와 표현 문제』, 서울: 그린비, 2019, 13쪽~14쪽

75 『프루스트와 기호들』, 76쪽

이 아니라 '차이' 속에서 '반복'되는, 즉 영원히 모습을 달리하면서 반복되는, 즉 영원회귀하는 본질을 가리킨다. 말하자면 본질은 "반복함으로써 자기 자신과 동일해지는 능력"을 가지고 있고 이러한 본질의 능력은 "다양하게 만드는 능력, 다양해질 능력"의 토대가 된다.[76] 이런 의미에서 차이와 반복은 분리되어 고찰될 수 없으며 깊은 관련을 맺고 있다. 차라리 들뢰즈에 따르면 이러한 차이와 반복은 "본질의 두 힘"이다.[77]

진정한 의미의 예술가들은 '반복' 속에서 '차이'를 만들어 내기 때문에 늙지 않는다. 들뢰즈는 더 나아가 예술가들이 본질을 반복하지 않을 때, 그 예술가는 늙기 시작하며, 수준이 떨어지기 시작한다고 말한다. 이렇게 반복할 역량이 없는 작가는 〈삶의 아름다움〉을 찬양하기 시작한다. 그러나 삶은 '차이'와 '반복'이라는 두 힘의 가치를 깎아내린다.

예술가들은 본질 속에 감싸여 있는 근원적이고 복합된 시간을 예술의 기호들을 통해 되찾고 이러한 근원적 시간은 "모든 계열들과 모든 차원들을 포함"한다.[78] 즉, 되찾은 시간은 예술의 기호들을 통해 현전한다. 또한 이 기호의 의미는 "근원적인 복합, 진정한 영원, 절대적인 근원적 시간 속에 있다."[79]

본질은 어떤 질료 속에서 투명하게 육화한다. 그런데 이러한 질료

76　『프루스트와 기호들』, 82쪽

77　『프루스트와 기호들』, 83쪽

78　『프루스트와 기호들』, 78쪽

79　『프루스트와 기호들』, 79쪽

는 예술을 통해 정신화(spiritualiser)된 질료이다. 단어, 소리, 색깔이라는 물질적 질료는 하나의 추상적 질료에 의해 관통된다. 이런 의미에서 "예술은 질료의 진정한 변환이다."[80] 그리고 이렇게 예술 속에서 물질적 질료가 정신화될 뿐만 아니라 물리적 환경 자체가 비물질화된다. 이러한 질료의 정신화는 문체(style)를 통해서 가능하다.

앞서 본질은 주체의 본질이 아니라 존재의 본질로서 표현된다고 말했다. 이러한 존재의 본질은 하나의 대상으로 환원되지 않지만, "서로 완전히 다른 두 대상을 결합"시킨다.[81] 즉, 본질은 육화되면서 완전히 다른 두 대상의 〈공통적 성질〉로서 표현된다. 그리고 이렇게 이질적인 대상들 사이의 공통적 성질을 발견하는 것을 서구전통에서는 '은유'라고 표현한다.

"은유는 어떻게 두 대상이, 그들에게 공통된 특성을 부여하는 새로운 환경 속에서 그들 각각의 고유한 규정을 서로 교환하고, 심지어 그들을 지칭하는 이름까지도 교환하는지를 보여준다. 이런 은유를 통해 엘스티르의 그림에서 바다는 땅이 되고 땅은 바다가 되며, 도시는 <바다를 표현하는 것들>로만 그려지고 물은 <도시를 표현하는 것들>로만 그려진다."[82]

두 대상 사이의 '고유한 규정을 교환'하는 것, 그리고 이러한 교환

---

80 「프루스트와 기호들」, 80쪽
81 「프루스트와 기호들」, 81쪽
82 「프루스트와 기호들」, 81쪽~82쪽

을 가능하게 하는 공통적인 성질을 추출하는 것은 두 질료를 관통하는 하나의 추상적인 질료를 추출하는 것과 같다. 이런 의미에서 본질을 육화시키는 것은 문체를 형성하는 것, 그리고 은유를 형성하는 것과 같다. '문체는 본질 자체'이며 '문체란 본질적으로 은유'이다.

그리고 본질은 개별자를 생산한다. 들뢰즈는 다음과 같이 쓰고 있다.

> "개별자들이 세계를 구성하는 게 아니라 (그 개별자들 속에)감싸져 있는 세계들, 바로 본질들이 개별자들을 구성한다. […]본질은 단순히 개별적인 것만이 아니라 개별화를 수행하는 자다."[83]

이렇게 본질이 개별화를 수행하는 자라는 것은 본질이 질료들을 개체화시키기 때문이기도 하다. 그리고 더 놀라운 것은 본질이 그 자체로 개별자라는 점이다. 즉 본질은 하나의 유일자이며 두 대상의 공통적인 성질로서 표현된다고 할지라도 그 유일성을 잃지 않는다. 이런 의미에서 들뢰즈는 본질 또는 관점이 절대적이고 궁극적인 '차이'라고 말한다. 모나드로서의 본질은 다른 본질과 뒤섞이거나 무엇인가를 공유하지 않으며 다른 모나드들과 교류하지도 않는다. "모나드는 문도 없고 창도 없다."[84] 이런 의미에서 본질은 '차이 자체', 선험적인 차이이다.

---

83 『프루스트와 기호들』, 75쪽
84 『프루스트와 기호들』, 72쪽

"예술작품을 통해 드러나는 그 본질이란 무엇인가? 그것은 하나의 차이, 궁극적이고 절대적인 차이이다."[85]

▌ 1.6 본질의 불투명한 육화

본질은 예술 속에서 투명하게 현전하지만 감각적 기호들 속에서, 사랑의 기호들 속에서, 그리고 사교계의 기호들 속에서 불투명하게 육화되고 구체화된다. 특히 들뢰즈는 감각적 기호, 그중에서도 비자발적 기억을 촉발하는 감각적 기호들 속에서 본질의 육화에 대해 다루는 데 한 장을 할애하고 있다(제1부 5장 「기억의 이차적 역할」).

비자발적 기억 속에서 본질의 육화를 다루기 전에 비자발적 기억이 무엇인지에 대해 다루자. 〈자발적〉 기억 속에서 기억은 지금의 현재에서 과거에 현재였던 것으로 나아간다. 이러한 〈자발적〉 기억 속에서 과거는 현재에 의해 구성되는 것에 불과하다. 이러한 〈자발적〉 기억 속에서 우리는 "시간의 본질을 놓쳐버린다."[86] 만약 과거가 단지 옛 현재일 뿐이라면, 시간은 지나가지 못할 것이다. 만약 과거가 한때 현재였다가 새로운 현재의 도래에 의해 과거로서 구성된 것이라면, 그래서 "과거가 과거로서 구성되기 위해 새로운 현재를 기다려야 한다면, 옛 현재는 결코 이행할 수 없으며 새로운 현재 또한

---

85 『프루스트와 기호들』, 72쪽

86 『프루스트와 기호들』, 94쪽

도착할 수 없을 것이다."[87] 따라서 시간의 지나감을 설명하기 위해서는 '순수 과거'가 도입되어야 한다. 이 순수 과거는 경험적 과거가 아니라 a priori한 과거이다. 이러한 순수 과거는 현재나 재현에 전제된다. 우리는 지금의 살아있는 현재로부터 과거로 이행하는 것이 아니라 "단번에 과거 자체 안에 위치해 버린다."[88] 또한 과거는 과거 자신이 아닌 다른 것 속에 보존되는 것이 아니라 그 자신 속에 보존된다.

주인공의 마들렌-콩브레 사례에서 마들렌에 상응하는 콩브레는 자발적 기억이나 의식적 지각이 미치지 못하는 곳에 있는 "한 번도 체험해 보지 못한 그런 형태의 콩브레"이다.[89] 그리고 이러한 콩브레는 순수 과거 속에서 섬광처럼 빛나는 모습으로 출현한다. 이와 같이 비자발적 기억 속에서 본질은 콩브레와 같이 "지역적 본질"로서 나타난다.[90]

본질이 감각적 기호에 의해 촉발되는 비자발적 기억 속에 육화될 때 이미 본질은 유일자가 아니라 '일반적인 것'이 된다. "[…]비자발적 기억에서는 이제 상황이 달라진다. 여기서는 본질은 최소한의 일반성을 띠기 시작한다."[91]

또한 비자발적 기억 속에서 〈계시되는〉 시간은 영원성 그 자체의 시간이 아니라 영원성의 순간적 이미지이다. 즉 "비자발적 기억이

----

87 『차이와 반복』, 193쪽
88 『프루스트와 기호들』, 96쪽
89 『프루스트와 기호들』, 100쪽
90 『프루스트와 기호들』, 101쪽
91 『프루스트와 기호들』, 101쪽~102쪽

주는 계시는 믿을 수 없을 만큼 짧"다.[92] 이렇게 〈계시〉라는 용어를
쓰는 것은 이 기억이 주체의 자발적이거나 능동적인 기억이 아니라
기호의, 주체에 대한 〈타격〉에 의해 촉발되는 비자발적 기억이기 때
문이다. 비록 근원적인 시간의 〈이미지〉이긴 하지만 비자발적 기억
은 잃어버린 시간 〈속에서〉 본질을 돌연히 출현시킨다. 즉 비자발적
기억의 시간은 '되찾는 시간'인 것은 맞다. 들뢰즈는 다음과 같이 쓰
고 있다.

> "여기서 본질은 우리가 완전히 다른 방식으로 시간을 되찾도
> 록 해준다. 이 본질이 우리로 하여금 되찾게 하는 시간은 잃어버
> 린 시간 자체이다. 본질은 이미 펼쳐져 전개된 시간 속에서 돌연
> 히 찾아온다. 이 지나가는 시간 한복판에서 본질은 감싸여진 핵심
> 을 되찾는다. 그러나 이 핵심은 한낱 근원적 시간의 이미지일 뿐
> 이다."[93]

이러한 영원의 시간으로서 근원적 시간의 이미지에 불과한 비자
발적 기억의 시간을 통해서는 영원성을 존속시키거나 영원성의 본
성을 이해할 수가 없다.

본질의 육화는 감각적 기호들 속에서뿐만 아니라 사랑의 기호들,
사교계들의 기호들 속에서도 이루어진다. 본질이 예술적 기호들로
부터 감각적 기호들, 사랑의 기호들, 사교계의 기호들로 〈하강〉함으

---

92 『프루스트와 기호들』, 102쪽
93 『프루스트와 기호들』, 102쪽

로써 본질은 점점 더 일반적인 것이 된다. 이런 의미에서 본질은 〈하강〉함으로써 더 일반성을 띠는 〈법칙〉이 된다. 들뢰즈는 다음과 같이 쓰고 있다.

"[…]사랑의 기호들에서 본질은 거짓말의 일반적 법칙들로서 육화한다. 또 본질은 사교계의 기호들에서는 공허함의 일반적 법칙들로서 육화한다."[94]

들뢰즈는 하나의 근원적인 차이로서 원형(archétype)이 사랑을 지배한다고 말한다. 또한 이 원형은 "우리의 경험 너머 먼 곳의 이미지이고 우리를 초월하는 테마"이다(108쪽). 이러한 사랑의 이미지는 우리의 의식을 넘어서 있으며 영원히 반복된다. 이러한 이미지의 반복은 관념의 직접적인 힘으로 나타나는 것이 아니라 관념과 의식의 간극을 나타낸다. 그런데 우리는 이러한 반복을 부정하며 항상 새로운 사랑을 하고 있다고 믿는다. 그러나 실제로는 이 이미지가 사랑을 지배하고 있다.

들뢰즈에 의하면 사랑은 계열을 이루며 이 계열의 각 항 사이에는 미세한 차이가 존재할 뿐만 아니라 대조적 관계들이 나타나기도 한다. 이 계열의 한 항에서 다른 항으로 나아갈 때, 주체 속에는 차이가 축적된다. 프루스트는 이 차이가 "삶의 다른 위도에 있는 새로운 지역에 우리가 도착함에 따라 나타나는 다양성의 지표들"이라고 말

---

94   「프루스트와 기호들」, 107쪽

한다(『아가씨들』, I).

그리고 우리는 사랑의 계열들을 통해서 미세한 차이들과 대조적 관계들을 횡단하면서 점점 근원적인 테마로 나아가게 된다. 이런 의미에서 사랑은 배움의 과정이며, 인간은 이 계열이 더 이상 가능하지 않을 때, 즉

"사랑에 빠질 욕망도 시간도 나이도 모두 고갈되었을 때, 오로지 그때에만 그는 이 이해에 도달할 수 있을 것이다."[95]

그런데 놀랍게도 주인공은 알베르틴의 다양한 얼굴과 영혼을 발견하며 이것은 "하나의 알베르틴과 또 다른 알베르틴 사이에서 그런 작은 차이와 대조적인 관계"를 만남으로써 가능하다. 각각의 사랑은 그 자체로 하나의 계열을 이룬다. 즉, "알베르틴에 대한 사랑은 그 자체로 하나의 계열을 이룬다."[96]

이러한 사랑의 계열은 경험과 주관을 초월한 근원적 테마를 향해 열린다. 들뢰즈는 심지어 어머니에 대한 사랑마저도 근원적 테마 또는 원형이 아니라고 말한다. 각각의 사랑의 경험은 다른 모든 경험, 인류사 전체의 경험을 반복하거나 반영하고 있다. 들뢰즈는 다음과 같이 쓴다.

"궁극적으로 사랑의 경험은 인류 전체를 경험하는 것이다. 여

---

95 『프루스트와 기호들』, 110쪽
96 『프루스트와 기호들』, 111쪽

기에는 개체를 넘어 전체를 관류하는 어떤 유전의 흐름이 있
다."[97]

사랑의 진실은 '방법'을 통해 접근할 수 있는 것이 아니다. 사랑의
기호는 나에게 고통을 주는데, 왜냐하면 이러한 기호는 애인의 거짓
말을 함축하기 때문이다. 이러한 사랑의 기호는 지성으로 하여금 강
제적으로 이 기호를 해석하도록 만든다. 앞에서도 보았듯이 이러한
'강요'와 '강제'는 '방법'과 대비된다. 그리고 애인의 거짓말은 우리로
하여금 그 애매성 속에서 질투가 나타나게 만든다. 그리고 이러한
기호 속에서, 그리고 질투의 기분 속에서 '본질'을 찾도록 강요한다.

그런데 이러한 본질은 사랑의 영역 속에서 감각적 기호의 영역보
다 더 큰 일반성을 띠게 된다. 개별적인 사랑의 반복에서 지성은 〈
일반적인 것〉을 찾아낸다. 사랑의 〈사실〉은 고통스럽지만 이러한
사실로부터 이끌어 내는 관념은 기쁨을 준다. 그런데 사랑은 "주관
적인 관념 연상과 인상 연상"[98]에 강하게 연결되어 있어서 사랑의 기
호들은 감각적 기호들보다 주관적 해석에 치우칠 위험이 더 크다.

그리고 사랑의 주관적 선택은 필연적인 이유가 없을 수도 있다.
주인공이 소녀들의 그룹에서 알베르틴을 선택한 것은 알베르틴의
고유성 때문이 아니라 순전한 우연성 때문이다. 소녀들은 각각 많은
본질들을 가지고 있으며 각각의 소녀들은 다른 소녀들이 가진 본질
의 요소들을 지니고 있기 때문에 이 본질들 중 하나가 선택될 확률

---

97 『프루스트와 기호들』, 113쪽~114쪽
98 『프루스트와 기호들』, 118쪽

은 엇비슷하기 때문이다.

사랑의 기호들로 본질이 육화할 때 그것은 거짓말과 동성애로 나타난다. 거짓말은 거짓말을 낳고 눈덩이처럼 불어난다. 또한 거짓말을 완벽하게 하기 위해서는 역설적으로 진실을 완벽하게 알고 있어야 하고, 미래를 예측하며 미래를 통제할 수 있는 능력이 필요하다. 그런데 이쯤 되면 거짓말을 완벽하게 하기 위해서는 거의 신이 되어야 한다는 것을 알 수 있다. 또한 성애의 객관적 진리는 동성애이며 이것은 인간이 근본적으로 '자웅동체'라는 사실에 기인한다. 이 자웅동체는 갈라지는 두 계열로서 소돔의 계열과 고모라의 계열에 연속적 법칙을 부여한다. 사랑은 한 계열에서 다른 계열로 건너가면서 "소돔의 것이고 고모라의 것인 〈기호들〉"[99]을 생산한다.

들뢰즈에 따르면 서로 다른 두 개의 일반성이 존재한다. 하나는 계열의 일반성이고 다른 하나는 그룹의 일반성이다. 즉 계열을 지배하는 법칙의 일반성과 그룹을 지배하는 특성의 일반성이다. 사랑에서 그룹은 단지 계기를 줄 뿐 사랑의 진정한 일반성은 계열의 법칙에 있다. "우리의 사랑들은 계열들, 다시 말해 그 안에서 우리의 사랑들이 조직되는 계열들에 의존해서만 근본적으로 체험된다."[100]

그런데 사교계에서는 이와 달리 그룹의 일반성만 존재한다. 사교계의 기호들은 '공허함' 속에서만 뿜어져 나오는데, 이는 별과 별 사이의 공허함에 견줄만하다. 들뢰즈는 다음과 같이 쓰고 있다.

99 「프루스트와 기호들」, 124쪽
100 「프루스트와 기호들」, 125쪽

"여기서, 기호는 천문학적인 거리를 가로지르는데, 그 거리 때문에 사교계의 관찰은 현미경 연구라기보다는 망원경 연구를 닮게 된다."[101]

이러한 공허함이라는 물리적 환경 속에서 통계적 법칙이 나타나는데, 왜냐하면 사교계의 인물들은 하나같이 머리가 텅 비었기 때문이다. "제일 멍청한 인간들은 몸짓, 의도, 뜻하지 않게 표현된 감정을 통해서 자신이 깨닫지 못하고 있는 법칙들을 드러낸다(『되찾은 시간』, Ⅲ)."

이러한 어리석은 사교계를 지배하는 법칙은 망각의 법칙이다. 들뢰즈의 말대로 프루스트는 『잃어버린 시간을 찾아서』에서 "드레퓌스 사건부터 1차 대전까지 살롱의 변화에 관련하여 사회적 망각의 위력을 분석한다." 이런 의미에서, "공허함, 어리석음, 망각―이것이 사교계 그룹의 삼위일체이다."[102]

1.7 중간정리: 시간선과 본질, 그리고 의미

들뢰즈는 잃어버리는 시간, 잃어버린 시간, 되찾는 시간, 되찾은 시간을 각각 사교계의 기호들, 사랑의 기호들, 감각적 기호들, 예술의 기호들의 특권적 시간선이라고 말한다. 물론 각각의 기호들이

---

101 『프루스트와 기호들』, 125쪽
102 『프루스트와 기호들』, 126쪽

이러한 특권적 시간선을 이탈하여 다른 시간선에 끼어들기도 한다.

1) 사교계의 기호들의 특권적인 시간선이 잃어버리는 시간인 것은 이 시간이 헛되고 공허히 흘러가는 시간이기 때문이다. 그런데 이 잃어버리는 시간에도 진실은 존재한다. 그것은 앞에서 설명한 소멸과 변질의 진실을 깨닫게 될 뿐만 아니라 잃어버리는 시간 속에서 "해석자가[…] 성숙해 가기 때문이다."[103]

2) 또한 사랑의 기호들의 특권적인 시간선이 잃어버린 시간인 것은 이 시간의 진실이 사랑이 변질되어 파괴되었을 때에야 드러나기 때문이다: "사랑과 관련해서는 진실은 언제나 너무 늦게 온다. 사랑의 시간은 잃어버린 시간이다."[104]

3) 감각적 기호의 특권적인 시간선은 되찾는 시간이다. 즉 이 시간은 감각적 기호에 의해 잃어버린 시간 속에서 '되찾는' 시간인 것이다. 이 시간은 비록 영원성의 순간적 이미지밖에 제공하지 못하지만, 우리에게 독특한 기쁨을 제공하는 시간이다. 물론 "여기서는 존재와 무 사이의 모순과 같은 고뇌가 여전히 도사리고 있다."[105]

4) 예술의 기호의 특권적인 시간선은 되찾은 시간이다: 이 시간은 "절대적인 근원적 시간, 의미와 기호를 통일하는 참된 영원성"

---

103 『프루스트와 기호들』, 132쪽
104 『프루스트와 기호들』, 132쪽
105 『프루스트와 기호들』, 131쪽

의 시간이다. [106]

각각의 시간선은 그 나름대로 가치가 있지만, 이 시간선들 사이에
위계질서가 없는 것은 아니다. 더 상위의 시간선으로 갈수록 더 근
원적인 시간이 되며, 기호와 의미의 관계는 점점 통일을 향해 나아
간다. 또한 더 상위의 시간 계열에서는 하위의 시간 계열에서 잃어
버린 시간을 되찾게 된다. 그리고 마지막 되찾은 시간에서는 각 시
간선들의 각 국면들이 "절대적 시간 계열의 한 항"[107]이 된다. 따라
서 이 마지막 되찾은 시간 속에서 모든 시간은 배열된다.

반면에 '본질'은 예술적 기호 속에서 직접적으로 현전하고, 감각적
기호, 사랑의 기호, 사교계의 기호로 〈하강〉할수록 더 일반적으로
된다. 게다가 이렇게 본질이 〈하강〉하게 되면, 즉 본질이 일반적이
되고 더 우연적인 질료 속에서 육화하게 되면, 기호와 의미의 관계
도 필연성이 점점 옅어지게 된다. 들뢰즈는 다음과 같이 쓰고 있다.

> "각 단계들에서 기호와 의미의 관계를 규정하는 것은 바로 본
> 질이다. [⋯]반대로 본질이 보다 큰 어떤 일반성을 지니게 되고 보
> 다 우연적인 질료들 속에서 육화될 때 이 관계는 그만큼 더 느슨
> 해진다."[108]

---

106 「프루스트와 기호들」, 131쪽
107 「프루스트와 기호들」, 134쪽
108 「프루스트와 기호들」, 135쪽

그리고 이렇게 본질이 〈하강〉함에 따라 본질은 더 객관주의나 주관적 연상의 메커니즘에 종속된다. 이러한 종속에 의해 우리는 존재의 본질을 투명하게 인식할 수 없으며, 따라서 예술의 기호를 통해 존재의 본질이 투명하게 계시된 후에야 본질들이 이미 감각적 기호나 사랑의 기호, 사교계의 기호 속에서 숨 쉬고 있었다는 사실을 깨닫게 된다.

들뢰즈와 프루스트는 기호와 의미의 관계를 소쉬르와는 너무 다르게 규정짓는다. 의미는 기호 안에 함축(implication)되어 있으며 기호에 의해 감싸여져 있다. 그리고 의미는 기호에 의해 펼쳐지기도 하고 "의미 자체가 기호의 전개와 뒤섞여 있다(136쪽)." 더 나아가 본질은 기호와 의미를 복합(complication)하고 있으며 "하나를 다른 하나 속에 집어넣는다(136쪽)." 즉,

"본질은 다른 두 항, 즉 기호와 의미를 지배하고 이들의 운동을 주관하는 세 번째 항이 된다."[109]

그리고 본질에 의해 기호와 의미의 통일성의 정도와 기호와 의미의 관계의 느슨한 정도 등이 규정된다. 기호는 주체에도 대상에도 귀속되지 않으며 이것은 본질도 마찬가지이다. 소쉬르는 기호와 의미만을 생각하는 반면에 프루스트는 제3항으로서의 본질이 존재한다고 말하고 있으며 더 나아가 이 본질이 기호와 의미의 관계를 규

109   『프루스트와 기호들』, 136쪽

정할 뿐만 아니라 본질은 "기호와 의미 너머에"[110] 있다고 주장하는
것이다.

▌ 1.8 안티 로고스

들뢰즈는 프루스트가 그리스의 〈로고스〉를 유대의 〈파토스〉에
대비시킨다고 말한다: "아테네와 예루살렘의 대립을 프루스트는 자
기식으로 숙고했다."[111] 그리스로부터 유래하는 보편적 로고스에서
지성은 항상 〈앞서〉 온다. 즉, 〈전체〉와 〈법칙〉은 먼저 존재해서,
"여기서 우리는 우리에게 이미 주어져 있는 것"을 재인식한다.[112] 반
면에 이러한 〈로고스〉에 반대되는 〈파토스〉에서는 지성은 〈뒤에〉
온다. 〈로고스〉에서는 앞서오는 지성의 지휘 아래에 인식능력들의
자발적 조화가 존재한다. 반면 〈안티-로고스〉에서는 이러한 인식
능력들의 조화보다는 인식능력들의 싸움이나 폭력이 존재한다.

> "그는 우리의 모든 능력들의 조화로운 사용인 논리적 용법 혹
> 은 결합적 용법에다 비논리적 용법 혹은 분할적 용법을 대립시킨
> 다. 전자의 용법에서는 지성이 우리가 가진 다른 능력들보다 앞서
> 오면서 이 능력들 모두를 조화롭게 <전체정신>이라는 헛초점에

---

110 「프루스트와 기호들」, 137쪽
111 「프루스트와 기호들」, 155쪽
112 「프루스트와 기호들」, 156쪽

수렴시킨다. 반면 후자의 용법에서는 우리는 능력들 전체를 동시에 조화롭게 사용할 수 없다."[113]

로고스는 해석보다는 대화, 기호 안에 함축된 심오한 의미로서 sens보다는 명시적이고 규약적인 의미로서 signification에 의해 작동한다. 이러한 의미에서 들뢰즈는 전쟁의 기술이 로고스가 될 수 없다고 말한다. 왜냐하면 전쟁에서는 일관된 전체로 통합될 수 없는 '파편적인 기호들, 애매한 기호들'을 꿰뚫어 보아야 하기 때문이다. 말하자면 암호체계 속에 함축된 심오한 의미를 꿰뚫어 볼 수 있어야 한다. 즉 전쟁은 상형문자 해독과 같다. 이런 의미에서 상형문자 해독의 세계는 명료한 '분석적 표현의 세계'와 대립된다. 들뢰즈는 다음과 같이 쓰고 있다.

"프루스트는 기호들과 징후들의 세계를 속성들의 세계에, 파토스의 세계를 로고스의 세계에, 상형문자와 표의 문자의 세계를 분석적 표현의 세계, 표음문자와 이성적 사유의 세계에 대립시킨다."[114]

뿐만 아니라 들뢰즈는 우리가 폭력적이고 우연적으로 마주치는 모든 기호들, 그래서 사유의 필연성을 낳는 모든 기호들을 '상형문자'라고 말한다.

---

113 『프루스트와 기호들』, 157쪽
114 『프루스트와 기호들』, 161쪽

"상형문자는 어디든지 있다. 이 상형문자의 상징은 두 겹으로 되어있다. 마주침의 우연성과 사유의 필연성이 바로 그것이다."[115]

다양한 상형문자 혹은 표의 문자가 존재하며, 이들은 통일된 전체를 이루지 않고 파편화되어 있다. 프루스트-들뢰즈에 의하면 그리스 정신은 이러한 '무성언어'로서 기호들을 하나의 총체로서 로고스로 통일되어야 할 파편들로 고려했다고 말한다. 변증법은 바로 이러한 로고스로 향해가는 운동이며, 전쟁 대신 '화해'와 '조화'를 향해 나아가는 운동이다. 변증법의 궁극적 진리는 이러한 '화해'와 '조화' 속에서 얻어지는 반면에, 안티-로고스에서 진리는 전쟁 속에서 "적에 의해 누설"된다.[116] 들뢰즈와 가타리는 참된 진리는 오로지 이러한 적에 의해 누설되는 진리뿐이라고 말한다. 즉, "오로지 속이기 위해 꾸며낸 것 속에만, 진리를 감추는 굴곡들 속에만, 거짓말과 불행의 조각들 속에만" 진리가 있다.[117]

그리스인들은 그럼에도 불구하고 파편으로서의 〈아포리즘〉을 참아내는 듯 보이는데, 이것은 이러한 파편을 통해 전체의 모습을 그려볼 수 있을 때만 그렇다. 이 경우에 가장 작은 부분이 소우주, 전체는 대우주이며 이 둘 사이에는 유비가 있음이 가정된다. 그리스인들의 로고스 속에서 각각의 기호들은 명료한 signification의 그물망 속에서 파악된다. 이런 의미에서 소크라테스 이전 철학자들이 파

---

115 「프루스트와 기호들」, 152쪽
116 「프루스트와 기호들」, 168쪽
117 「프루스트와 기호들」, 167쪽~168쪽

편화된 작품을 남긴 것은 로고스에 반대해서가 아니며, 이 철학자들의 파편은 "세월이 그 철학자들의 작품을 갉아먹고 남긴 부스러기들에 불과하다."[118]

반면 "시간을 소재로 삼거나, 아니면 오히려 주제로 삼고 있는 작품" 속에서 파편들은 미리 구성된 통일된 전체에 복속되지 않는다. 말하자면,

> "작품은 이 조각 난 부스러기들을 가지고 움직이는 것이다. 크기와 형태에 있어서 서로 다른 부분들은 서로 들어맞지 않고 또 동일한 리듬으로 전개되지도 않는다. […] 연상의 고리들 속에서 또 서로 소통 없는 관점 속에서 우주의 질서는 붕괴되고 산산조각이 나버렸다."[119]

프루스트는 이러한 파편들은 '창조의 관점'을 통해서만 통일된다고 말한다. 이러한 창조의 관점만이 지성이 먼저 오지 않는, 그래서 마주침의 우연성을 긍정하는 방법이다. 이런 의미에서 미리-구성된 전체는 거짓이며 따라서 '유기적 전체'로서 예술작품을 바라보는 진부한 예술론은 거부된다. 그리고 이러한 '창조' 속의 통일을 위해서는, 즉 "최종적인 조각을 그러모으기 위해서는 매우 많은 우회가 필요하다."[120]

---

118 『프루스트와 기호들』, 170쪽
119 『프루스트와 기호들』, 171쪽
120 『프루스트와 기호들』, 174쪽

1.9 살짝 열린 통과 막힌 관

들뢰즈는 프루스트가 소설을 쓰기 전부터 통일된 작품을 계획했다는 것은 "잘못된 주장"이라고 말한다.[121] 들뢰즈에 의하면 프루스트는 매우 새로운 통일성의 개념을 창안해 냈다. 즉 파편들의 "부조화, 불균형, 조각남"과 "단절, 간격, 공백, 간헐성"으로부터 출발해서 통일성에 도달해야 한다. 들뢰즈는 이와 관련하여 두 가지 형태를 구분해야 한다고 말한다.

(1) 하나는 〈살짝 열린 통〉의 형태로서 용기와 내용물의 관계에 관련되고 〈감쌈〉과 〈함축〉의 형태이다. 이 통들은 자신과 아주 다른 본성을 지닌 "엄청난 내용물"을 감싸고 함축하고 있다. 이러한 형태에 관해 화자는 이 통과 다른 본성을 지닌 내용물을 펼쳐내는 것, 즉 주름을 펼쳐내는 것, 전개하는 것이다.

(2) 다른 하나는 〈막힌 관〉의 형태로서 부분들과 전체의 관계에 관련되고 〈복합〉의 형태이다. 여기서는 "불균형적이고 서로 소통되지 않는 부분들의 공존"이 존재한다. 그리고 겉으로 보기에는 화자는 여기서 〈선택하고〉 〈골라내는〉 것처럼 보인다.[122]

알베르틴 안에는 많은 인물들이 〈복합〉되어 있다. 이 많은 인물들은 서로 다른 광학기구들을 통해 관측되며, 이 인물들은 서로 다른

---

121 「프루스트와 기호들」, 175쪽
122 「프루스트와 기호들」, 177쪽

〈막힌 관〉 속에서 소통되지 않는다. 그리고 각각의 인물들을 보기 위해서 이 많은 광학기구들 중 선택이 요청된다. 반면 알베르틴은 〈살짝 열린 통〉이기도 하다. 왜냐하면 그녀는 해변과 파도를 〈함축〉하고 있기 때문이다. 말하자면 "그녀는 〈바다에서 떠오르는 일련의 인상들 모두〉에 연결되어 있는데, 우리는 밧줄을 풀어내듯이 그 인상들을 펼치고 전개할 수 있어야 한다."[123]

화자의 욕망은 사랑 속에서 서로 소통하지 않는 알베르틴들을 증가시킴으로써 이러한 알베르틴들을 〈복합〉하고 화자의 기억은 〈추억의 영역들〉으로부터 알베르틴을 펼쳐내고자 한다.

마들렌의 사례는 바로 〈살짝 열린 통〉의 사례이다. 여기서 용기는 감각적 성질이며, 내용물은 콩브레, 즉 "본질로서의 콩브레, 순수 관점으로서의 콩브레"이다. 이러한 내용물을 획득하는 것은 "하나의 창조행위"라고 들뢰즈는 말한다. 왜냐하면 이 내용물은 이전에 한 번도 소유되지 않았기 때문이다. 또한 이러한 본질과 순수 관점은 그 시절의 자아를 개별화시키면서 "전에 체험해 보지 못했던 순수 현존의 상태 속에서 자아를 즉자적으로 소생"시킨다: "이런 의미에서 어떤 사물에 대한 모든 〈펼침〉은 한 자아의 부활이다."[124]

혹자는 이러한 내용물과 용기의 관계를 연상 관계로 볼 수도 있지만, 들뢰즈는 여기에는 단순한 연상의 사슬 "그 이상의" 어떤 것이 있다고 말한다. 연상의 사슬은 그것을 파괴할 힘과 관련해서만 존재한다. 즉 강요된 연상이 존재해서 이 연상의 사슬을 왜곡하거나 부

---

123 『프루스트와 기호들』, 178쪽
124 『프루스트와 기호들』, 181쪽

쉬버린다. 이 강요된 연상은 용기와 내용물을 단절시켜 버린다. 즉 기호에 의해 전달되는 폭력에 의해 용기와 내용물은 모든 공통성을 잃어버리는 것이다. 또한 세계에 일관된 질서를 부여하는 연상의 사슬이 파괴되므로, 이제 세계는 파편화되어 나타난다. 내용물과 용기에 관련된 이러한 파편화를 들뢰즈는 "내용물들의 폭발", "내용물에 의해 용기가 폭파되는 것"이라고 쓰고 있다.[125] 이러한 내용물들의 폭발 속에서 '조각난 이질적 진실들', 즉 쉽게 조화되지 않고 갈등하는 진실들이 존재한다.

프루스트는 이러한 조각들에 대해 하나의 전체를 구성하는 방법을 생각해내지만, 이러한 전체는 부분적 조각들을 근거 짓는 것이 아니다. 즉 부분적 조각들보다 선행하는 것이 아니라는 것이다.

또한 〈막힌 관〉은 직접적으로 이웃한 부분들 사이의 소통의 불가능성을 나타낸다. 이러한 소통의 불가능성 때문에 복합적 전체를 형성하기 위해서는 "수많은 막힌 관 속에 [나뉘어] 들어감으로써 그 전체가 분열되어야"한다.[126] 주인공이 알베르틴에게 키스하려고 다가섰을 때 이런 일이 일어난다. 그리고 막힌 관마다 하나의 자아가 들어있다.

이러한 소통 불가능한 막힌 관들 사이에도 '통행 체계(système de passage)'가 존재한다. 이러한 통행 체계는 일종의 횡단선들에 의해 세워진다. 이 횡단선은 "알베르틴의 한쪽 모습에서 다른 쪽 모습으로, 하나의 알베르틴에서 다른 알베르틴으로, 하나의 세계에서 다른 세

---

125 『프루스트와 기호들』, 186쪽
126 『프루스트와 기호들』, 190쪽

계로, 한 단어에서 다른 단어로 건너뛰게 해준다."[127] 이러한 횡단과 건너뜀에 의해 매우 독특한 통일성이 수립된다. 예를 들어 잠은 다양한 시절들의 횡단선이다. 잠 속에서 우리는 다양한 시절들의 막힌 관들 속에 있는 자아들 중에서 하나를 선택한다. 말하자면 "모든 유폐된 자아들이 잠든 사람의 머리 주위를 빙글빙글 선회"한다.[128] 그러므로 잠든 사람의 영혼과 유폐된 자아들 사이의 관계는 복합(complication)이라고 볼 수 있다. 프루스트는 다음과 같이 쓴다.

> "잠든 사람은 자기 주위에 시간의 실타래를, 세월과 우주의 질서를 둥글게 감고 있다. [⋯]한밤중에 잠에서 깨어날 때 나는 내가 어디 있는지 알지 못했으므로, 처음엔 내가 누구인지도 알지 못했다. [⋯]이처럼 잠에서 깨어날 때, 항상 내 정신은 내가 어디 있는지 알려고 뒤척거리지만 결국 알지 못한 채, 사물이며 고장이며 세월이며 이 모든 것이 어둠 속에서 내 주위를 빙빙 돌았다."[129]

> "우리는 더 이상 아무도 아니다. 그런데 잃어버린 대상을 찾는 것처럼 자신의 생각, 자신의 정체성을 찾다가, 어떻게 결국엔 남의 자아가 아닌 자기 고유의 자아를 되찾게 되는 것인가? 다시 생각하기 시작할 때, 우리 안에서 육화하는 것은 왜 예전의 자아와 다른 자아가 아닌가? 우리는 어떤 것이 선택을 명령하는지 모른

---

127 『프루스트와 기호들』, 194쪽
128 『프루스트와 기호들』, 195쪽
129 마르셀 프루스트, 『잃어버린 시간을 찾아서1-스완네 집 쪽으로1』, 서울: 민음사, 2022, 19쪽~20쪽

다. 또한 우리가 될 수 있을 수많은 인간 모습들 가운데 왜 하필이면 정확히 어젯밤에 나였던 자아가 선택되는지도 이해하지 못한다."[130]

이런 의미에서 들뢰즈는 잠에서 순수한 해석, 순수한 선택이 실제로 존재한다고 말한다. 왜냐하면 이 선택은 해석할 사물과 기호뿐만 아니라 이러한 기호를 해독하는 자아도 선택하기 때문이다. 반면 비자발적 기억의 경우에는 감성을 타격하는 기호와 이 기호에 의해 호출되는 비자발적 기억이 이 미리 선택된 자아에 결부되어 있다. 이것이 들뢰즈가 잠이 기억보다 우월하다고 말하는 이유이다.

어쨌든 횡단선으로서의 잠은 막힌 관 속에 있는 유폐된 자아들 속에 복합되어 있으며 잠 속에서의 해석의 통일성은 바로 이 횡단선에 의해서만 세워진다.

이렇게 〈살짝 열린 통〉과 〈막힌 관〉은 각각 '공통성 없음'과 '소통 불가능성'이라는 특징을 가진다. 그리고 공통성 없음과 소통 불가능성 모두 간격들 혹은 거리들(distances)과 관계가 깊다. 들뢰즈는 시간조차도 "비공간적인 거리의 체계"라고 말하고 있다. 이것은 "전체는 주어지지 않는다."는 사실을 보여준다.[131]

---

130 『프루스트와 기호들』, 197쪽에서 재인용
131 『프루스트와 기호들』, 199쪽

1.10 세 가지 기계

들뢰즈는 프루스트의 『잃어버린 시간을 찾아서』가 하나의 '기계'라고 말한다. 이 '기계'에 있어서 의미는 그 작동에 달려있다. 또한 들뢰즈는 프루스트의 안티-로고스의 기계 혹은 기계장치는 희랍철학의 로고스의 기관(Organe) 혹은 논리학(Organum)에 대립한다고 말한다. 왜냐하면 ①이러한 기계는 진리를 늘 새롭게 〈생산〉하는 반면에 로고스의 논리학은 진리를 〈발견〉하려고 하거나 로고스가 창조한 그 상태의 진리 그대로를 보존하려고 하기 때문이다. ②로고스의 논리학에는 지성에 의해 설정된 전제가 있는 반면에 프루스트의 '기계'에는 이런 임의적 전제가 존재하지 않기 때문이다.

그리고 이러한 진리의 생산은 '인상'으로부터 시작한다. 왜냐하면 "오직 인상만이 마주침의 우연성과 효과[…]의 필연성을 자기 안에 겸비하고 있기 때문이다."[132] 이 인상, 이 현실적 사건이 바로 '기호'이다.

그리고 의미와 진리는 추억이나 인상 속에 존재하는 것이 아니며 오히려 추억이나 인상의 〈정신적 등가물〉과 섞여있다. 그리고 이 정신적 등가물은 기호와의 비자발적 마주침에 의해 기계를 통해 생산된다.

그리고 프루스트는 기계를 다음과 같은 네 종류로 나눈다.

(1) 라캉이 말하는 〈부분 대상〉들을 생산하는 기계. 이 부분 대상

---

[132] 『프루스트와 기호들』, 231쪽

들은 파편화되고 소통되지 않는 막힌 관들에 의해 분리된다.

(2) 공명-기계로서 공명의 효과로써 본질들을 생산해 낸다. 마들렌과 옛날의 순간이 공명하며 비자발적 기억에 의해 지역적 본질로서의 콩브레를 생산한다.

(3) 강요된 운동의 기계로서 죽음의 관념을 생산해 낸다. 그리고 이러한 죽음의 관념은 시간이 일으키는 효과이다. 과거에서 현재로 움직이는 시간의 운동에서 자신이 늙어버렸다는 깨달음은 옛날의 상태를 "먼 과거라기보다는 거의 있음직하지 않은 과거"로 물러나게 만든다.[133] 이렇게 과거를 멀리 보내는 운동을 들뢰즈는 〈강요된 운동〉이라고 말하고 있다. 이 〈강요된 운동〉이 죽음의 관념을 생산한다.

(4) 책이라는 기계. 책이라는 예술 기계는 "특권적인 자연적 순간들에서 그 순간들을 생산하거나 재생산하고 증식시킬 수 있는"[134] 기계이다. 이 기계는 공명 자체를 생산한다. 이것은 들뢰즈에 의해 "현현-기계"라고도 불리며, "예술가는 두 대상을 공명시키면서 현현을 생산해 낸다."라고 말하고 있다.[135]

133 『프루스트와 기호들』, 247쪽
134 『프루스트와 기호들』, 242쪽
135 『프루스트와 기호들』, 244쪽

1.11 결론: 생산되는 통일성

관점은 존재의 본질을 생산해 내지만, 이러한 진정한 본질들은 그 자체로 개별자일뿐 통일성을 형성하지 못한다. 그러나 다자의 통일은 존재한다고 들뢰즈는 말한다. 일자 혹은 전체는 다자들이 생산하는 〈효과〉라는 것이다. 그런데 이러한 생산된 일자는 파편화된 부분들의 성격에 변화를 일으키지 않는다.

프루스트에게 있어서 문체는 이미지들을 가지고 펼치는 일을 한다. 즉 문체는 앞에서 말한 순수해석의 일종이 된다. 이 순수해석으로서의 문체는 "문장의 내부에서 문장에 대한 관점을 증식"시킨다. 이런 의미에서 프루스트의 문체는 비-문체이다. 이런 비-문체에 의해 증식된 관점에 의해 대상이 해체된다. 즉 문체는 부분적 대상들을 생산한다. 이런 의미에서 문체는 통일성을 보장하지 못한다.

결국 통일성은 횡단성에 의해서 획득된다. 이 횡단성은 관점들을 단일화하지 않고도, 관점들이 서로 소통할 수 있게 해준다. 들뢰즈는 다음과 같이 쓰고 있다.

> "여기서 우리는 아마도 『잃어버린 시간을 찾아서』의 도처에서 찾아볼 수 있는 하나의 구성방식을 발견할 수 있을 것이다. 그것은 외관상 제한되어 있고, 통합될 수 있고, 전체화될 수 있는 하나의 총체를 이루고 있는 최초의 성운으로부터 출발한다. 그다음에 하나 혹은 여럿의 계열들이 이 처음의 총체로부터 분리되어 나온다. 이 계열들은 다시금 새로운 성운으로 흘러 들어가는데, 이 새

로운 성운은 최초의 성운과 달리 탈중심적이고 편심적이다. 또한 이 새로운 성운은 선회하는 막힌 통들로 이루어져 있고 횡단적 도주선들을 따라 움직이는 서로 부조화하는 조각들로 이루어져 있다."[136]

참고문헌

» 질 들뢰즈, 서동욱 · 이충민 옮김, 『프루스트와 기호들』, 서울: 민음사, 2016
» 질 들뢰즈, 김상환 옮김, 『차이와 반복』, 서울: 민음사, 2011
» 질 들뢰즈, 서동욱 옮김, 『칸트와 비판철학』, 서울, 민음사, 2006
» 질 들뢰즈, 이찬웅 옮김, 『주름, 라이프니츠와 바로크』, 서울: 문학과 지성사, 2012
» 질 들뢰즈, 현영종 · 권순모 옮김, 『스피노자와 표현 문제』, 서울: 그린비, 2019

136 『프루스트와 기호들』, 270쪽~271쪽

2. 질 들뢰즈/펠릭스 가타리 ①
-『안티 오이디푸스』에서 기호의 문제

2.1 서론

『안티 오이디푸스』에서 기호의 문제를 다루기 전에 『안티 오이디푸스』 전반에 대한 이해가 필요하다. 『안티 오이디푸스』는 단순히 프로이트나 정신분석에 대한 비판으로 환원될 수 없으며 '역사의 필연적 발전법칙'을 밝혔다고 주장하는 마르크스주의적 역사유물론에 맞서는 새로운 역사유물론, 즉 '우발성의 역사유물론'으로서 사회-역사적 존재론이다. 들뢰즈와 가타리는 다음과 같이 쓰고 있다.

> "세계사는 우발들의 역사이지 필연의 역사가 아니며, 절단들과
> 극한들의 역사이지 연속성의 역사가 아니다."[137]

그리고 이러한 역사유물론은 '욕망의 역사유물론'이다. 들뢰즈와 가타리는 욕망이 반드시 결핍으로부터 비롯된 것이 아니며 욕망이

137　질 들뢰즈, 펠릭스 가타리, 김재인 옮김,『안티 오이디푸스』, 서울 : 민음사, 2015, 246쪽

본질적으로 생산임을 밝힌다. 이뿐만 아니라 이들은 욕망이 생산하는 것이 실재적인 것이며 상상적인 것이 아니라고 말한다. 이렇게 욕망이 상상적인 것을 생산한다는 주장은 객관적 실재와 구분되는 심리적 현실의 존재를 가정하고 있으며, 따라서 이러한 심리적, 주관적 현실 속에서 대상의 부재와 결핍을 가정한다는 면에서 "결핍으로서의 욕망이라는 관념론적 착상"[138]과 깊이 연관되어 있다. 이들에 의하면 "욕망 이론에서 비판적 혁명을 일으킨"[139] 칸트조차도 욕망의 환상적 성격을 강조함으로써 결국 욕망에 대한 '결핍의 이론'을 넘어서지 못했다. 들뢰즈와 가타리는 다음과 같이 쓰고 있다.

> "칸트는 욕망을 <자신의 표상을 통해 이 표상의 대상들의 현실성을 야기하는 능력>이라고 정의한다. 하지만 이 정의를 예시하기 위해 칸트가 미신적 신앙들, 환각들, 환상들을 원용하는 것은 우연이 아니다. [⋯]따라서 욕망에 의해 생산되는 한 대상의 현실은 심리적 현실이다. 그렇다면 비판적 혁명은 본질적으로 아무것도 바꾸지 않았다고 말할 수 있다. 이런 식으로 생산성을 보는 것은 욕망을 결핍으로 보는 고전적 착상을 되묻지 않고, 다만 이 착상에 기대고 의지해서 이 착상을 더 깊이 파고드는 데 그친다."[140]

그러나 들뢰즈와 가타리는 이러한 착상에서 벗어나야 한다고 말

---

138 『안티 오이디푸스』, 58쪽
139 『안티 오이디푸스』, 59쪽
140 『안티 오이디푸스』, 59쪽

한다. 이러한 착상에 의해 욕망이 환상적인 것이 되고 무의식은 '극장으로서의 무의식', '무대로서의 무의식'이 된다. 반면 실재적 무의식은 일종의 '공장'이다. 이런 의미에서 정신분석적 담화 속에서 오이디푸스와 더불어 무의식이라는 '공장'은 폐쇄되고 무의식은 '극장'이 된다. 즉 "무의식의 생산 단위들은 재현으로 대체"[141]된다.

사실 이러한 주장은 들뢰즈의 『니체와 철학』에서 이미 잘 드러난다. 이 책에서 들뢰즈는 니체의 선배들이 권력의지로서의 욕망을 권력에 대한 표상(재현)으로 환원시켰다고 비판한다. 들뢰즈는 다음과 같이 쓰고 있다.

> "표상하고, 표상되고, 자신을 표상하도록 만드는 광기, 그래서
> 표상하는 것과 표상된 것을 소유하려는 광기, 즉 모든 노예들에게
> 공통적인 광기[…]"[142]

이렇게 끊임없이 대상을 '표상'하려는 의지를 니체-들뢰즈는 노예적이고 저급한 의지라고 말한다. 이에 반해 니체-들뢰즈는 본래적의미의 권력의지(욕망)가 본질적으로 창조적이고 생산적인 존재라고말한다. "니체는 의욕하는 것은 새로운 가치들을 창조하는 것임을알린다. […]권력의지는 본질적으로 창조적이고 주는 자이다."[143]

---

141 『안티 오이디푸스』, 57쪽

142 질 들뢰즈, 이경신 옮김, 『니체와 철학』, 서울: 민음사, 2008, 152쪽

143 『니체와 철학』, 158쪽~159쪽

2.2 욕망의 수동적 종합들

들뢰즈와 가타리는 실재계가 욕망의 수동적 종합들, 즉 생산의 생산, 등록의 생산, 소비의 생산의 결과물이라는 것을 밝힌다. 이러한 욕망의 수동적 종합에는 연결종합(connexion), 분리종합(disjonction), 결합종합(conjonction)이 있다. 이 모든 욕망의 수동적 종합들은 생산이지만 연결종합은 생산의 생산, 분리종합은 등록의 생산, 결합종합은 소비의 생산이다.

1) 생산의 연결종합은 "A and B and….".라는 형태를 가진다. 즉 연속적인 흐름을 생산하는 기계와 이 기계에 연결되어 이러한 흐름을 '절단'하고 '채취'하는 기계가 존재한다. 이를 통해 선형적인 기계들의 계열이 만들어진다. 각각의 기관-기계는 자기 나름의 방식으로 세계를 해석하지만, "하나의 횡단선 속에서, 어떤 다른 기계와 늘 하나의 연결이 설립된다."[144]

또한 이러한 연결종합 속에서 생산하기가 생산물에 접붙으며, 생산에서 사용되는 것과 생산의 결과물 사이의 본성상의 차이는 존재하지 않고, 궁극적으로 생산하기와 생산물은 동일하다.

2) 등록의 분리종합은 기관 없는 신체를 전제로 한다. 이러한 기관 없는 신체는 〈등록의 표면〉으로 기능하기 때문이다. 이러한 〈등

---

144 『안티 오이디푸스』, 29쪽

록 표면〉으로서 기관 없는 신체는 원시 영토 기계에서의 토지일 수도 있고, 제국에서의 전제군주의 신체일 수도 있고, 자본주의 사회에서 자본일 수도 있다. 기관 없는 신체는 말하자면 비-생산이며 "불임인 것, 출산 되지 않은 것, 소비 불가능한 것(32쪽)"이다. 마르크스에 의하면 자본주의 사회에서 자본이 모든 것을 생산한다는 환상이 생겨나는데, 자본은 단지 모든 생산력들과 생산담당자들을 자신의 표면에 등록할 뿐이다. 들뢰즈와 가타리는 자본주의 사회뿐만 아니라 모든 사회에서 "생산 전체는 그 등록 표면에서 발원하는 것처럼 보인다."[145]고 말한다. 즉 물신주의는 모든 유형의 사회에서 나타난다. 들뢰즈와 가타리는 다음과 같이 쓰고 있다.

> "[…]토지의 몸이건 전제군주의 몸이건 그 어떤 충만한 몸, 등록 표면, 외견상의 객관적 운동, 변태적이고 마법에 걸린 물신적 세계는 사회적 재생산의 상수로서 모든 유형의 사회에 속한다."[146]

편집증 기계에서 기관-기계들과 기관 없는 신체는 서로 대립한다. 편집증 기계는 욕망 기계들을 박해장치로 느끼는 기관 없는 신체에 의해 구성된다. 그런데 기관 없는 신체가 욕망하는 기계들과 대립 되지 않고, 생산으로 복귀하여 그것을 자기 것으로 전유할 때, 이 기관 없는 신체는 기적-기계로 불린다. 이 기적-기계 속에서,

---

145 『안티 오이디푸스』, 36쪽
146 『안티 오이디푸스』, 37쪽

"기관 없는 신체는 욕망적 생산으로 복귀하며, 그것을 끌어당기고, 그것을 전유한다. 기관 없는 신체가 펜싱선수의 조끼인 것처럼, 또는 자신들이 레슬러가 앞으로 돌진함에 따라 흔들거리는 그 운동복 위의 메달인 것처럼, 기관-기계들은 기관 없는 신체에 매달린다."[147]

등록의 분리종합은 "A or B or…."의 형태로 나타나는데 배타적 분리종합과 포괄적 분리종합으로 나뉘며 배타적 분리종합은 〈…아니면…〉의 형태로 나타나고 포괄적 분리종합은 〈…이건…〉의 형태로 나타난다. 이러한 두 분리종합을 정확하게 이해하기 위해서는 들뢰즈의 『의미의 논리』를 정확하게 이해해야 한다.

들뢰즈는 『의미의 논리』에서 라이프니츠가 개념들의 논리적 모순이 사건들의 비논리적 양립 불가능성에서 파생된 것이라고 주장한다는 점에서 라이프니츠가 "비논리적[…] 양립 불가능성에 대한 최초의 이론가"[148]라고 말한다. 그런데 들뢰즈는 이러한 양립 불가능성은 배타적 분리종합에 의한 것으로, "배제의 부정적 규칙"이라고 말한다. 반면에 포괄적이고 긍정적인 분리종합이 존재한다. 이러한 포괄적이고 긍정적인 분리종합이란 단순히 더 높은 수준에서 대립자들을 '종합'하는 것이 아니며, 차이 나는 것들의 있는 그대로의 거리를 긍정하고 더 나아가 이 '거리'를 소통수단으로 삼는 것이다. 이러한 의미에서 "술어들의 배제는 사건들 사이의 소통으로 대체된

147   『안티 오이디푸스』, 37쪽~38쪽
148   질 들뢰즈, 이정우 옮김, 『의미의 논리』, 파주: 한길사, 2015, 292쪽

다."[149] 들뢰즈에 의하면 니체는 병과 건강의 '거리'를 긍정하고 병의 관점에서 건강을, 건강의 관점에서 병을 바라봄으로써 "병을 건강의 탐구로, 건강을 병의 연구로" 삼았다.[150] 말하자면 병과 건강을 변증법적으로 뒤섞는 것이 아니라 그 '거리' 속에서 소통시켰다고 볼 수 있다. 이러한 소통은 우발점으로서 대문자 사건을 수립하며, 역으로 모든 순수사건은 이 대문자 사건의 표현이 된다.

그리고 이러한 순수사건들의 소통, 그리고 대문자 사건의 수립을 통해서 모든 대립적 사건들이 양립 가능하게 된다. 다만 양립 불가능함은 이제 "사건들이 효과화 되는 개체들, 인칭들, 세계들과 더불어서만 탄생한다."[151]

이런 의미에서 분리종합의 포괄적 사용은 '차이'와 '거리'를 긍정하며 이러한 '거리'를 소통수단으로 삼는 것이다. 즉 분리종합의 배타적 사용은 "호환 불가능한 항들 간의 결정적 선택(양자택일)을 표시"한다면 분리종합의 포괄적 사용은 영원회귀하는 "차이들 간의 호환 가능한 체계를 가리킨다."[152]

우리는 분리종합의 포괄적 사용을 양자역학에서 찾아볼 수 있는데, 유명한 슈뢰딩거의 고양이의 사례에서 관측하기 이전의 고양이는 삶과 죽음이 중첩된 상태에 있다. 이것을 다른 말로 하면 관측되기 이전의 고양이에게 있어서 삶과 죽음이 소통한다고 말할 수 있는

149　『의미의 논리』, 296쪽
150　『의미의 논리』, 294~295쪽
151　『의미의 논리』, 300쪽
152　『안티 오이디푸스』, 39쪽

것이다. 즉, "차이들 간의 호환 가능한 체계"가 존재하며 관측된 이후의 삶 또는 죽음은 경험적인 '차이'를 구성한다.

3) 소비의 결합종합은 "Therefore, A"라는 형태를 띤다. 앞에서 편집증 기계의 밀쳐냄과 기적 기계의 끌어당김을 보았다. 그런데 들뢰즈와 가타리는 밀쳐냄과 끌어당김의 대립 속에서 '화해'를 수립하는 기계가 실존한다고 주장하며 그것을 〈독신 기계〉라고 이름 붙인다. 왜냐하면 이러한 '화해', 즉 욕망하는 기계들과 기관 없는 신체 사이의 '새로운 결연'은 쾌락을 불러일으키며 이러한 쾌락은 타자와의 관계 속에서 형성되는 것이 아니라 자기-소비 속에서 형성되고 그렇기에 이 기계는 〈독신적〉이기 때문이다. 들뢰즈는 다음과 같이 쓴다.

> "마치 기계적 에로티즘이 다른 무제한적 권력을 해방하기라도 하듯, 새 결연, 새 탄생, 눈부신 황홀 같은 혼례가 맺어지는 이 새 기계의 현행적 소비가, 즉 자기 성애적 또는 차라리 자동 장치적이라 할 수 있을 쾌락이 존재한다."[153]

그렇다면 이러한 〈독신 기계〉는 무엇을 생산하는가? 들뢰즈와 가타리는 〈독신 기계〉가 강도량을 생산한다고 말한다. 기관 없는 신체는 욕망하는 기계들을 끌어당기거나 밀쳐내는데, 이러한 인력과 척

---

153 「안티 오이디푸스」, 48쪽

력의 비율에 의해 강도량이 규정된다고 들뢰즈와 가타리는 말한다. 〈독신 기계〉는 이러한 인력과 척력의 '화해'를 통해 강도량을 생산하고 더 나아가 기관 없는 신체의 표면 위에 〈강도의 지대〉를 구성한다. 이러한 강도는 기관 없는 신체에서 0이며 이 "강도들은[…] 강도=0에서 출발해서 모두 플러스 값을 갖는다."[154]

이러한 강도는 '느낌', 혹은 감정의 대상이지, 지각이나 사유의 대상이 아니다. 그리고 물질적 감정으로서 '기분'은 "가장 높은 사고와 가장 날카로운 지각을 구성"한다. 들뢰즈와 가타리는 다음과 같이 쓰고 있다.

> "환각 현상(나는 본다, 나는 듣는다)과 망상 현상(나는 …라고 생각한다)은 더 깊은 차원의 나는 느낀다를 전제하며, 이것은 환각들에 대상을 주고 생각의 망상에 내용을 준다."[155]

그런데 이러한 강도의 지대는 거기에 들어서는 욕망하는 기계를 닮지 않는다. 따라서 재현은 존재하지 않는다. "거기에는 강도 지대들, 퍼텐셜들, 문턱들, 기울기들밖에는 없다."[156]

그리고 이러한 〈독신 기계〉에 의해 기관 없는 신체의 표면에서 '여분'으로서 주체가 생산된다. 이러한 '잉여'로서의 주체는 고정된 정체성을 갖지 않으며 기관 없는 신체의 표면을 방황한다. 이러한

---

154 『안티 오이디푸스』, 49쪽
155 『안티 오이디푸스』, 48쪽
156 『안티 오이디푸스』, 50쪽

주체는 〈독신 기계〉 속에서 인력과 척력의 비율에 의해 생성되는 강도들의 계열들을 경유하며 이러한 강도적 상태와 자신을 동일시한다. 즉 주체는 "자신이 경유하는 상태들로부터 **귀결**된다."[157] 이러한 귀결은 "따라서 이것은 나다!"라는 결합종합이며 들뢰즈와 가타리에 의하면 분열증자들은 역사의 고유명들을 외연적인 인물들을 지칭하는 데 쓰지 않고 기관 없는 신체들의 강도적 지대들과 동일시했다. 이를 통해 분열증자들은 세계사 전체를 소비한다.

▌ 2.3 절단에 대하여

들뢰즈와 가타리에 의하면 기계들은 "절단하는 기계"이며 이러한 절단에는 세 가지 종류가 있다.

(1) 첫 번째로 물질적 흐름 속에서 무엇인가를 '채취'하는 절단이 있다. 흐름을 생산하는 기계조차도 다른 기계로부터 무엇인가를 채취함으로써 절단을 행사한다. 그리고 모든 채취-기계는 자신에 연결되는 다른 기계에 대해서는 흐름을 생산하는 기계이다. 그러므로 모든 기계는 채취의 기계이자 흐름을 생산하는 기계이다.

> "요컨대 모든 기계는 자신이 연결되는 기계와 관련해서는 흐름
> 이 절단이지만, 자신에 연결되는 기계와 관련해서는 흐름 자체 또

---

157 「안티 오이디푸스」, 51쪽

는 흐름의 생산이다."[158]

(2) 기계의 두 번째 종류의 절단으로는 기호 사슬들에서의 '이탈'이 있다. 이 기호들은 이종(異種)적이며 욕망 기계들의 코드는 이 다양한 기호 사슬들을 감고 있다. 각각의 기호 사슬들은 다른 사슬들의 파편들을 포획한다. 이러한 사슬들로부터의 '이탈'은 우발적이며 그런 의미에서 이 체계는 제비뽑기를 통한 철도 선로 변경의 체계이다. 즉 이 체계는 "마르코프 사슬과 흡사한(78쪽)" 우연성을 가지고 있다. 마르코프 사슬은,

> "각각은 우연적으로 작동하지만, 항상 직전의 제비뽑기에 의해 결정되는 일련의 외재적 조건들에 의해 지배되는 연속적 제비뽑기라 할 수 있다."[159]

⟨철도 선로⟩로서 사슬들은 분리종합의 끊임없이 분기하는 경로를 따라 교차하기도 한다. 들뢰즈는 『의미의 논리』에서 보르헤스의 「바빌로니아의 복권」을 인용하며 분리종합의 분기가 유한한 시간 안에서 무한히 이루어질 수 있음을 말한다. 보르헤스는 다음과 같이 쓰고 있다.

> "무지한 사람들은 무한한 추첨에는 무한한 시간이 요구된다고

158　『안티 오이디푸스』, 75쪽

159　질 들뢰즈, 허경 옮김, 『푸코』, 서울: 그린비, 2019, 146쪽

주장한다. 하지만 '거북이와의 경주' 비유가 보여주듯이, 시간은 사실상 무한하게 나뉠 수 있다는 것으로 충분하다."[160]

　이러한 무한히 분기하는 우연들은 '선언적 종합'이라고도 불리는 분리종합을 통해 소통한다. 이러한 분기하는 우연들의 소통은 각각의 사슬이 자신과 이종적인 사슬들의 파편들을 포획함으로써 이루어진다. 이러한 사슬들이 서로에 대해 이종적이라는 것은 사슬들 사이의 일대일대응이 존재하지 않는다는 것을 의미한다. 그리고 사슬들의 이러한 얽히고설킨 체계는 사슬의 선형성을 불가능하게 한다. 그리고 각각의 사슬의 파편에 의해 다른 사슬에 새겨진 흔적을 '글'이라고 볼 수 있다.

　　"여기에 글이 있다면, 그것은 이상하게 다의적이며 결코 일대
　　일대응 관계도 선형도 아닌, 바로 실재계 자신에 쓴 글이요, 횡단
　　담론적인 글, 결코 담론적이지 않은 글이다."[161]

　이러한 '글'로써 기호들은 의미화의 사명을 갖고 있지 않고, 오히려 욕망을 생산하는 사명을 갖고 있다. 이러한 기호 사슬로부터의 '이탈'도 '절단'이라고 말할 수 있는데, 이러한 이탈로서의 절단은 '채취로서의 절단'과 구별된다. 채취는 물질의 연속적 흐름에 관계되는 반면에 이탈은 기호의 이종적 사슬에 관계된다. 그러나 들뢰즈와 가

160　호르헤 루이스 보르헤스, 송병선 옮김, 『픽션들』, 서울: 민음사, 2011, 85쪽
161　『안티 오이디푸스』, 79쪽

타리는 채취는 이탈을 내포한다고 말한다: "흐름에 정보를 제공할 코드 속에 파편적 이탈이 없다면, 어찌 흐름의 부분적 채취가 있으랴?"[162] 물론 이때의 코드는 욕망하는 기계의 코드이지 사회적 코드가 아니라고 들뢰즈와 가타리는 말한다. 따라서 들뢰즈가 말하는 분열자에 있어서 '욕망의 탈코드화'는 사회적 코드로부터의 해방을 의미하지 자신만의 코드를 갖지 않는 것을 의미하는 것이 아니다.

> "무엇보다 그는 사회적 코드와 일치하지 않는, 또는 사회적 코드를 패러디하기 위해서만 그것과 일치하는, 특수한 등록 코드를 이용하기 때문이다."[163]

오히려 분열자는 고정된 등록 코드에 예속되지 않고 하나의 코드에서 새로운 코드로 넘어간다고, 그래서 모든 코드를 뒤섞는다고 들뢰즈와 가타리는 말한다.

(3) 욕망하는 기계의 세 번째 절단은 바로 여분-절단이다. 이것은 욕망하는 기계에 의해 생산된 것 중 앞의 두 절단-종합, 즉 사슬로부터 이탈된 것이나 흐름으로부터 채취된 것 중에 주체로 돌아오는 하나의 공유된 몫을 생산하는 절단을 말한다.

이러한 절단들은 일종의 '종합'이라고 들뢰즈와 가타리는 말한다. 왜냐하면 채취-절단을 통해서 하나의 욕망하는 기계와 다른 욕망하

162　『안티 오이디푸스』, 79쪽
163　『안티 오이디푸스』, 43쪽

는 기계가 '연결'되고 이탈-절단은 앞에서 설명한 분리종합에 의해 설명되며, 여분-절단은 하나의 여분-주체를 구성하기 때문이다.

▋ 2.4 억압과 재현, 그리고 오이디푸스

욕망적 생산은 이런 의미에서 세 가지 수동적 종합에 의해 욕망하는 기계들의 다양체를 구성한다. 들뢰즈와 가타리에 의하면 욕망적 생산은 "순수 다양체, 말하자면 통일체로 환원될 수 없는 긍정"[164]이다. 즉 하나의 총체성으로 묶이지 않는 다양성이다. 기관 없는 신체는 하나의 전체이지만, "생산과정 속에서, 그것이 통일하지도 총체화하지도 않는 부분들 곁에서 생산된다."[165] 이것은 사실 『차이와 반복』에서도 강조되었던 점이다. 들뢰즈는 『차이와 반복』에서 다음과 같이 쓴다.

> "존재는 생성을 통해, 동일성은 차이 나는 것을 통해, 일자는 다자를 통해 자신을 언명한다. […]회귀는 유일한 동일성이다. 하지만 이것은 이차적인 역량에 해당하는 동일성, 차이의 동일성일 뿐이다. 그것은 차이 나는 것을 통해 언명되고 차이 나는 것의 둘레를 도는 동일자이다."[166]

---

164 『안티 오이디푸스』, 84쪽
165 『안티 오이디푸스』, 85쪽
166 질 들뢰즈, 김상환 옮김, 『차이와 반복』, 서울: 민음사, 2011, 112~113쪽

이러한 차이, 혹은 다양체를 억압하는 것이 재현이다. 들뢰즈는 『차이와 반복』에서 아리스토텔레스의 유한한 재현과 라이프니츠/헤겔의 무한한 재현 모두를 비판하는데, 그 요지는 아리스토텔레스는 개념의 동일성, 술어들의 대립, 판단의 유비, 지각의 유사성 속에 차이를 가두며, 무한한 재현 또한 결국에는 차이가 역시 동일성, 상사성, 유비에 갇히게 만들고 차이를 부정적인 것으로 환원한다는 것이다.

『안티 오이디푸스』에서도 욕망의 다양체를 재현으로 환원하는 것에 대한 비판이 나타난다. 아이에게 어머니라는 인물 자체, 즉 자기-동일성을 갖는 존재로서 어머니가 있을 리 없다. 아이가 젖을 먹는 것은 젖가슴을 욕망 기계의 부품으로서 느끼기 때문이지 어머니라는 인격적 존재에 대한 사랑 때문이 아니다. 들뢰즈와 가타리는 이런 의미에서 "아이가 만지는 모든 것이 부모"의 재현으로서 체험된다는 것은 거짓이며, "욕망 기계, 부분 대상은 아무것도 재현하지 않는다. 그것은 재현적이지 않다."라고 주장하고 있다.[167]

들뢰즈와 가타리에 의하면 프로이트가 법이 근친상간을 금지하므로, 우리가 근친상간을 욕망한다고 말하는 것이 오류추리다. 융은 이러한 프로이트의 주장을 "미개인마저도 자기 어머니나 할머니보다는 젊고 예쁜 여자를" 더 좋아한다는 것을 상기시킴으로써 간단히 기각시킨다.[168] 또한 들뢰즈와 가타리는 다음과 같이 말한다.

"미개인이나 아이에게 핵심은, 자기 욕망 기계들을 형성하고

---

167 『안티 오이디푸스』, 90쪽
168 『안티 오이디푸스』, 205쪽

작동하는 것이며, 자기 흐름들을 지나가게 하고, 자기 절단들을 실행하는 것이다. 법은 우리에게 말한다. '너는 어머니와 결혼해서는 안 돼, 아버지를 죽여서도 안 돼.' 그래서 우리, 온순한 신민인 우리는 말한다. '그러니까 이것은 내가 바라고 있던 그것이구나!'"[169]

따라서 우리는 억압의 문제를 단순히 본능과 금지의 이원론 속에서 사유해서는 안 되며, 이러한 이원론이야말로 억압을 극복하는 것을 불가능하게 만든다고 들뢰즈와 가타리는 말한다. 들뢰즈와 가타리는 다음과 같은 3항 체계를 제시한다.

(1) 억압을 실행하는 억압적 재현작용
(2) 억압이 현실적으로 관여하는 억압된 대표,
(3) 욕망이 거기에 사로잡혔다고 여기게 되는 명백히 위조된 이미지를 주는 이전된 재현내용[170]

들뢰즈와 가타리에 의하면 억압이 작용하기 위해서는 단순무식하게 제거하거나 억제하고자 하는 욕망에 직접적이고 명시적으로 영향을 행사하기보다는 욕망을 이전시켜서 "기꺼이 벌 받으려는 후속 욕망을 언제나 올라오게" 해야 하고, 이러한 후속 욕망이 "원리상으

169 『안티 오이디푸스』, 205쪽
170 『안티 오이디푸스』, 206쪽

로건 현실적으로건 억압이 영향을 행사하는 선행 욕망을 대신"[171]하도록 만들어야 한다.

그리고 들뢰즈와 가타리는 무능한 정신분석보다는 더 강력하고 "더 지하에 있는 힘"에 의해서 오이디푸스가 만들어졌다고 말한다. 무의식의 공격적이고 적극적인 힘들을 아빠-엄마 유형의 반응적인 힘으로 대체하기 위해서는 "실로 아주 강력한 힘들"이 있어야 하기 때문이다.[172] 들뢰즈와 가타리는 오이디푸스가 서구 제국주의의 폭력과 깊이 연관되어 있다고 말한다. 들뢰즈와 가타리는 다음과 같이 쓰고 있다.

> "곧 식민지인은 오이디푸스화에 저항한다는 것, 그리고 오이디푸스화는 식민지인 위에서 닫히려 한다는 것. 오이디푸스화가 있는 한, 그것은 식민화의 사실이며, [···]오이디푸스는 민족 말살에서의 안락사 같은 것이다."[173]

말하자면 제국주의는 식민지인들의 정치적/사회적 욕망을 가족 내의 근친상간의 욕망으로 이전시킴으로써 식민지인들을 지배한다. 졸랭은 "식민지인의 상태는 우주의 인간화의 축소로 이어질 수 있어서, 거기서 추구되는 해결 전체는 개인 내지 가족 수준에 제한"된다

---

171 「안티 오이디푸스」, 206쪽
172 「안티 오이디푸스」, 216쪽
173 「안티 오이디푸스」, 295쪽

고 쓴다.[174]

또한 미셸 푸코는 『성의 역사 1권』에서 오이디푸스가 서구 사회에서 보편화된 것은 실로 강력한 생명관리 권력의 〈성생활의 장치〉가 〈혼인 장치〉로 유입되었기 때문이라고 말하고 있다. 푸코는 다음과 같이 쓴다.

"가족의 역할은 성생활을 정착시키고 성생활의 영속적 매체를 구성하는 것이다. 가족은 혼인 관계의 제도에서 그때까지 무시되어 온 새로운 권력의 전술이 온통 혼인 관계의 제도에 스며드는 것을 가능하게 함으로써, 혼인 관계의 특권과 동질적이지 않은 성생활을 새로 만들어 낼 수 있도록 보장한다. […]이러한 현상은 몇 가지 사실, 즉 가족은 18세기부터 필연적으로 정서, 감정, 사랑의 장소가 되었고, 성생활의 특권적 개화 지점은 가족이며 이러한 이유 때문에 성생활은 '근친상간'적인 것으로 생겨난다는 사실을 이해하게 해준다. […]근친상간이 전혀 다른 이유 때문에, 전혀 다른 방식으로 중심의 자리를 차지하며, 강박관념과 소환의 대상, 두려운 비밀, 불가결한 접합부로서 끊임없이 환기되고 거부된다."[175]

174 『안티 오이디푸스』, 295쪽에서 재인용
175 미셸 푸코, 이규현 옮김, 『성의 역사 1-지식의 의지』, 파주:나남출판, 2019, 126쪽

2.5 원시 영토 기계와 영토적 재현

들뢰즈와 가타리에 의하면 원시 사회에서 중요한 것은 다양한 흐름들을 코드화하는 것이었다. 그리고 이렇게 흐름들을 코드화하기 위해서는 흐름을 생산하고 절단하는 기관들이 사회체 위에 명료화되고 제도화된 채로 기입되는 것이 필요했다. 이런 의미에서, 원시 "사회는[⋯] 교환의 터전이 아니라, 표시하고 표시되는 것을 본질로 하는 기입의 사회체이다."[176] 또한 사회체는 통과의례를 통해 기관들, 즉 "감각기관이자 해부 조직이며 관절이기도 한 몸의 조각들"[177]로서 기관들을 합성한다. 그리고 사회의 단위들은 개체들이 아니라 "기관들의 연결들, 분리들, 결합들을 규정하는 계열들"이다.[178] 들뢰즈와 가타리는 이런 의미에서 원시 사회의 환상은 집단환상이라고 말한다.

현대 자본주의 사회는 이러한 기관들의 연결, 분리, 결합의 그물망을 끊고 기관들의 개체적 사유화(私有化)를 실행한다. 이러한 사유화는 추상에 의한 흐름들의 탈코드화에 의해 진행된다. 반면에 원시 영토 기계는 효과적으로 흐름들을 코드화한다. 그리고 이러한 코드화는 몸들에 표시를 함으로써 이루어진다. 즉,

"등록과 기입을 행하는 사회체가 생산력들을 자신에게 귀속하

---

176 『안티 오이디푸스』, 249쪽
177 『안티 오이디푸스』, 49쪽
178 『안티 오이디푸스』, 250쪽

고 생산자들을 분배하는 한에서, 사회체의 본질은 이런 것이다. 즉 문신하기, 절제하기, 째기, 자르기, 긁어내기, 훼손하기, 명료화, 통과의례."[179]

이것은 『도덕의 계보학』에서 니체가 〈역사에 선행하는〉 〈풍습의 윤리〉라고 부르는 것으로, 니체에 의하면 이와 같은 폭력을 통해서 특정한 기억의 능력을 키움으로써 원시-문화는 〈주권적 개체〉를 탄생시키려 했다. 또한 이러한 기억은 '미래의 기억'으로서 자신이 약속한 것을 지킬 수 있는 능력이다. 말하자면 니체의 〈주권적 개체〉는 "약속할 수 있는 인간"을 의미한다. 이러한 주권적 개체가 약속을 지키기 위해선 "먼 앞일을 현재의 일처럼 보고 예견하는 법을" 배워야 한다.[180] 이렇게 '약속할 수 있는 인간'으로 형성된 주권적 개체는 자신을 지배하는 인간이며, 이러한 자기-지배야말로 진정한 의미의 '자유'라고 니체는 말한다. 그리고 이렇게 '약속할 수 있는 인간은 니체적 의미의 '우월한 자', '강자'에 속한다. 니체는 다음과 같이 쓰고 있다.

"약속할 수 있는 이 자유로워진 개체, […]이 주권자-그가 약속을 할 수 없고 자기 자신을 보증할 수 없는 모든 사람보다 자신이 얼마나 우월한지, 얼마나 큰 신뢰, 두려움과 외경심[…]을 불러일

---

179   『안티 오이디푸스』, 252쪽
180   프리드리히 니체, 홍성광 옮김, 『도덕의 계보학』, 고양: 연암서가, 2011, 75쪽

으키는지 어찌 모를 수 있겠는가?"[181]

그리고 이렇게 약속할 수 있는 인간의 기억능력이 형성되는 것은 잔혹하고 폭력적인 기억술에 의해서만 가능하다. 니체는 다음과 같이 쓰고 있다.

> "인간이라는 동물에 어떻게 기억을 심어줄 수 있을까? 한편으로 우둔하고, 한편으로 산만한 이 순간적인 오성에, 이 망각의 화신에게 어떻게 줄곧 기억에 남는 인상을 새겨 넣을 수 있단 말인가? [⋯]대단히 오래된 이러한 문제는 누구나 생각해 볼 수 있듯이, 말랑말랑한 해답과 방법으로는 해결되지 않았다. 어쩌면 인간의 선사시대 전체를 통틀어 인간의 기억술만큼이나 섬뜩하고 무시무시한 것은 아무것도 없을지도 모른다.
>
> '무언가가 기억에 남으려면 깊은 인상이 새겨져야 한다. 끊임없이 고통을 주는 것만이 기억에 남는다.' 이것은 지상에서 가장 오래된[⋯] 심리학의 주요 명제이다."[182]

이러한 기억은 생물학적 기억과는 다른 '문화적' 기억이며, "말들의 기억이지, 사물들의 기억이 아니며, 기호들의 기억이지 결과들의 기억이 아니다."[183] 말하자면 이러한 기억은 잔혹한 폭력을 통해 몸

181　『도덕의 계보학』, 76쪽
182　『도덕의 계보학』, 78쪽
183　『안티 오이디푸스』, 253쪽

에 기호들을 새겨 넣는 '잔혹의 체계'이며, 이러한 잔혹의 폭력은 자연적인 것이 아니며 오히려 자연에서 문화로의 이행을 의미한다. 그리고 이러한 문화는 결코 이데올로기적인 것이 아니라 신체에 직접 작용하며 무엇인가를 생산한다. 이러한 '잔혹의 체계'는 기관 없는 신체로의 욕망하는 기계들의 기입, 즉 모든 사회활동의 원초적 조건을 의미하므로, 이렇게 몸에 새겨진 기호들을 〈문자〉라고 부를 수 있다면, 인간의 언어활동은 이러한 〈문자〉를 전제로 한다고 말할 수 있다.

  그리고 원시 사회는 기관 없는 신체로서 대지 위에 혈연과 결연으로 구성된 가문들을 조직한다. 혈연과 결연은 서로가 서로에 대해서 파생적이지 않다. 들뢰즈와 가타리는 차라리 혈연과 결연을 "원시자본의 두 형식"으로 볼 필요가 있다고 말한다. 불변자본으로서의 혈연적 재고와 순환자본으로서의 결연적 부채블록으로 말이다. 원시 사회에서 '절단'으로서의, 흐름의 채취와 사슬로부터의 이탈은 각각 혈연적 재고와 결연의 이동 부채를 구성한다. 그리고 이러한 '이탈'과 '채취'의 조응에 의해 흐름들은 코드화된다. 이러한 의미에서 "가족의 재고로서의 담요 위에서 사람들은 결연의 돌들, 즉 자패(紫貝)들을 순환시킨다."[184] 그뿐만 아니라 혈연의 재고는 모든 기입과 등록의 표면에너지로서 퍼텐셜 에너지를 구성하는 반면, 부채로서의 이동 블록은 일종의 운동에너지를 구성한다고 볼 수 있다. 그리고 이러한 에너지는 원시 사회를 역동적인 것으로 만든다. 이런 의미에서

184　『안티 오이디푸스』, 261쪽

들뢰즈와 가타리는 원시 사회의 경제가 〈차가운 경제〉이고 더 나아가 원시 사회는 역사가 없다는 오래된 상식이 잘못되었다고 밝힌다. 원시 경제에서 비평형 혹은 불균형은 "병리적 귀결이기는커녕 기능적이며 근본적이다."[185] 더 나아가 들뢰즈와 가타리는 다음과 같이 쓴다.

> "원시 사회들은 충만히 역사 속에 있으며, […]원시 사회들에
> 돌리려는 안정 내지 심지어 조화와는 아주 거리가 멀다."[186]

원시 사회에서는 어떤 의미에서 근친상간이 불가능할까?

들뢰즈와 가타리는 정신분석이 인간적인, 너무나 인간적인 욕망만을 탐구했다고 말하고 있다. 그리고 오이디푸스가 바로 이러한 인간주의에 지나지 않는다고 말한다. 들뢰즈와 가타리가 인용하는 D.H 로런스는 인간의 무의식이나 욕망이 인물이나 인간관계들과는 전혀 상관없으며 따라서 근친상간의 욕망은 '이전된' 욕망이라고 주장한다.

들뢰즈와 가타리에 의하면 기관 없는 신체로서의 대지의 충만한 몸에 "표시된 기입의 최초 특성"[187]은 바로 강도적 혈연이다. 이러한 강도적 혈연은 포괄적 분리종합을 이룬다. 이러한 포괄적 분리종합은『의미의 논리』에서 순수사건들의 소통으로서의 분리종합에 의해

---

185 『안티 오이디푸스』, 262쪽
186 『안티 오이디푸스』, 262쪽
187 『안티 오이디푸스』, 261쪽

대문자 사건이 수립되며 역으로 순수사건들이 대문자 사건의 표현이 되듯이, 동일한 존재를 다른 양상으로 표현한다.

> "같은 존재가 도처에, 모든 측면에, 모든 층위에, 강도의 차이를 지닌 채 있다. 포함된 동일한 존재는 충만한 몸 위에서 나눌 수 없는 거리들을 편력하며[…] 모든 강도를 지나간다."[188]

그리고 이러한 강도적 장에는 개체나 인물의 구분, 심지어 성의 구별조차도 존재하지 않는다. 그런데 "기입의 두 번째 특성"으로서 결연이 배타적, 배제적인 분리를 강요한다. 말하자면 결연에 의해 외연적 질서가 도입되는 것이다. 이러한 결연은 앞에서 언급한 생물학적 기억과 구별되며 이러한 생물학적 기억을 억압하는 문화적 기억을 형성한다.

> "확장된 체계는 결연들과 말들의 기억들과도 같으며 혈연의 강렬한 기억에 대한 능동적 억압을 내포하고 있다."[189]

여기서 억압되는 것은 바로 이러한 '혈연의 강렬한 기억', 즉 인물화되지 않고 개체화되지 않은 강도적 흐름이지 인물화되고 개체화된 근친상간이 아니라는 점이 중요하다. 말하자면 근원적 욕망은 "강렬한 배아 내지 생식질 흐름"이며 이 속에서 아버지나 어머니와 같은 인

188　『안티 오이디푸스』, 269쪽
189　『안티 오이디푸스』, 271~272쪽

물이나 기능은 존재하지 않는다.

그리고 원시 사회의 결연은 이러한 강도적 장에서 외연들의 체계로 이행하도록 만든다. 이러한 외연적 체계는 '호칭의 체계'로서 아버지, 어머니, 누이, 형제들과 같은 호칭을 부여한다. 일종의 '기호 체계'인 셈이다. 들뢰즈와 가타리는 아주 분명하게 이러한 외연들의 체계가 "[…]규정된 기호들의 체제"라고 말하고 있다.[190] 그런데 만약 근친상간이 이루어지면 호칭의 체계가 붕괴된다. 즉 아들이 어머니와 근친상간을 하면 아들은 누이의 오빠이자 아버지가 되어버린다. 이렇게 '호칭의 체계'는 동시에 금지를 도입하지만, 이러한 외연적 체계로서 금지가 도입되기 이전에 어머니와 누이라는 호칭은 존재하지 않는다.

> "인물들은 지금 그들을 가리키는 이름을 갖고 있지만, 그들을 그런 인물들로 구성하는 금지들보다 먼저 실존하지는 않는다. 어머니와 누이는 이들을 배우자로 금지하기 전에는 실존하지 않는다."[191]

따라서 원시 사회에서 근친상간은 불가능하며 근친상간은 욕망의 대상이 아니다. 근친상간의 금지는 따라서 강도적 흐름에 대한 실질적 억압을 가리는 가림막에 불과하다. 들뢰즈와 가타리는 다음과 같이 쓴다.

190 『안티 오이디푸스』, 274쪽
191 『안티 오이디푸스』, 279쪽

"[…]상기해야 할 것이 두 가지 있다. 첫째, 법은 욕망의 기원적 현실에 대해 아무것도 증명하지 않는다는 점. 왜냐하면 법은 욕망된 것을 본질적으로 왜곡하기 때문이다. 둘째, 위반은 법의 기능적 현실에 대해 아무것도 증명하지 않는다는 점. 왜냐하면 위반은 법에 대한 비웃음이기는커녕, 그 자체가 법이 현실적으로 금지하는 것에 대한 비웃음이기 때문이다."[192]

말하자면 영토적 재현에서 억압된 대표는 이러한 강도적 흐름이고 이러한 강도적 흐름은 절대적으로 탈코드화된 흐름이기에 억압되는 것이다. 즉 이 흐름은 "코드화할 수 없는, 코드화되지 않은" 흐름이다.[193] 또한 영토적 재현에서 억압하는 재현작용은 바로 결연 자체이며, 이전된 재현내용은 바로 근친상간인 것이다.

결연이라는 재현작용은 부채와 밀접한 관련이 있으며 부채는 결연의 단위를 이룬다. 이렇게 억압하는 것으로서 결연은 앞에서 설명한 살에 〈문자〉를 새겨넣는 '잔혹의 체계'를 통해 인간에게 문화적 기억을 부여한다. 그리고 이러한 '약속할 수 있는 인간'으로서 주권적 개인을 만들어 내는 '잔혹'이란 구체적으로는 채권자가 채무자에게 채무불이행 시 고문을 가하는 것을 의미한다. 왜냐하면 니체의 말대로 "남의 고통을 보면 기분이 좋아지고, 남을 고통스럽게 만들면 더욱 기분이 좋아"지기 때문이다.[194] 더 나아가 니체는 이러한 '잔

192 『안티 오이디푸스』, 281쪽
193 『안티 오이디푸스』, 286쪽
194 『도덕의 계보학』, 86쪽

혹'은 일종의 축제 분위기에서 행해졌다고 말한다.

이와 같은 의미에서 결연, 부채, 잔혹은 원시 사회체 속에서 서로 깊이 연관되어 있다. 이런 의미에서 들뢰즈와 가타리는 부채가 이런 의미에서 가장 원초적인 사회제도이며 이는 교환보다 선행한다고 말한다. 이것은 『니체와 철학』에서도 강조되는 것으로 들뢰즈는 여기서 "교환 속에서가 아니라, 바로 신용 속에서 니체는 사회 조직의 원형을 본다."라고 쓰고 있다.[195]

이런 의미에서,

> "부채-결연은 니체가 선사시대 인류의 노고라고 묘사했던 것에 응답한다. 그 노고란, 저 오랜 생명적-우주적 기억의 억압에 기초해서 말들의 기억을 강요하기 위해, 맨살에 행해지는 가장 잔혹한 기억술을 이용하는 것을 말한다."[196]

레비스트로스는 원시 사회에서 무의식이 교환에 의해 짜여져 있다고 말하지만 들뢰즈와 가타리는 이러한 주장을 거부한다. 모든 사회적 실천의 전제는 교환이 아니라는 것이다: "욕망은 교환을 모른다. 욕망은 도둑질과 선물만 안다."[197]

들뢰즈와 가타리에 의하면 영토적 재현은 "부채의 체계" 그 자체이다. 들뢰즈와 가타리는 르루아-구랑과 니체를 참조하며 원시 사

---

195 『니체와 철학』, 239쪽
196 『안티 오이디푸스』, 320쪽
197 『안티 오이디푸스』, 321쪽

회에서 코드화가 '목소리-듣기'와 잔혹하게 가해지는 〈문자〉의 폭력으로써 '손-표기'뿐만 아니라 이 폭력에 의한 고통을 통해서 보는 이에게 즐거움을 선사하는 '눈-고통' 또한 요소로 한다고 말한다. 그뿐만 아니라 이 '눈-고통'이 잉여가치를 뽑아낸다. 이러한 잉여가 치는 목소리와 충분히 몸을 관통하지 않은 표기 사이의 깨어진 관계를 회복하는 것이다.

들뢰즈와 가타리에 의하면 이와 같은 삼원적인 체계 속에서 원시 사회는 구술적이고 음성적이라고 말하는데, 그 이유는 원시 사회가 표기체계를 갖지만 이 표기가 목소리로부터 독립적이기 때문이다. 오히려 음성을 표기하는 표음문자에 의해서, 그리고 일종의 '주인과 노예의 변증법'을 통해서 사회는 기록적인 성격을 띠게 된다고 들뢰 즈와 가타리는 말한다.

> "반면 야만적 문명들이 기록적인 까닭은, 이 문명들이 목소리
> 를 상실했기 때문이 아니라, 그렇지 않고, [⋯]표기체계가 독립성
> 과 고유한 차원을 상실하여 목소리에 동조하고 종속되었기 때문
> 이다. [⋯]글이 목소리의 자리를 빼앗은 것은 목소리에 종속된 덕
> 택이다."[198]

반면에 원시 사회에서는 '목소리-듣기'와 '손-표기', 그리고 '눈-고통'이라는 세 개의 요소가 '기호'를 구성하는데, 이 기호는 "유사나

---

[198] 『안티 오이디푸스』, 348쪽. 여기서 '야만적 문명'이란 제국을 가리킨다.

모방이 아니고, 기표의 효과도 아니며, 오히려 욕망의 정립과 생산이다."[199]

그리고 원시 사회의 기호들은 다양한 종류의 사슬들을 이룬다. 그래서 영토적 재현의 그물망은 복합적이다. 뿐만 아니라 영토적 기호들의 사슬들은 "한 요소에서 다른 요소로 도약"한다: "즉 그 사슬은 채취할 흐름들이 있는 곳이라면 어디라도 이탈들을 방출하며, 분리들을 포함하며, 잔여물들을 소비하며, 잉여가치들을 뽑아내며, 낱말들, 몸들과 고통들, 공식들, 사물들과 정감들을 연결한다."[200]

그런데 니체와 들뢰즈/가타리에 의하면 이러한 코드화된 영토적 체계는 자신의 죽음을 예견하지 못했다. 국가의 도래는 원시 사회의 내적인 필연적 과정에 의해서가 아니라 외부로부터의 단 한 번의 사건으로 인해 이루어진다. 니체에 의하면 "그러한 변화가 점진적인 변화나 자발적인 변화가 아니"라고 말한다. 즉, 그러한 변화는 '단절과 비약'인 것이다.[201] 그리고 국가장치는 잔혹 체계를 넘어서는, 잔혹 체계 정도는 아이들 장난 정도에 불과한 어마어마한 폭력을 통해서 민중들을 "인정사정없이 으깨버리는 기계장치"이다.[202] 이러한 국가의 설립자들을 니체는 "금발의 야수"라고 부르고 있다. 니체는 다음과 같이 쓴다.

"나는 '국가'라는 용어를 사용했지만, 그것이 뜻하는 바는 굳이 말하지 않아도 자명하다. 그것은 한 무리의 금발의 야수, 정복자 종족과 지배자 종족을 뜻하는 것이다. 전투 체제로 편성되어 있고, 조직화된 힘을 갖고 있는 이들은 수적으로는 아마 훨씬 우세하겠지만 아직 형태를 갖추지 못하고, 아직 유랑하고 있는 주민에게 주저 없이 무서운 발톱을 들이댔다. 그러니까 이런 식으로 '국가'가 지상에서 시작된 것이다."[203]

이러한 명령할 힘을 갖추고 천성적으로 지배자인 자들, 사정없이 폭력을 휘두르는 자들이 '계약'을 맺을 리가 없다고 니체는 주장한다. 따라서 사회계약론은 니체에 의해 잘못된 이론 혹은 '몽상'이 된다.

들뢰즈와 가타리는 이러한 니체의 주장에 대부분 동의하지만, 이 지배자들이 꼭 물리적인 폭력을 행사해야 하는 것은 아니라고 말한다. 들뢰즈와 가타리는 예수 또한 종교적 제국을 건설한 사람으로 보기 때문이다.

2.6 제국-기계와 제국적 재현

이 '원(原)국가'는 처음부터 제국의 형태로 나타났다. 제국은 한 명의 편집증자로서 전제군주에 의해 시작된다. 이 전제군주는 영토적 기계의 결연을 거부하고 새로운 결연을 강요하며 신과의 직접적

---

203 『도덕의 계보학』, 114~115쪽

인 혈연관계를 맺는다. 이러한 전제군주는 하나의 이방(異邦) 기계이다. 이 이방 기계는 "사막에 자리 잡고서, 가장 가혹하고 가장 건조한 체험들을 강요하며, 또 옛 질서의 저항 못지않게 새 질서의 정당화도 동시에 증언한다."[204] 이런 의미에서 '사막'에 자리 잡고 자신을 '신의 아들'이라고 부르며 새 질서를 선언한 예수도 한 명의 편집증적 전제군주라고 볼 수 있다. 들뢰즈와 가타리는 다음과 같이 쓰고 있다.

> "새 결연과 직접 혈연이라는 범주가 동원될 때마다, 우리는 야만적 제국 구성체 또는 전제군주 기계에 대해 말하는 것이다."[205]

이런 의미에서 예수의 사례는 그리 특별한 것이 아니다. 그리고 이러한 전제군주의 편집증적 망상을 받아들이는 '새로운 변태 집단들'이 등장한다. 이 변태 집단들은 정복하는 도시마다 전제군주의 영광을 노래한다. 이러한 '사막의 편집증자와 도시의 변태들'은 역사 속에서 다양하게 변주되어 나타난다. 들뢰즈와 가타리는 다음과 같이 쓰고 있다.

> "하지만 언제나 우리가 발견하는 것은 [⋯]정복자와 그의 엘리트 군단, 전제군주와 그 관료들, 성인과 그 사도들, 은자와 그의 수

---

204 『안티 오이디푸스』, 332쪽

205 『안티 오이디푸스』, 333쪽

도자들, 그리스도와 그의 성 바울이다."[206]

그리고 이 전제군주가 편집증자로 불리는 것은 "0에서 다시 출발하여 완벽한 변형을 객관화"하기 때문이다. 그리고 이 편집증자로서 전제군주는 일종의 "탈영토화된 지식의 주체"로서 "삶을 심판하고 대지를 조망하도록 허용"하는 선험적인 앎의 원리를 생산한다.[207] 이 전제군주의 기관 없는 신체야말로 모든 사회적 운동의 "유일한 준-원인, 원천, 하구"라고 들뢰즈와 가타리는 말한다. 유일한 준-원인이란 『의미의 논리』에서는 하나의 '우발점'으로서 모든 순수사건 속에 표현되는 것이자 모든 순수사건이 그 안에서 소통되고 종합되는 대문자 사건을 의미한다. 여기서 전제군주가 준-원인이라는 것은 모든 운동이 전제군주의 '표현'으로 생각된다는 것을 의미한다. 또한 전제군주가 '하구'라는 것은 모든 운동이 전제군주를 통해서 소통되고 종합된다는 것을 의미한다. 이러한 전제군주라는 기관 없는 신체를 통해서만 모든 운동이 이루어지는 것처럼 보이는 제국-기계는 하나의 〈피라미드〉를 형성한다.

> "영토 기계 대신에, 국가라는 <거대기계>, 즉 기능적 피라미드
> 가 생겨난 것이다. 이 피라미드의 꼭짓점에는 부동의 모터인 전제
> 군주가, 측면에 있는 전동 기관으로서 관료 장치가, 바닥에는 노
> 동 부품으로서 마을 사람들이 있다. 재고들은 축적 대상이 되며,

---

206 『안티 오이디푸스』, 333쪽
207 『안티 오이디푸스』, 334쪽

부채블록들은 공물 형식으로 무한한 관계가 된다."[208]

    그리고 이러한 급진적인 변환은 생산, 기입, 소비의 모든 종합들을 가로지른다. 이런 의미에서 제국으로서의 원-국가는 토지에의 기입에서 전제군주에의 기입으로의 탈영토화를 진행시킨다. 그럼에도 불구하고 영토적 가문 기계의 코드의 일부분은 유지되며 다만 제국-기계의 노동 부품으로서 초코드화된다. 옛 기입들의 위에 국가의 기입이 덧씌워지며, 옛 기입들은 "국가의 기입 속에 벽돌처럼 쌓여있다."[209] 영토적 기계에서의 결연은 대체되는 것이 아니라 전제군주가 외치는 새 결연과 결연의 관계를 맺으며 영토적 혈연은 대체되지 않고 전제군주가 편집증적 망상 속에서 주장하는 신과의 직접 혈연 속에 기입된다. 즉,

> "원시 체계 전체는 우월한 권력에 의해 동원되고 징발되며, 외부의 새로운 힘들에 의해 굴복되어, 다른 목적들에 봉사하게 된다."[210]

    들뢰즈와 가타리에 의하면 이러한 제도나 관습 등의 장치가 힘 관계에 의해 다른 '의미', '목적', '기능'을 갖게 됨을 통찰한 것은 바로 니체이다. 니체는 다음과 같이 쓴다.

---

208 『안티 오이디푸스』, 335쪽
209 『안티 오이디푸스』, 337쪽
210 『안티 오이디푸스』, 337쪽

"모든 제압과 지배는 하나의 새로운 해석이자 정리인데, 이로 인해 종래의 '의미'와 '목적'이 필연적으로 모호해지거나 지워질 수밖에 없게 된다. [⋯]모든 목적이나 모든 효용성은 어떤 힘에의 의지가 보다 힘이 약한 것을 지배하여, 그 약한 것에 자진해서 어떤 기능의 의미를 깊이 새겼다는 표시에 불과하다. [⋯]형식이 유동적인 것이지만, 그 '의미'는 더욱 유동적이다."[211]

말하자면 국가는 탈영토화와 초코드화를 동시에 진행시킨다. 제국의 탈영토화는 "토지의 기호들을 추상적 기호들로 대체"함으로써 작동하고 "귀족들에 대한 과세와 빈자들에 대한 돈의 분배"는 오히려 돈이 부자의 수중으로 돌아가게 하며 부채를 확대하는 결과를 낳게 함으로써 "농지 문제의 경제적 여건들을 가로질러 일어날 수도 있었을 모든 재영토화를 예방하고 억눌렀다."[212] 반면 제국은 탈코드화된 흐름에 대한 공포를 가지며, 초코드화를 통해 탈코드화를 억누른다. 이러한 탈코드화된 흐름은 교환이나 상업에서 발생하므로 국가는 교환과 상업을 통제하고자 한다.

중국에서 자본주의가 발달하지 않은 까닭은 중국인들이 무지하거나 몽매해서가 아니라 이렇게 제국이 상업을 통제했기 때문이다. 그리고 제국에서 화폐는 이러한 상업을 통제하기 위해 도입된 것이다. "상업에서 돈의 역할은 상업 자체보다는 국가에 의한 상업의 통제와

---

211 『도덕의 계보학』, 101쪽~102쪽

212 『안티 오이디푸스』, 339쪽

더 관계가 있다."[213] 이런 의미에서 상업과 돈의 관계는 상업과 돈의 정의(definition)로부터 자동적으로 도출되는 '분석적 관계'가 아니며 차라리 종합적 관계라고 들뢰즈와 가타리는 말한다. 그리고 돈은 국가의 '조세'로부터 출현한 것이지, '시장 교환'으로부터 출현한 것이 아니다.

들뢰즈와 가타리는 돈의 순환이 "부채를 무한하게" 만든다고 주장한다. "무한한 채권이 유한한 이동 부채블록을 대체했다." 이러한 화폐의 유통에 의해 발생하는 무한한 부채는 일신교에서 유래하기에 "전제주의의 지평에는 언제나 일신교가 있다."[214]

이러한 주장의 기초에는 역시 니체의 『도덕의 계보학』이 있다. 니체에 의하면 원시 사회에서 종교는 자신의 종족을 세운 시조에 대해 갚아야 하는 부채가 있음을 강조한다. 그리고 이러한 원시인들은 조상의 은덕에 충분히 보답하지 않아 조상신이 벌을 내리지 않을까 두려움을 느낀다. 이러한 조상신에 대한 두려움은 사회가 발전함에 따라 커지고 그에 따라 조상신에 대한 부채의식은 점점 더 커지며 조상에 대한 두려움도 커진다. 이러한 두려움은 조상을 "상상 속에서 어마어마한 존재"로 만든다.[215] 이렇게 점점 더 강력해지는 조상은 이제 '신'으로 변환된다.

그뿐만 아니라 민족들 간의 전쟁에서의 승리는 신들의 계보에 반영되며 이런 의미에서 니체는 다음과 같이 쓰고 있다.

---

213   『안티 오이디푸스』, 339쪽
214   『안티 오이디푸스』, 340쪽
215   『도덕의 계보학』, 119쪽

"보편제국에 이르는 길은 언제나 보편 신에 이르는 길이기도 하고, 독립적인 귀족을 제압하고 행해지는 전제정치는 언제나 어떤 것이든 일신교로 나아가는 길을 터는 것이기도 하다."[216]

그런데 바울의 기독교에 이르면 이러한 일신교의 신에 대한 부채의식이 무한하게 된다. 왜냐하면 신 자신이 채무자를 위해 자신을 희생함으로써 부채를 갚을 모든 전망은 사라지게 되기 때문이다.

그리고 이러한 부채의 무한성은 경제적 부채의 무한성과 결부되어 있다. 이런 의미에서 현대 금융 자본주의에서 '기독교'를 발견하는 보드리야르의 주장은 옳다. 그리고 보드리야르에 의하면 이러한 부채의 본질은 교환을 불가능하게 만드는 데에 있지 교환을 활성화하는 데에 있지 않다. 보드리야르는 다음과 같이 쓰고 있다.

"현재의 모든 전략은 사람들이 청산할 수 없는 빚, 신용, 비현실적이고 보잘것없는 것을 순환시키는 것으로 요약된다. 그런 식으로 니체는 신의 술책을 분석했다. 즉 예수 그리스도의 희생으로 인간의 빚을 갚음으로써, 위대한 채권자인 신은 이 빚이 더 이상 채무자에 의해 상환될 수 없도록 했다. [⋯]신은 인간이 원죄로 지게 되는 이 빚의 끝없는 순환 가능성을 창조한다. 이것이 신의 술책이다. **그러나 그것은 또한 자본의 술책이다.** 사실 자본의 술책은 세계를 언제나 증대하는 빚 속에 빠뜨리는 동시에 빚이 청산되

216 「도덕의 계보학」, 121쪽

지 않도록, 그 어떤 것과도 교환될 수 없도록 하면서 빚의 상환에 전념하게 만드는 데 있다."[217]

들뢰즈와 가타리에 의하면 누이에 대한 근친상간과 어머니에 대한 근친상간은 서로 다르다. 영토적 기계에서 누이에 대한 근친상간이 금지되는 것은 결연과 혈연의 뒤섞임을 방지하기 위해서이고, 어머니에 대한 근친상간이 금지되는 것은 '혈연상 후손이 조상으로 복귀'하는 것을 방지하기 위해서이다. 그런데 제국의 전제군주는 이 두 근친상간을 행한다. 왜냐하면 새로운 결연과 신과의 직접 혈연을 세우기 위해서는 누이와 결혼함으로써 혈연과 새로운 결연을 뒤섞고, 어머니와 결혼함으로써 실제적 아버지와 혈연관계를 부정해야 하기 때문이다.

제국의 전제군주는 부족의 바깥에서 누이와 결혼함으로써 시작하며, 이러한 부족 밖에서 이루어지는 족내혼은 부족 내의 족외혼을 초코드화한다. 그리고 어머니와의 결혼은 전제군주의 부족으로의 복귀를 상징한다. 들뢰즈와 가타리는 다음과 같이 쓰고 있다.

"이번에 문제가 되는 것은, 부족의 어머니, 즉 부족 속에 실존하는 그런 어머니, 영웅이 첫 번째 결혼 후 부족에 들어가면서 발견하는 또는 부족으로 돌아가면서 다시 발견하는 그런 어머니이다."[218]

217　장 보드리야르, 배영달 옮김, 『불가능한 교환』, 서울: 울력, 2001, 12쪽, 강조는 인용자
218　『안티 오이디푸스』, 345쪽

누이와의 결혼은 원시 기계의 바깥에서, 이 원시 기계와의 공간적 차이를 표현하며, "결연의 모든 부채의 일반화된 전유"를 통해 "새 결연을 정초한다." 반면 어머니와의 결혼은 원시 기계 내부에서, 이 원시 기계와의 세대 차이를 표현하며, "혈연의 재고의 일반화된 축적"을 통해 어머니와의 새로운 결연을 통해 신과의 직접 혈연을 창조한다.[219]

그러나 이 경우에도 근친상간은 신민들의 욕망이 아니고 단지 억압하는 재현작용 자체이다. 근친상간은 원시 영토 기계에서는 이전된 재현내용의 역할을 했지만 제국 기계에서는 억압하는 재현작용으로 이주한다.

제국적-기계에서 목소리와 표기-행위의 관계는 원시 영토 기계에서의 그것과 비교하여 확연히 달라진다. 원시 영토 기계에서는 목소리와 표기-행위가 서로 독립함으로써 원시 사회를 구술적이고 음성적인 사회로 만들었다면 제국에서는 표기가 음성을 기록하게 됨으로써, 즉 표기가 목소리에 종속되게 만듦으로써 역설적으로 표기가 목소리의 자리를 '찬탈'하게 된다. 그러므로 제국적 기계는 기록적이게 된다. 제국은 실로 문자에 의존해서 작동한다.

"기록하는 자는 바로 전제군주이며, 표기행위를 엄밀한 의미의 글이 되게 하는 것은 바로 제국 구성체이다. 입법, 관료제, 회계,

219 『안티 오이디푸스』, 346쪽

징세, 국가 전매, 제국의 정의(正義), 공무원의 활동, 역사 서술 등 이것들은 모두 전제군주의 수행원들 속에서 기록된다."[220]

들뢰즈와 가타리는 문자에 관련된 데리다의 주장들(우리는 이것을 이 책의 제4장과 제5장에서 볼 것이다)이 전반적으로 옳지만 문자가 본질적으로 '억압되는 것'으로 설정된다는 데리다의 주장은 틀렸다고 논박한다.

들뢰즈와 가타리는 데리다가 언어가 원문자를 전제한다고 말한 것은 원시 사회 속에서 몸에 새겨 넣는 문자들이 언어활동에 선행한다는 사실과 부합한다고 말한다. 말하자면 데리다의 사변적 논의가 실증적으로 증명된 것이다. 또한 근친상간을 문자와 연관시킨 것은 또한 옳다고 말한다. 다만 들뢰즈와 가타리는 "음소들은 물론 상형문자들을 통해서도 실행된 표기 기계의 양태에 억압 장치가 집요하게 존재한다는 결론을 내릴 그 어떤 이유도 볼 수가 없다."고 쓰고 있다.[221] 왜냐하면 좁은 의미의 문자와 넓은 의미의 문자를 구별해야 하기 때문이다. 원시 영토 기계에서의 문자는 넓은 의미의 문자로서 결코 '억압'되지 않고, 원시 영토 기계에서 억압되는 것은 문자가 아니라 오히려 강도의 흐름이며, 제국 기계에서의 표음문자는 목소리에 의해 억압되지만 결국 목소리의 자리를 찬탈하는 것이다.

그럼에도 불구하고 들뢰즈와 가타리는 피라미드로서의 제국 기계에서 우리가 앞서 원시 영토 기계에서 보았던 음성-표기-시각적인 것이 이루는 삼각형이 변형된, 그러나 훼손된 형태로 다시 나타난다

220   『안티 오이디푸스』, 347쪽~348쪽
221   『안티 오이디푸스』, 348쪽~349쪽

고 말한다: "삼각형이 완전히 분쇄되었다고 말할 수 없다. […]이 삼각형은 피라미드의 바닥이 되었는데, 이 피라미드의 세 면은 음성적인 것, 표기적인 것, 시각적인 것을 전제군주라는 탁월한 통일체로 수렴시킨다."[222]

이러한 통일은 들뢰즈와 가타리가 "전제군주 기표"라고 부르는 초월적 목소리에 의해 이루어진다. 이 초월적 목소리는 사슬들 밖으로 도약함과 동시에 사슬들을 이 목소리에 종속시킨다. 그리고 이것은 "표기가 목소리로 복귀"함으로써 이루어지며, "이 목소리는 자신이 내놓는 글의 기호들을 통해서만 표현된다."[223] 앞에서 욕망의 세 가지 절단 중에서 분리종합의 절단을 설명하면서 사슬이 다른 사슬들에 파편을 남기며 이것은 실재계에 쓴 글이라고 말한 적이 있다. 이뿐만 아니라 사슬과 다른 사슬은 일대일대응 관계를 이루지 않으며 사슬의 선형화는 존재하지 않는다고 말한 적이 있다. 앞에서 인용했던 들뢰즈와 가타리의 문장을 보자.

> "여기에 글이 있다면, 그것은 이상하게 다의적이며 결코 일대일대응 관계도 선형도 아닌, 바로 실재계 자신에 쓴 글이요, 횡단 담론적인 글, 결코 담론적이지 않은 글이다."[224]

그런데 제국 기계의 억압 속에서는 모든 것이 바뀐다. 사슬들은

222　『안티 오이디푸스』, 352쪽

223　『안티 오이디푸스』, 353쪽

224　『안티 오이디푸스』, 79쪽

이탈된 초월적 대상을 중심으로 일대일대응 관계를 이루며 선형화된다. 들뢰즈와 가타리는 다음과 같이 쓴다.

> "황제, 신, 그것은 무엇을 의미했을까? 언제나 이탈 가능한 사슬의 절편들 대신, 사슬 전체가 의존하는 이탈된 대상. 실재계에 그대로 있는 다의적 표기행위 대신, 선형성이 생겨 나오는 초월자를 형성하는 일대일대응 관계 만들기. 영토 사슬의 그물들을 구성하는 비기표적 기호들이 아니라 모든 기호가 글의 탈영토화된 흐름 속에서 일정하게 흘러나오는 전제군주 기표."[225]

이렇게 탈영토화된 흐름으로서의 글은 전제군주 기표에서 일정하게 흘러나오므로, 마실 수 있는 것이 된다. 이와 같은 전제군주 기표는 영토화된 기호들과는 달리 '기호의 기호'이자 '영토 기호를 대체'하는 탈영토화된 기호이다. 들뢰즈와 가타리는 다음과 같이 말한다.

> "기표란 단지 탈영토화된 기호 자체일 따름이다. 글자가 된 기호. 욕망은 더 이상 감히 욕망하지 않으며, 욕망은 욕망의 욕망, 전제군주의 욕망의 욕망이 되었다(354쪽)."

들뢰즈와 가타리는 이러한 제국 기계 속에서 더 이상 입은 말하지 않고 문자를 마시며, 눈은 더 이상 고통을 보지 않고 무언가를 '읽

---

225 「안티 오이디푸스」, 353쪽

으려' 하며, 몸은 더 이상 자신에게 기호를 새겨지게 하지 않고 다만 전제군주 앞에서 조아린다고 말한다.

이런 의미에서 들뢰즈와 가타리는 〈기표〉라는 것이 제국과 무관하지 않다고 말한다: "그 어떤 물도 기표에서 그 제국적 기원을 […] 씻어내지 못하리라."[226] 들뢰즈는 소쉬르의 언어학 자체가 전제주의라고 말한다.

소쉬르 언어학에는 수평적 차원과 수직적 차원이 있는데, 수평적 차원에서 기의는 다른 기표에 대한 기표 역할을 하고, 수직적 차원에서 기의는 이탈된 대상으로서 〈청각영상에 대응하는 초월적 개념〉을 기표하는 초월적 목소리까지 상승한다. 이것은 데리다에게서 '목소리'와 '개념' 사이의 친근 관계를 생각해 볼 때 잘 이해될 수 있다. 이와 같이 데리다의 연구 성과는 들뢰즈를 이해하는 데에도 도움이 된다.

특히 수직적 차원에서 사슬들은 이 초월적 목소리에 의존하며 초월적 목소리는 "사슬 위에 의미화의 효과들을 뿜어낸다."[227] 즉, 이 초월적 목소리로서 기표는 사슬들 전체에 일대일대응과 선형성을 도입함으로써 언어를 초코드화한다. 그리고 들뢰즈와 가타리에 의하면 이러한 초월적인 기표에 의해 작동하는 초코드화가 없다면, "음운론적 코드도 없고 심지어 표음적 코드도 없다."[228] 더 나아가 들뢰즈와 가타리는 초월성이 바로 기표-자체라고 말하며 기표의 초

---

226 「안티 오이디푸스」, 354쪽
227 「안티 오이디푸스」, 355쪽
228 「안티 오이디푸스」, 355쪽

월성 속에서 어떤 권력이 작동하는지를 물어야 한다고 말한다.

들뢰즈와 가타리는 이와 같은 표음문자에서의 초월적인 목소리, 기표에 대한 종속이 "정복의 환원 불가능한 외부성"을 보여준다고 말한다. 즉 표음문자를 통해 '기록된 언어활동'은 문자를 아는 주인 종족과 문맹으로서 노예 종족을 전제로 한다. 들뢰즈와 가타리는 다음과 같이 누게롤을 인용한다:

> "수메르인들에게 (물결표시는)물이다. 수메르인은 이 기호를 '아
> (a)'라고 읽는데, 이것은 수메르어로 물을 의미한다. 어떤 아카드
> 인이 불시에 나타나, 수메르인 주인에게 묻는다. "이 기호는 무엇
> 입니까?" 수메르인은 답한다. "그건 '아'야." 아카드인은 이 기호
> 를 '아'로 받아들인다. 이 시점에서 이 기호와 아카드어로 '무'라고
> 이야기되는 물 사이에는 더 이상 아무 관계도 없다."[229]

그 뒤 아카드인은 이 물결표시 기호의 형태를 유지할 필요는 없기에 점차 이 물결표시 기호를 다른 기호로 대체한다. 그리고 이 기호는 '아'라는 음성을 표기하는 기호가 된다. 이 누게롤의 천재적 발상은 표음문자 혹은 알파벳이 "문맹자를 위한 것이 아니라 문맹자에 의한 것"임을 잘 보여준다.[230] 이렇게 표음문자가 탄생하기 위해서는 두 종족이 필요하므로 들뢰즈와 가타리가 "무의식적 노동자"라고 부르는 이 문맹자들의 무의식, 알파벳의 발명자들의 무의식은 이중으

---

229   『안티 오이디푸스』, 356쪽에서 재인용
230   『안티 오이디푸스』, 356쪽

로 구조화되어 있다.

기호학적으로 볼 때 제국 기계에서 억압하는 재현작용은 기표가 되고 이전된 새 재현내용은 "은유와 환유"가 되며, "이 모든 것이 초코드화되고 탈영토화된 전제군주 기계를 구성한다."[231] 그리고 이러한 전제군주 기표의 직접적 효과가 누이와 어머니이다. 즉 "근친상간은, 경계에서 중심부에 이르기까지, 전제군주가 통치하는 전체 영토 안의 사슬의 양 끝에 있는 초코드화의 조작 자체이다."[232] 따라서 억압적 재현작용이 기표라는 주장은 앞서 억압적 재현작용이 근친상간이라는 주장과 같은 의미이다.

전제군주는 자신의 두 기의, 즉 어머니와 누이로 "사슬 전체의 초코드화를 조직하는 목소리의 기표"[233]이다. 그럼에도 불구하고 제국-기계가 문자에 의해서 작동하는 것은 천상의 대상으로서 목소리에 대응하는 '시뮬라크르'가 바로 '목소리에서 흘러나오는 표기 흐름'이기 때문이다. 그리고 이러한 시뮬라크르와 시뮬라시옹은 "전제군주 초코드화의 조작 속에서 현실을 전유"하며 새로운 기관 없는 신체 위에서 "현실을 생산한다."[234]

또한 제국-기계에서 모든 신민의 모든 기관들이 전제군주의 탈영토화된 기관 없는 신체에 달라붙는데, 여기서 이러한 기관들이 자신의 강도적 대표를 기관 없는 신체 속에서 갖는다. 억압하는 재현작

231 「안티 오이디푸스」, 357쪽
232 「안티 오이디푸스」, 358쪽
233 「안티 오이디푸스」, 358쪽
234 「안티 오이디푸스」, 359쪽

용으로서 기표는 "이제 자기가 맡은 강도적 대표를 표현하는 최고의 위험과 관련하여 규정된다."[235] 이러한 기표체제는 "기관들이, 폭군에 맞서 일어난 시민의 기관들이 전제군주의 몸에서 이탈"함으로써 붕괴된다.[236] 그리고 자본주의는 이 기관들을 사적 개인의 기관으로 만들어 버린다.

들뢰즈와 가타리에 의하면 원시 영토 기계는 잔혹 체제인데 반해, 제국-기계는 '법'에 의해 작동하는 공포체제이다. 법은 전제주의에 대항하는 것이 아니라 전제군주의 도구이다. 많은 사람들은 법을 다음과 같은 것이라고 착각한다.

> "전제주의에 대항하는 하나의 보증이며, 부분들을 전체에 집결
> 하고 이 전체를 일반 인식과 일반의지의 대상이 되게 하며 반항적
> 부분들에 대한 판단과 적용을 통해서만 그 처벌이 이루어지는 내
> 재적 원리."[237]

그런데 들뢰즈와 가타리는 법은 이와 같이 시작되지 않았다고 말한다. 오히려 제국의 법은 다음과 같은 성격을 가진다.

(1) 법은 전체화될 수 없는 부분들을 총체화하지 않은 채로 지배한다. 이와 같이 소통되지 않는 부분들에 대해서 "형식적이며 텅빈, 탁월하고 분배적이고, 비집단적인 하나의 통일체의 자격으로 작

---

235 『안티 오이디푸스』, 360쪽

236 『안티 오이디푸스』, 361쪽

237 『안티 오이디푸스』, 362쪽

용한다."[238]

(2) 법은 처벌보다 먼저 존재하지 않으며, 판결은 법보다 존재론적으로 선행한다. 말하자면 이것은 카프카의 「유형지에서」의 전임사령관의 통치방식인데, 이 유형지에서 죄수는 자신의 판결내용을 알지 못하며 자신이 유죄 판결을 받았다는 사실조차도 모르고, 변호할 기회조차 주어지지 않는다. 그럼에도 불구하고 판결은 이루어지고 죄수는 처벌받는다. 제국에서는 법이 말하자면 사회가 공유하는 '정의'를 구현하는 것이 아니라 전제군주의 〈자의적인 통치 행위〉를 옹호하기 위한 '도구'인 것이다. 여기서 이러한 전제군주가 '전임사령관'이라는 사실이 흥미롭다. 이것은 제국적인 법과 통치 행위가 이미 낡은 것이 되었다는 것을 의미하는 것이다. 판사이자 동시에 장교인 처벌장치의 운용자는 다음과 같이 '좋았던 옛 시절'을 회고한다.

> "예전에는 사형집행 때 이와 판이하게 달랐습니다! 처형 전날에 벌써 온 골짜기가 사람들로 인산인해를 이루었지요. [⋯]사령관은 이른 새벽부터 그의 여자들과 함께 나타났습니다. 수백 명이 지켜보는 가운데[⋯] 사령관이 직접 죄수를 써레 밑에 눕혔습니다. [⋯]당시엔 그게 재판장인 나의 일이었고, 나의 명예였습니다. [⋯]아, 얼마나 멋진 시절이었던가!"[239]

---

238 『안티 오이디푸스』, 362쪽

239 프란츠 카프카, 홍성광 옮김, 「유형지에서」, 『변신―프란츠 카프카 중단편집』, 파주: 열린책들, 2012, 178~179쪽

그렇지만 오늘날의 법이 제국의 야만적인 법보다 부드러운 것은 휴머니즘이 진보했기 때문이 아니라 단지 권력의 통치방식이 바뀌었기 때문이다.

제국-기계에서 이제 처벌은, 더 나아가 법은 〈복수〉가 된다. 이러한 복수감정에 의해 원시 사회의 천진난만한 잔혹-놀이, 또는 잔혹-축제는 분쇄된다. 이러한 제국의 폭력은 곧 인간에게 초코드화된 형식을 부여함으로써 인간의 많은 힘들이 잠복적인 것이 되도록 만든다. 이러한 잠복적인 것은 더 이상 외부에 의해 영향을 받거나 외부에 영향을 주지 못한다. 그리고 이러한 적극적으로 작용하지도 반응적으로 반작용하지도 않는 힘은 니체와 들뢰즈/가타리에 의하여 '원한'이라 불린다. 들뢰즈는 『니체와 철학』에서 다음과 같이 쓰고 있다.

> "원한은, 반응적인 힘들이 적극적 힘들을 이기는 어떤 유형을 가리킨다. 그런데 그것들은 한 가지 방식으로만 승리할 수 있다. 즉 영향받길 중단하면서 말이다. 우리가 원한의 인간이 어떠한지 질문할 때, 그 원리, 즉 그는 반응하지 않는다는 점을 잊어서는 안 된다. [⋯]원한은 느껴진 어떤 것이 되기 위해서 영향받길 중단한다."[240]

마찬가지로 이러한 공포-체계에 의해서 신민들은 원한감정을 갖

---

240 『니체와 철학』, 202쪽

게 된다. 즉 "신민들의 영원한 원한감정"은 전제군주의 '복수'에 의해 형성되는 것이다.[241] 그리고 이러한 복수는 전제군주에 의해 도입된 새 결연의 복수, 즉 무한 부채의 복수이다. 들뢰즈와 가타리는 이런 의미에서 "법은 무한 부채가 띠는 사법적 형식"이라고 발한다.[242] 그리고 법은 이제 형식화/일반화되어 구체적인 것이나 개별적인 것을 지시하지 않으면서 의미한다: "아무것도 지시하지 않으면서 의미화하는 것이 법의 고유함이다."[243]

그런데 들뢰즈와 가타리는 사실 법에 전제군주에 맞서는 의미를 발견하려고 노력하고 법의 기표로부터 독립된 진정한 '기의'를 설명하려고 할 때, 신민들이 전제군주 기표로의 회귀를 요구하는 현상이 발생한다고 말한다. 이들이 좋아하는 것은 "위선적인 박사들"의 가르침을 듣는 것보다 욕망과 법의 합체이기 때문이다. 즉 법이 표현하는 전제군주의 욕망을 모방하거나 욕망하는 것이기 때문이다. 이런 의미에서 제국적 기호는 "욕망을 법에 용접"한다.[244]

위에서 법은 아무것도 지시하지 않는다고 말했는데, 이것은 법의 기표와 그것의 지시대상이 자의적이라는 것을 의미한다. 들뢰즈와 가타리는 백성들은 어느 황제가 통치하는지, 왕조의 이름이 무엇인지조차 알지 못한다고 말한다. 즉, "지시들의 자의성은 […]전제군주 자신, 그의 왕조, 그의 이름에도"[245] 미친다는 것이다. 이러한 지

---

241 『안티 오이디푸스』, 366쪽
242 『안티 오이디푸스』, 363쪽
243 『안티 오이디푸스』, 365쪽
244 『안티 오이디푸스』, 365쪽
245 『안티 오이디푸스』, 365쪽

시의 자의성은 사실 누가 통치해도 어떤 왕조가 통치해도 백성들은 상관하지 않는다는 것을 뜻한다. 이것은 전제군주가 죽거나 왕조가 교체되어도 "기의들이 바뀌지 않도록 하고 기표의 벽이 균열되지 않도록"[246] 한다면 체제는 재생산된다는 것을 의미한다. 이런 의미에서 제국의 국가장치는 죽음본능을 가지고 있으며 이러한 죽음본능은 말하자면 국가장치에 억압되어 잠복된 것이라고 볼 수 있다. 들뢰즈와 가타리에 의하면 죽음본능은, "흔히 믿었던 것보다 훨씬 더 깊이 국가 속에 있"다. 이러한 죽음본능은 원한에 맺힌 신민들의 복수로 발현되어 나타난다.[247]

그럼에도 불구하고 들뢰즈와 가타리는 이런 의미에서 왕조의 교체는 진정한 의미에서의 '혁명'이 아니라고 말한다. 들뢰즈와 가타리는 다음과 같이 쓰고 있다.

> "아프리카, 중국, 이집트 등 제국에서 잠복의 체제는 끊임없이 반항과 이반의 체제였지만 혁명의 체제는 아니었다."[248]

왜냐하면 왕조가 아무리 많이 교체되어도 기의들은 바뀌지 않고 기표의 벽이 균열되지 않았기 때문이다.

이렇게 기호와 지시대상의 자의성이 지배하는 제국 기계에서 유일한 필연성은 법의 기표들과 이 기표들이 생산해 내는 "실효적이고

---

246 『안티 오이디푸스』, 366쪽

247 『안티 오이디푸스』, 365쪽

248 『안티 오이디푸스』, 366쪽

필수적인 효과들"로서 기의들과의 관계이다. 그리고 "지시들을 자의적인 것과 결부"하는 것은 "의미화의 새로운 관계, 초코드화에 기초한 이 새로운 관계의 필연성이다."[249]

들뢰즈와 가타리는 제국 속에서 형성되는 '원한'의 특성을 수동성(passivité)이라 부른다. 그리고 이러한 수동성은 '영향받지 않음(non-agi)'을 뜻한다. 들뢰즈와 가타리는 다음과 같이 쓴다.

> "복수, 미리 행사되는 하나의 복수로서, 제국의 야만적 법은 작용(action), 작용받음(l'agi), 반응(réaction)으로서의 원시적 놀이 전체를 분쇄한다. 이제 수동성은 전제군주의 몸에 매달린 신민들의 덕이 되어야 한다."[250]

사실 이러한 수동성에 대한 규정은 이미 『니체와 철학』에서 드러난다. 들뢰즈는 다음과 같이 쓰고 있다.

> "수동성은 영향받지 않음을 뜻한다. 수동적인 것은 단지 영향받지 않는 한에서의 반작용이다. 수동성은 반작용의 승리, 영향받길 중단할 때 그것이 소위 원한이 되는 그 순간을 가리킨다."[251]

여기서 주의해야 할 점은 수동성=원한이라는 등식이 성립한다는

---

249 『안티 오이디푸스』, 365쪽
250 『안티 오이디푸스』, 363~364쪽
251 『니체와 철학』, 212쪽

점이다. 들뢰즈는 단지 원한의 속성이 수동성이라고 말하고 있는 것이 아니라 수동성은 그 자체로 원한이라고 말하고 있는 것이다. 그리고 이러한 원한이 생겨나는 조건으로부터 가책이 생겨나기 쉽다고 니체와 들뢰즈는 말한다.

> "양심의 가책, 내면성, 제국의 창설자들은 이런 것을 가능케 했다[…]."[252]

> "'양심의 가책'[…]이 보기 흉한 식물은[…] 그들(국가의 설립자들로서 '금발의 야수들')의 망치질과 예술가적 폭압 아래 엄청난 자유가 세계에서, 적어도 눈에 보이는 세계에서 축출되고, 말하자면 잠복적인 것으로 되지 않았다면, 생겨나지 않았을지도 모른다. 폭력에 의해 잠복적인 것으로 된 이 자유의 본능[…], 억눌리고 뒤로 물러나서 내면으로 유폐된 다음 자기 자신에게 겨우 발산하고 분출하게 된 이 자유의 본능, 이것, 오직 이것이야말로 양심의 가책이 생겨나게 된 발단인 것이다."[253]

말하자면 이러한 양심의 가책은 적극적이고 공격적인 힘이 제국의 국가장치에 의해 외부로 발산되지 못하고 자기 내면으로 깊이 파고들게 되어 만들어진 것이다. 그리고 이렇게 양심의 가책이 공격적인 힘의 내면화에 의해 작동하므로 제국의 발전과 더불어 개인의 내

---

252 『안티 오이디푸스』, 366~367쪽
253 『도덕의 계보학』, 115~116쪽

면이 비대해지게 되어 사회적 코드들이 탈코드화되게 된다. 이것이 제국 붕괴의 서막이다.

앞에서 제국—기계 속에서 오이디푸스(근친상간)는 이전된 재현내용에서 억압하는 재현작용이 되었다고 말한다. 즉 이런 구도 하에서 오이디푸스는 전제군주—오이디푸스가 된다. 그런데 들뢰즈와 가타리에 의하면 오이디푸스가 보편적인 것이 되기 위해서는 오이디푸스가 '욕망 자체의 대표'가 되어야 하며, 무한한 부채가 내면화되고 정신화되어야 한다. 이것은 '양심의 가책'을 통한 힘의 내면화에 의해서 진행된다.

그리고 오이디푸스가 보편화되기 위해서는 유일한 "전제군주—오이디푸스"가 복수의 "오이디푸스들", 즉 "신민—오이디푸스들, 예속—오이디푸스들, 아버지—오이디푸스들, 아들—오이디푸스들에 의해 대체되어야" 한다.[254] 즉, 이러한 욕망의 덫으로서의 오이디푸스에 만인이 걸려들 때, 오이디푸스는 보편화된다.

최초의 국가는 제국으로서 원국가(Urstaat)로도 불리는데, 역사의 점진적인 발전에 의해서 출현한 것이 아니라, "주인의 타격으로 […] 한 번에 돌출했다."[255] 이 국가는 그런데 하나의 추상이다. 이것은 국가가 '상부구조'라는 마르크스주의의 진부한 도식과는 무관하다. 들뢰즈와 가타리가 말하고자 하는 것은 원국가가 "다른 구성체들 중 한 구성체가 아니며" 물질적 구성체들과 '다른 차원'에 있는 존재라는 것이다. 들뢰즈와 가타리는 다음과 같이 쓰고 있다.

---

254 『안티 오이디푸스』, 369쪽
255 『안티 오이디푸스』, 371쪽

"그것은 […]마치 하나의 다른 차원을 증언하기라도 하는 양, 퇴각해 있다고 말할 수 있으리라. 이 다른 차원이란 사회들의 물질적 진화에 다시 덧붙여지는 뇌의 관념성, 부분들과 흐름들을 하나의 전체 속에 조직하는 규제 이념 내지 반성 원리(공포)이다."

말하자면 원국가는 우리가 손으로 잡고 만질 수 있는 '물질'이 아니라는 것이다. 그러나 이러한 '추상'은 '국가에 구체적 실존을 주는 후속 형식들 속에서 그만큼 돌변하고 회귀'한다. 그리고 들뢰즈와 가타리는 "추상에서 구체로"라는 마르크스의 슬로건에 충실하게, 이 추상적이고 단순한 원국가로부터 시작하여 그것이 역사적으로 발전함에 따라 가장 복잡해지고 구체화된 자본주의 국가에 이르는 과정을 분석해야 한다고 말한다. 들뢰즈와 가타리는 다음과 같은 마르크스의 글을 인용하고 있다.

"단순한 범주들은 그 속에서 덜 발전된 구체적인 것이 실현될 수 있었을지도 모를 관계들을 표현하지만, 가장 구체적인 범주들 속에서 정신적으로 표현되는 가장 복잡한 관련 내지 관계를 아직 정립하지 못했다. 반면 더 발전된 구체적인 것은 바로 이 범주를 하나의 종속된 관계로서 유지한다."[256]

원국가는 서로 떨어진 부분집합들의 초월적이고 추상적 통일체였

256　『안티 오이디푸스』, 376쪽

지만 자본주의 국가는 내재적인 힘들의 장에 종속된 것이자 자기 자신도 그 일부분일 뿐인 내재적 전체를 설계하는 존재이다. 이런 의미에서,

> "국가는 더 이상 하나의 초코드화하는 통일체를 생산하지 않는다. 국가 자신이 탈코드화된 흐름의 장에서 생산된다. 국가는 더 이상 사회 체계를 규정하지 않는다. 국가는 자신의 기능들의 놀이 속에서 구현되는 사회 체계에 의해 규정된다. 요컨대 국가는 인공적인 것이기를 그치지는 않지만, 구체적인 것이 되고, <구체화로 향하며>, 이와 동시에 지배하는 힘들에 종속된다."[257]

즉 초코드화의 체제로서 제국 혹은 원국가는 탈코드화된 사회적 힘들의 장에서 내재화되며 이러한 힘들에 의해 파묻힌다.

2.7 문명 자본주의 기계와 자본주의적 재현

들뢰즈와 가타리에 의하면 자본주의에 의해 봉건 체제가 무너진 것이 아니라 봉건 체제의 해체가 자본주의를 가능하게 했다고 말한다. 즉 자본주의의 등장은 역사적 필연이 아니었다는 것이다. 그렇기에 봉건 체제의 붕괴와 자본주의 사이에는 "시간이 필요(381쪽)"

---

257 「안티 오이디푸스」. 377쪽

했던 것이다. 그리고 기존의 사회적 체제의 붕괴는 탈코드화하는 흐름들의 해방에 의해서 이루어지며 이 흐름들의 결합을 통해 자본주의가 탄생한 것이다. 들뢰즈와 가타리는 다음과 같이 쓰고 있다.

> "판매되는 재산들의 흐름, 유통되는 돈의 흐름, 그림자 속에서 준비되는 생산과 생산수단의 흐름, 탈영토화되는 노동자들의 흐름-자본주의가 탄생하기 위해서는[…] 이 모든 탈코드화된 흐름의 만남, 이것들의 결합, 이것들 서로 간의 반작용이[…] 있어야 하리라."[258]

그리고 이러한 마주침으로서의 만남, 결합, 반작용은 순전한 우발성에 의해서 이루어진다. 들뢰즈와 가타리는 비서구 사회에서 자본주의가 등장하지 않은 것은 기술의 문제가 아니라고 말한다. 중국, 일본, 이슬람은 충분히 〈대항해시대〉를 열 수 있는 기술을 가졌으나 욕망의 덫, 즉 전제군주 기계로 회귀하고자 하는 욕망의 덫에 걸려 대항해시대를 열지 못했다.

또한 탈코드화된 욕망의 흐름들은 언제나 있었으나 사회적/기술적 기계의 생산을 단지 꿈꾸는 데서 그치지 않고 이런 기계를 '생산'하고자 하는 욕망이 형성되는 것은, 이 탈코드화된 흐름들의 결합을 통해서이다.

이와 같은 의미에서 원시 영토 기계는 연결종합에, 제국-기계는

---

258 『안티 오이디푸스』, 382쪽

분리종합에, 문명 자본주의 기계는 결합종합에 근거를 두고 있다. 그런데 자본주의 사회에서 이러한 결합은 더 이상 전통적 의미의 '소비'에만 국한되지 않으며, 도리어 자본주의 사회에서 "〈생산을 위한 생산〉 속에서 사치 자체를 하나의 투자 수단"으로 만들며, 탈코드화된 모든 흐름들을 "생산으로 복귀"시킨다.[259] 즉,

> "생산을 위한 생산은, 노동의 원시적 연결들이 방출되어 나오는 것처럼 보이는 참된 소비자이다."[260]

　자본-돈의 흐름과 노동의 흐름의 만남, 그것이 왜 그렇게 어려웠을까? 그것은 자본으로서의 돈이 형성되기 위해서는 기존의 모든 도덕적, 정치적, 관습적 코드로부터 돈이 해방되어야 했고, 이른바 '자유노동자'가 형성되기 위해서는 엔클로저를 통해 농노들이 흙으로부터 탈영토화되어야 했기 때문이다. 그리고 이 둘의 마주침은 순수한 우연이었다.

> "『자본』의 핵심에서, 마르크스는 두 <주요> 요소들의 만남을 밝힌다. 한 편에는 탈영토화된 노동자가 있어, 그는 자기 노동력을 팔아야만 하는 자유롭고 벌거벗은 노동자가 되었고, 다른 한 편에는 탈코드화된 돈이 있어, 이것은 자본이 되어 노동력을 살 수 있다. 이 두 요소가 봉건제 전제군주 국가의 절편화 및 봉건 체

259　『안티 오이디푸스』, 383쪽
260　『안티 오이디푸스』, 383쪽

계 자체와 그 국가의 해체에서 유래한다는 점은 아직 우리에게 이 두 흐름, 즉 생산자들의 흐름과 돈의 흐름의 외래적 결합을 제공 하지 않는다. 자유노동자들과 돈-자본이 <잠재적으로> 따로 실 존하면서, 만남이 일어나지 않았을 수도 있었으리라."[261]

또한 모든 탈코드화되고 탈영토화된 흐름의 결합으로서의 〈자본 주의〉는 노동력의 흐름과 자본의 흐름을 결합시키는 산업자본의 등 장에 의해서 가능해졌다고 말할 수 있다. 상인이나 고리대금업자는 봉건적 사회구성체의 "털구멍들 자체 속에"[262] 있었으나 상업 자본이 나 금융 자본은 그 원시적 형식, 즉 마르크스가 "대홍수 이전"이라 고 묘사한 그 원시적인 형식 속에서 새로운 자본주의적 생산양식을 구성하지 못했다. 자본주의가 시작되는 것은 자본이 생산을 직접적 으로 전유할 때이다.

자본주의 이전에는 상업 자본과 금융 자본은 아직도 원시 시대처 럼 '결연 자본'의 형태를 띠고 있었고, 즉 "생산과 단지 결연 관계에 있"었고, 자본주의가 등장하기 위해서는 돈이 생산을 수단으로 삼아 잉여가치라는 자식을 낳는 혈연자본이 등장해야 한다.[263] 즉, 자본이 라는 기관 없는 신체가 모든 생산력을 전유해야 한다.

또한 자본주의가 탈코드화된 흐름의 결합이라는 것은 자본주의의 내재적인 사회장이 노동력(가변자본)의 흐름 dy와 불변자본의 흐름 dx

---

261 「안티 오이디푸스」, 384쪽
262 「안티 오이디푸스」, 381쪽
263 「안티 오이디푸스」, 387쪽

사이의 관계로서 $\dfrac{dy}{dx}$에 의해 규정된다는 것을 의미한다. 그리고 이러한 흐름들의 결합에서 '자본의 혈연적 형식'으로서 $x + dx$가 나온다.

그런데 들뢰즈와 가타리는 화폐의 두 흐름을 구분지어야 한다고 말한다. 하나는 지불수단으로서의 화폐의 흐름이고 다른 하나는 융자로서의 화폐의 흐름이다. 전자는 임금노동자의 주머니에 들어가는 "교환가치의 무력한 화폐 기호"에 불과하지만, 후자는 기업의 대차대조표에 기입되는 "자본 권력의 기호들"이다. 후자의 기호들은 잠재적인 체계를 형성하며 이 체계는 지금 여기서는 현실화될 수 없지만, "추상량들의 공리계로써 기능하는, 장기 경제 전망 능력 내지 장기 평가를 증언"한다.[264]

이러한 교환 화폐와 신용 화폐의 '차이'는 그러므로 권력의 차이를 의미한다. 이런 의미에서 자본주의의 작동을 가능케 하는 것이 산업자본인 것은 맞지만 금융적 자본과의 결연(結托)이 없으면 산업자본은 아무런 힘을 쓸 수 없다. 그러므로 "체계 전체와 욕망의 투자를 쥐락펴락하는 것은 바로 은행이다."[265]

이러한 지불수단으로서의 화폐와 융자로서의 화폐는 각각 〈가변자본으로서의 노동〉과 불변자본에 투입되는데, 이러한 가변자본을 V, 불변자본을 C, 잉여가치를 S라 할 때 이윤율 r은 다음과 같이 계산된다.

---

264 『안티 오이디푸스』, 389쪽
265 『안티 오이디푸스』, 391쪽

$$r = \frac{S}{C+V}$$

이는 다음과 같이 나타낼 수 있다.

$$r = \frac{S/V}{1+C/V}$$

그런데 자본주의가 계속 발달함에 따라 잉여가치율로서 S/V가 일정하다고 할 때, 자본의 유기적 구성이 고도화되며, 따라서 C/V 값이 점점 커지게 되어 r값이 점점 줄어들게 된다. 이것을 '이윤율 저하의 경향적 법칙'이라고 부르며, 들뢰즈와 가타리는 이와 같은 경향성이 나타나는 것은 불변자본과 가변자본 사이에는 공통척도가 없으며, 이 "두 차원을 같은 분석단위로 측정하는 것은 순전한 허구 이자 희극적 사기로, 이는 마치 은하계들 간 거리나 원자 내부의 거 리를 미터나 센티미터로 측정하는 것"[266]과 같기 때문이라고 들뢰즈 와 가타리는 말한다.

이런 의미에서 자본주의에서 이윤율이 하락한다는 것은 경향적으 로 볼 때 맞는 말이다. 그런데 자본주의는 이 하락을 어떻게 상쇄할 까? 그것은 중심부에서 주변부로의 산업자본의 '수출'에 의해서일 까? 물론 이러한 세계 체제의 주변부에서 중심부의 자본에 의한 "〈 저개발의 개발〉은 중심부의 프롤레타리아와 관련해 주변부 프롤레 타리아를 크게 착취하는 식으로 높은 잉여가치율을 확보한다." 그럼

---

266 『안티 오이디푸스』, 392쪽

에도 불구하고 중심부에서는 유기적 구성의 고도화가 더욱 가속화되어 이윤율의 경향적 저하가 유지된다.

그렇다면 이윤율의 하락은 어떻게 상쇄되는가? 그것은 이른바 자동화와 기술적 생산성의 향상이라는 〈기계적 잉여가치〉에 의해서이다. 이 잉여가치는 마르크스가 말한 "인간 노동 착취 강도의 증대나 불변자본 요소들의 가격 저하"에 의해 설명할 수 없다. 왜냐하면 이 마르크스가 말한 요인들은 자동화 및 기술적 생산성 향상의 원인이 아니라 결과이기 때문이다. 이러한 자동화 및 기술적 생산성 향상은 바로 육체노동자의 노동이 아닌 과학기술자의 두뇌 노동에 의해서 이루어진다. 이러한 자동화 및 기술적 생산성의 향상은 기계의 내부와 외부를 소통시키는 '코드의 흐름들' 때문에 이루어진다. 즉 자본주의 하에서 이 기계적 코드의 흐름들이 (사회적 코드에 대하여)탈코드화되고 탈영토화되는 것이다. 들뢰즈와 가타리는 다음과 같이 쓰고 있다.

> "자본주의에서의 흐름들의 일반화된 탈코드화는 다른 흐름들과 같은 명목으로 코드의 흐름들을 해방하고 탈영토화하고 탈코드화했다. 자동기계는 힘들의 장으로서 자신의 몸 내지 자신의 구조 속에서 언제나 흐름들을 내부화하고, 동시에 과학과 기술에, 즉 노동자의 육체노동과 구별되는 두뇌 노동에 의존하기에 이르렀다."[267]

---

267 「안티 오이디푸스」, 396쪽

이러한 기술혁신에 의해 이윤율의 경향적 저하는 상쇄된다고 들 뢰즈와 가타리는 주장한다. 그렇지만 동시에 들뢰즈와 가타리는 이 러한 절대적으로 탈코드화된 흐름을 관리하는 공리계를 형성하는 것은 과학기술자들이 아니라 사회 기계라고 말한다. 들뢰즈와 가타 리는 가변자본과 불변자본의 공통된 척도가 존재하지 않듯이, 지식 자본과 불변자본의 공통된 척도는 존재하지 않으며 이것은 과학기 술자들의 보수가 육체노동자들에 비해 상대적으로 높다고 해도 마 찬가지라고 말한다. 이런 의미에서,

> "지식의 흐름과 노동의 흐름은 자본주의적 탈코드화 내지 탈영
> 토화에 의해 규정된 동일한 상황 속에 있다."[268]

그런데 자본주의는 이러한 생산성 향상에 의해 내적으로 위협받 지 않는가? 왜냐하면 잉여가치는 소비를 통해서 '실현'되어야 하기 때문이다. 너무나 비대해진 생산력은 오히려 자본을 위협한다. 이 러한 위험을 막기 위해 국가가 나선다: "자본주의 공리계에서 국가 의 역할은, 국가가 흡수하는 것은 기업들의 잉여가치에서 떼어내 는 것이 아니라 이 잉여가치에 덧붙이는 것이라는 점에서 잘 드러난 다."[269] 국가는 흔히 군산 복합체라는 것을 형성한다. 정확하게 말하 면 '정치-군사-경제 복합체'라는 것을 형성한다. 이 복합체는 막대 한 과학기술적 지식노동의 착취를 통해 엄청난 〈기계적 잉여가치〉

---

268 『안티 오이디푸스』, 398쪽
269 『안티 오이디푸스』, 399쪽

를 뽑아낸다. 이런 의미에서 국가, 경찰, 군대는 반(反)생산적인, 어떻게 보면 파괴적이고 소비적인 장치이지만 생산을 조건 짓는다. 천문학적인 액수의 돈을 기업으로 이전시키면서 말이다.

결국 지식노동도 육체노동과 마찬가지 상황에 놓여있다는 것은 결국 교환 화폐와 신용 화폐의 '차이'에 의해, '지불수단'의 흐름과 '융자'의 흐름의 '차이'에 의해 자본이 잉여가치를 뽑아낸다는 것을 의미한다. 이것은 결국 자본주의를 지배하는 것은 금융 자본 즉 결연 자본임을 나타낸다. 이 결연 자본에 의한 무한 부채의 흐름은 "무에서의 창조"라고 들뢰즈와 가타리는 말한다.

자본주의 국가는 이러한 '지불수단'의 흐름과 '융자'의 흐름이 마치 비교가 되는 듯이 선전하지만, 심지어 한국의 윤석열 정권은 〈복지제도의 확충〉에 들어가는 예산이 아깝다고 말하지만 사실 자본이 벌어들이는 천문학적 액수의 돈에 비하면 이것은 새 발의 피이다. 결국 자본이 먹다 남긴 부스러기를 먹기 위해 자본에 충성경쟁을 해야 하는 것이 자본주의의 냉혹한 법칙이다.

이런 의미에서 자본이 자신은 결코 도둑질을 하지 않았으며 '착취' 하지 않았다고 말하는 것은 냉소주의가 사회에 만연하게 만든다.

> "[…]이 냉소는 얼마나 커져버리는가. 왜냐하면 이때에는 모든
> 것이 마치 이윤과 잉여가치가 태어나는 지독한 심연 속에 있는 듯
> 두 종류의 흐름들 간의 어긋남에 근거하고 있기 때문이다. 이 중
> 하나는 시장 자본의 경제력의 흐름이며, 다른 하나는 조롱하듯 <
> 구매력>이라고 명명된 흐름으로, 산업자본가의 상대적 의존성뿐

아니라 임금노동자의 절대적 무력함을 재현하는 진정 무력화된
흐름이다."

들뢰즈와 가타리는 이런 의미에서 자본주의의 진정한 경찰이 이
와 같은 (신용)화폐와 시장의 권력이라고 말한다. 그리고 이러한 '경
찰'이라는 말이 억압이나 권력의 유한성을 나타낸다고 생각해서는
안 된다. 오히려 자본주의는 외적 한계가 없는 체계이다. 오히려 자
본의 한계는 자본 자신이다. 즉 자본은 자신의 내적 한계로서 이윤
율의 경향적 저하를 가지며, 이러한 내적 한계조차 끊임없이 변동되
고 있다.

이제 자본주의와 기호의 문제를 보도록 하자. 들뢰즈와 가타리에
의하면 자본주의는 전제군주-기계의 문자적이고 기록적인 성격을
넘어섰다. 자본주의는 일반화된 탈코드화된 흐름들의 결합으로 형
성되기 때문에 전제군주-기계, 즉 기록에 의해 작동하는 기계의 초
코드화를 벗어난다. 물론 현대 자본주의에서도 기록이나 문자를 사
용하지만 문자 기록이 지배적이지는 않다고 들뢰즈와 가타리는 말
한다. 예를 들어 옛날에는 화폐를 인쇄기를 통해 직접 찍어 생산하
고 이 화폐는 물질적으로 유통되었지만, 이제 화폐는 디지털 흐름을
통해 무한한 속도로 지구를 횡단한다. 자본주의 속에서 문자는 이제
의고적이 되었다고 들뢰즈와 가타리는 말한다.

새로운 자본주의적 기호 체계에 대한 분석은 맥루한과 옐름슬레
우에 의해 이루어졌다고 들뢰즈와 가타리는 말한다. 들뢰즈와 가타
리에 의하면 맥루한은 "흐름을 포박하고 초코드화하는 기표"가 더

이상 존재하지 않거나 작동하지 않는 세계에 대해 이야기하고 있으며 "탈코드화된 언어활동이 어떤 것인지"를 서술했다.[270]

먼저 무정형의 연속체가 존재하고 이러한 무정형의 연속체, 즉 추상적인 흐름에 대해서 어떠한 구체적인 흐름도, 즉 어떠한 목소리, 표기, 몸짓 등의 흐름도 특권이나 위계를 가지지 않는다. 이러한 추상적인 흐름을 맥루한은 '형상'이라고 부르며 "어떤 흐름이 다른 흐름과 관계를 맺을 때 하나의 실체가 형성되었다고 이야기되는데, 이때 전자는 내용을 정의하고 후자는 표현을 정의한다."[271] 그리고 표현과 내용의 탈영토화된 흐름들은 상호의존의 상태, 즉 결합의 상태에 있다. 그리고 이러한 표현과 내용에 공통적인 궁극의 단위를 맥루한은 '정보' 또는 '형상'이라고 부르는 것이다. 들뢰즈와 가타리는 다음과 같이 쓰고 있다.

> "이 형상들은 결코 기표가 아니며, 또 기표의 최소 요소들인 기호들도 아니다. 그것들은 비-기호들이요, […]여러 차원을 갖는 기호-점들, 흐름의 절단들이며, 서로 집결됨으로써 이미지들을 하나의 집합으로 형성하지만 집합들 서로 간에 그 어떤 동일성도 유지하는 분열들이다."[272]

그리고 형상들은 순수 추상이다. 텔레비전이 전송하는 초당 수백

---

270 『안티 오이디푸스』, 408쪽
271 『안티 오이디푸스』, 408쪽
272 『안티 오이디푸스』, 408쪽~409쪽

만 개의 점 중 몇 개만이 보유되고, 이미 정보과학이나 정보 언어활동은 "목소리나 글을 경유하지 않는다." 그리고 정보에 의해 생산이 배치/구획되고 더 나아가 자본주의적 생산은 "공리계가 강요하는 기호들의 언어활동"을 통해서만 기능한다.[273]

이러한 추상적인 흐름으로서의 정보, 그 무형의 연속체에 대한 성찰은 요즘 가장 주목받는 매체철학자 프리드리히 키틀러의 텍스트에서도 발견된다. 키틀러는 다음과 같이 쓰고 있다.

> "펜타곤은 장기적인 계획을 수립한다. 우선 [⋯]전자 전쟁이 전제하고 소비하며 환영하는 막대한 비율과 양의 비트를 전달하는 것을 가능하게 한다. [⋯]그러는 동안 쾌락이라는 부수적인 소득도 생겨난다. 사람들은 여러 엔터테인먼트 매체들 사이에서 자유롭게 채널을 바꿀 수 있게 되었다. 광섬유 케이블은 생각할 수 있는 모든 정보를 전달하는 것이다. [⋯]종말 이전에 무엇인가가 종말을 향해 가고 있다. 뉴스와 채널의 일반적인 디지털화는 개별 매체들 사이의 구분을 사라지게 한다. 사운드와 이미지, 음성과 텍스트는 단지 표면 효과로서만 존재하는데, 이는 소비자들에게 인터페이스라는 멋진 이름으로 알려져 있다. [⋯]그와 달리 컴퓨터 속에서는 모든 것이 숫자이다. 이미지도 없고, 소리도 없고, 단어도 없는 양적인 존재. 그리고 케이블화가 지금까지 분리되어 있던 데이터의 흐름을 모두 단일하게 디지털로 표준화된 수열로

---

273 『안티 오이디푸스』, 409쪽

만든다면, 이제 모든 매체를 다른 매체로 전환하는 것도 가능하다."[274]

펜타곤의 장기적인 계획에 의해 이러한 매체 통합이 이루어진다는 것, 그리고 이로 인한 생산력의 증대는 역시 자본주의적인 생산이 공리계의 지배와 영향을 받고 있다는 것을 의미한다. 또한 매체를 다른 매체로 전환이 가능하다는 것은 단일화된 추상적인 흐름 속에서 모든 매체는 다른 매체의 내용 또는 표현이 되는 것이 가능하다는 것을 의미한다. 맥루한은 이미 이것을 "기록의 내용은 발화이다. 이는 마치 기록된 단어가 인쇄의 내용이고 인쇄가 전신의 내용인 것과 마찬가지이다."[275]라는 문장 속에서 잘 표현했다.

이러한 데이터의 흐름들과 〈추상 속에서 그것의 전환〉은 바로 옐름슬레우의 언어학으로 설명할 수 있다. 이러한 옐름슬레우의 언어학 또는 기호학에는 소쉬르 언어학에서의 기표-기의의 종속관계와는 다른, 표현-내용의 상호의존관계가 존재한다. 이것은 옐름슬레우의 언어학에서는 어떠한 초월적 심급이나 특권적 준거도 불가능하다는 것을 의미한다. 즉 제국에서와 같은 목소리 기표의 초월성은 불가능하다. 뿐만 아니라 옐름슬레우 언어학에서 내용과 표현이 기호 기능으로 결합하여 다른 내용의 표현이 될 수 있다는 것은 앞서 인용한 마셜 맥루한의 "기록의 내용은 발화이다. 이는 마치 기록된

274 프리드리히 키틀러, 유현주·김남시 옮김, 『축음기, 영화, 타자기』, 서울: 문학과 지성사, 2019, 13쪽~14쪽

275 『안티 오이디푸스』, 408쪽

단어가 인쇄의 내용이고 인쇄가 전신의 내용인 것과 마찬가지이다."
라는 말을 효과적으로 설명한다.

내용과 표현, 형식과 실체로의 이중 분절은 기표 층위와 기의 층
위의 "언어의 위계 지어진 두 층위" 사이에서가 아니라 내용 형식과
표현 형식을 기능소로 갖는 상호의존적인 기능에 의해 구성된 "상호
전환 가능한 탈영토화된 두 면" 사이에 존재하기 때문이다.[276] 그리
고 추상으로서 절대적으로 탈코드화되고 탈영토화된 것인 '형상'은
그 추상화에 의해 "기표 자체의 요소들을 규정하고 있던 최소의 동
일성 조건을 결정적으로 상실"했고, 즉 순수 차이가 되었고, 내용의
요소들이나 표현의 요소들은 이러한 탈코드화되고 탈영토화된 흐름
혹은 형상에 작용하는 공리계에 비해 이차적이다. 즉 옐름슬레우의
언어학은,

> "욕망의 흐름들에 따라 형식과 실체, 내용과 표현을 흐르게 하
> 며, 기호-점들 내지 분열-형상들에 따라 이 흐름들을 절단하는 순
> 수하게 내재적인 언어활동 이론을 만드는 경향이 있다."[277]

이런 의미에서 옐름슬레우의 언어 이론은 소쉬르의 그것과는 정
반대로 현대 사회에서의 기호 체계를 잘 설명한다.

자본주의는 절대적 탈코드화의 체제이다. 이것은 자본주의가 끊
임없이 새로운 유형의 코드화를 진행시킨다는 것과 거리가 멀다. 들

---

276 『안티 오이디푸스』, 410~411쪽
277 『안티 오이디푸스』, 411쪽

뢰즈와 가타리는 이와 같은 자본주의의 재코드화가 불가능한 두 가지 이유가 있다고 말한다.

(1) 우선 도덕적 불가능성으로서, 자본주의에서 경제와 금융의 조작은 자기 자신에 대해 냉소적이며 이러한 자기-냉소적인 조작들을 코드화하는 것은 불가능하다는 것이다.

(2) 더 중요한 것은 논리적 불가능성이다.

코드는 사회체의 모든 흐름들 각각에 다른 질적 성격을 부여한다. 예를 들어 소비재의 흐름, 위신재의 흐름, 여자의 흐름 등이 있다. 코드의 목적은 이러한 통약불가능한 흐름들이 서로 간에 간접적인 관계만을 맺는 것이다. 말하자면 코드의 관계들은 '간접적, 질적, 제한적'이라는 성격을 갖는다.

이러한 특성들 때문에 코드는 경제적이지 않다. 예를 들어 알튀세르와 발리바르는 봉건사회에서 초과노동의 흐름은 노동의 흐름과 다른 질을 부여받았으며, "그 자체 비경제적 요인들을 내포하는 질적인 합성물 속에 들어가야만 한다."라고 주장한다.[278]

그리고 이와 같이 흐름들을 질적으로 구별 짓는 코드의 지배 아래에서 욕망의 기호들은 경제 외적인 권력의 기호를 수반한다. 이런 의미에서 코드의 관계는 경제 외적이다.

반면에 일반적 등가물로서의, 추상량으로서의 화폐는 구체적인 질을 갖는 흐름들을 교란시키고 흐름들의 질적 본성을 이 추상량 속에서 환원한다. 자본주의는 이러한 흐름들을 절대적으로 탈코드화

---

278 「안티 오이디푸스」, 419쪽에서 재인용

시켜서 코드에 매개된 흐름들의 간접적인 관계를 흐름들의 직접적 관계로 변환시킨다. 그리고 질은 이러한 탈코드화된 흐름들의 결합에 의해 비로소 발생한다. 여기서 모든 권력의 기호는 비경제적 심급을 필요로 하지 않는다. 예를 들어 자본주의 사회에서 초과노동과 노동은 "질적/시간적으로 섞여있"으며, 이런 이유에서 잉여가치를 확보하기 위해서 초과노동에 경제 외적인 코드를 부과할 필요가 없다. 코드의 잉여가치가 아닌 흐름의 잉여가치로 충분하다. 즉 초과노동은 알튀세르와 발리바르가 말한 "비경제적 요인들을 내포하는 질적인 합성물"로 들어갈 필요가 없는 것이다.

이와 같은 의미에서 자본주의는 코드 없이도 잘 돌아가며 따라서 탈코드화된 흐름들을 풀어놓는다. 그렇다면 이러한 흐름을 자본주의는 어떻게 관리하는 것일까? 그것은 '공리계'를 통해서이다. 자본주의적 권력이 사회를 통제하기 위해서 굳이 원시 영토 기계에서와 같이 충만한 살에 기록할 필요도 없고, 더 이상 이를 보충하기 위해 책에 기록할 필요도 없다. 왜냐하면 이미 '신분증들, 자료 카드들'과 같은 전자 매체들을 이용하여 손쉽게 통제할 수 있기 때문이다.

자본주의에서 중요한 것은 추상량이지 인물이 아니며 인물은 이 추상량에서 파생되는 존재에 불과하다: "네 자본 또는 네 노동력 말고 나머지는 중요하지 않다."[279]

흐름들을 관리하고 조절하는 것은 바로 자본주의 국가이다. 자본주의 국가는 〈초월적인 것으로서 원국가〉와 달리 사회적인 내재성

---

279 『안티 오이디푸스』, 423쪽

의 장 바깥에 존재하지 않는다. 심지어 들뢰즈와 가타리는 자본주의 국가가 공리계를 만들어 낸 것이 아니라 반대로 공리계로부터 파생되어 나온 것이 자본주의 국가라고 말한다. 그렇지만 공리계를 재생산하거나 수정함으로써 자본주의의 안정된 확대재생산을 도모할 역량과 사명을 가진 것이 바로 이 자본주의 국가이다.

이런 의미에서 들뢰즈와 가타리는 자유주의자들의 소박한 환상과 달리 국가로부터 독립된 자유 자본주의는 존재한 적이 없고, 존재하지도 않으며, 존재할 수도 없다고 말한다. 국가의 통제가 약해지는 것은 "일손이 풍부하고[…] 시장이 확장될 때", 즉 적은 공리들로도 자본주의가 "충분히 큰 상대적 한계들 속에서[…] 기능하는 때"이다.[280]

그런데 이미 오래전에 고도화된 자본주의 사회가 이런 상태를 유지할 수 있는 조건이 사라졌다고 들뢰즈와 가타리는 말한다. 이것은 노동계급의 조직화를 통해서 이 계급이 국가에게 공리계의 공리들을 늘리도록 강요할 수 있는 힘이 생겼기 때문이다. 들뢰즈와 가타리는 다음과 같이 쓴다.

> "자본주의는 옛 공리들에 새 공리들, 즉 노동계급을 위한 공리, 조합들을 위한 공리 등을 끊임없이 추가함으로써만 러시아 혁명을 소화할 수 있었다."[281]

280 『안티 오이디푸스』, 426쪽
281 『안티 오이디푸스』, 427쪽

또한 자본주의 공리계는 자신이 한 손을 통해 탈영토화한 것을 다른 손을 통해 재영토화한다. 예를 들어 자본주의 정치경제학은 구체적인 유용 노동을 '추상적 노동'으로, '부의 주체적이고 추상적인 본질'로 탈영토화시키지만 동시에 농업과 부동산 형식으로 영토 기계에 묶거나(중농주의), 생산수단의 사적 소유에 묶는다(아담 스미스).

그런데 이러한 이중성은 자본주의에 있어서 본질적인 것이라고 들뢰즈와 가타리는 마르크스를 인용하며 말한다. 한편으로 자본주의는 생산을 위한 생산이자 다른 목적에 종속되지 않은 생산으로서 노동의 발전에 의해 구성되는 사회적 〈생산력〉의 무제한적인 발전의 경향성과, 자본을 위한 생산이라는 목적이 정해진 〈생산양식〉 사이에서 동요한다. 이것을 마르크스는 〈생산력과 생산양식의 모순〉이라고 부른다. 생산력의 발전이라는 양상에서는 자본주의는 자기의 한계를 넘어 무한히 탈영토화하지만, 생산양식이라는 양상에서는 자본주의는 자신에게 내재적인 한계들을 가진다. 그리고 이러한 생산력과 생산양식의 모순은 자본주의가 자기 자신을 확대재생산함으로써만 해소된다.

말하자면 자본주의는 탈영토화하는 것으로서 생산력과 재영토화하는 것으로서 생산양식으로 구성된다. 이런 의미에서 현대 자본주의는 〈의고주의〉와 〈미래주의〉 사이에서 비틀거리며 나아간다. 〈의고주의〉로는 전제군주 기표가 있고 〈미래주의〉로는 분열자의 형상-기호가 있다. 이런 의미에서 들뢰즈와 가타리는 자본주의가 편집증적인 극과 분열증적인 극을 동시에 가진다고 말한다.

2.8 결론: 자본주의와 안티 오이디푸스, 그리고 기호들

자본주의적인 사적 소유가 확대됨에 따라 가족은 순수한 사적인 것이 되고 따라서 사회적 장 바깥에 놓인다. 그리고 이러한 사회적 장 바깥에 위치함을 통해서 비로소 "사회장 전체가 가족에 적용"될 수 있다고 들뢰즈와 가타리는 말한다. 자본주의에 있어서 사회적 인물들은 추상량들에서 파생된 기능들이며 이러한 사회적 인물들로부터 파생된 것이 개별적 인물들이다.

사회적 인물들이 일차적 이미지, 즉 추상적인 순수 형상들에 의해 직접 구성되고 생산된 추상적인 형상의 이미지라면, 사적 인물(개별적 인물)은 이러한 이미지의 이미지, 말하자면 시뮬라크르이다. 그리고 "이 사적 인물들은 제한된 가족의 장소에서 아버지, 어머니, 아이로서 형식적으로 규정"된다.[282]

이로 인해 마침내 오이디푸스가 도래한다. 즉 사회장 전체가 가족에 적용됨으로써, 모든 것은 이 시뮬라크르로서 가족-이미지, 즉 아버지-어머니-아이 삼각형이 사회장 전체를 관통한다. 들뢰즈와 가타리는 다음과 같이 쓴다.

> "오이디푸스는 1차 수준의 사회적 이미지들을 2차 수준의 사적 가족 이미지들에 적용하는 자본주의 체계에서 탄생한다."[283]

---

282 『안티 오이디푸스』, 445쪽
283 『안티 오이디푸스』, 445쪽~446쪽

즉 이러한 이차적 이미지들로서 시뮬라크르들에 의해 구성된 상상계가 바로 오이디푸스인 것이다. 그리고 이러한 시뮬라크르들이 인간의 무의식에 깊이 침투함에 따라 인간의 욕망 자체가 오이디푸스적인 것이 된다. 그리고 이러한 침투는 사회적 주권 형식에 의해 내가 식민지가 되었다는 것을 나타낸다.

> "오이디푸스는 사회적으로 규정된 출발 집합에 응답하는 도달 집합이다. 오이디푸스는 사회적 주권의 형식에 응답하는 우리의 내밀한 식민지 구성체이다. [···]우리가 소비하는 것은 바로 아버지-어머니이다."[284]

이렇게 식민화된 무의식 속에서 오이디푸스는 이제 억압된 이전 내용이나 억압하는 재현작용이 아니라 그 자체로 욕망의 대표가 된다.

이런 의미에서 오이디푸스는 자본주의의 산물이다. 그리고 오이디푸스는 단순한 가상이 아니며 "욕망의 보편"이 되어버렸고, 현실적인 "세계사의 산물"이다.[285] 들뢰즈는 이러한 구체적인 이미지의 이미지 밑에서, 이미지화시킬 수 없는 추상적 형상을 발견해야 한다고 말한다. 즉 들뢰즈와 가타리는 재현으로부터 '차이 자체'를 해방시켜야 한다고 말하는 것이다.

이미지로서의 기호, 재현으로서의 기호를 대신하여 생산으로서의 기호, 흐름으로서의 기호를 해방해야 한다. 이 추상적인 형상은,

---

284　『안티 오이디푸스』, 446쪽
285　『안티 오이디푸스』, 455쪽

"기관 없는 신체 위에서 자유로이 노닐며 아직 그 어떤 구조화 된 배열형태를 형성하지 않는[…] 추상적인 기계적 형상이다."[286]

구조화되지 않은 이 요소들을 들뢰즈와 가타리는 "분자적 요소들" 이라고 부르며 이 분자적 요소들은 실제적으로 비조직화되어 있다 고 말한다. 이 비조직화가 뜻하는 것은 공간을 채우는 강도들이 파 편적이라는 것이다. 이런 의미에서 이 요소들의 배치를 들뢰즈와 가 타리는 순수 다양체라고 부른다. 이 요소들은 또한 기호 사슬을 형 성하는데, 이 기호들은 "욕망의 기호들"이다.[287] 들뢰즈와 가타리는 이 기호들에 대해 다음과 같이 쓰고 있다.

"이 욕망의 기호들은 언어학적 체스 놀이 규칙을 따르는 것이 아니라 […]제비뽑기를 따르며, 제비뽑기의 우연한 질서에 의해 서만 서로 의존하고, 연줄의 부재[…]를 통해서만 집합을 유지하 며, 그 자체로 분산된 욕망 기계들의 분산된 요소들이라는 지위만 을 갖고 있다."[288]

들뢰즈와 가타리에 의하면 코드와 공리계는 몰적 수준에서만 가 능하며 분자적 수준에서는 탈코드화와 탈영토화의 장애물이 없다. 분자적 수준의 기호 사슬 역시 '욕망의 기호'로 되어있으며, 이러한

---

286 「안티 오이디푸스」, 544쪽
287 「안티 오이디푸스」, 514쪽
288 「안티 오이디푸스」, 514쪽

기호들은 〈모든 것이 가능한 포괄적 분리의 체제〉 아래에 있고 이 체제는 앞에서 말한 양자역학과 같은 우연의 세계를 의미한다. 여기서 미시-물리학(micro-physics)과 미시-형이상학(micro-metaphysics)이 만난다.

참고문헌

» 미셸 푸코, 이규현 옮김, 『성의 역사 1-지식의 의지』, 파주:나남출판, 2019

» 장 보드리야르, 배영달 옮김, 『불가능한 교환』, 서울: 울력, 2001

» 질 들뢰즈, 이경신 옮김, 『니체와 철학』, 서울: 민음사, 2008

» 질 들뢰즈, 이정우 옮김, 『의미의 논리』, 파주: 한길사, 2015

» 질 들뢰즈, 김상환 옮김, 『차이와 반복』, 서울: 민음사, 2011

» 질 들뢰즈, 허경 옮김, 『푸코』, 서울: 그린비, 2019

» 질 들뢰즈, 펠릭스 가타리, 김재인 옮김, 『안티 오이디푸스』, 서울:민음사, 2015

» 프란츠 카프카, 홍성광 옮김, 「유형지에서」, 『변신-프란츠 카프카 중단편집』, 파주: 열린책들, 2012

» 프리드리히 니체, 홍성광 옮김, 『도덕의 계보학』, 고양: 연암서가, 2011

» 프리드리히 키틀러, 유현주 · 김남시 옮김, 『축음기, 영화, 타자기』, 서울: 문학과 지성사, 2019

» 호르헤 루이스 보르헤스, 송병선 옮김, 『픽션들』, 서울: 민음사, 2011

3. 질 들뢰즈/펠릭스 가타리 Ⅱ
- 『천개의 고원』에서 언어론과 기호체계론

3.1 서론: 옐름슬레우적 존재론

『천개의 고원』에서 들뢰즈와 가타리는 옐름슬레우의 언어학을 존재론으로 확장시킨다. 이런 의미에서 『천개의 고원』을 이해하기 위해서는 이러한 옐름슬레우적 존재론을 개괄하고 있는 3장 「기원 전 1만 년-도덕의 지질학」을 이해하는 것이 중요하다.

들뢰즈와 가타리에 의하면 지구는 기관 없는 신체로서 이 기관 없는 신체를 형식을 부여받지 않은 질료들, 강도들 또는 유목적 특이 성들이 가로지른다. 그런데 동시에 이러한 자유로운 질료들, 강도들, 특이성들을 포획하는 지층화 작용이 있다. 들뢰즈와 가타리에 의하면,

> "지층의 본질은 질료에 형식을 부여하고, 공명과 잉여의 시스 템들 속에 강렬함들을 가둬두거나 특이성들을 붙들어 매고, 지구 라는 신체 위에서 크고 작은 분자들을 구성하고, 이 분자들을 몰

적인 집합체 속에 들어가게 하는 것이다."[289]

말하자면 지층은 코드화와 영토화를 통해 작동한다. 그리고 이러한 지층은 이중 분절을 보여준다. 이것은 앞에서 옐름슬레우를 다룰 때 본 것처럼 내용과 표현, 형식과 실체의 분절이다. 들뢰즈와 가타리는 형식이 코드화나 탈코드화와 관계한다면 형식이 부여된 질료로서 실체는 영토화나 탈영토화와 관계한다고 말한다.

지층이 하나의 지층으로 개별화되는 것은 '조성의 통일성', 즉 형식화되지 않은 질료가 아닌 분자적 재료들, 실체적 요소들, 형식적 관계들이나 형식적 특질들을 통해 하나의 통일성이 구성될 때이다. 이것이 '추상적인 기계'의 통합태이다. 반면 절대적으로 탈코드화되고 탈영토화된 존재인 추상적인 기계의 평면태는 '지층의 외부'에 존재하는 일관성의 평면 위에서 다이어그램을 작성한다. 이러한 평면태의 추상적인 기계가 성립하는 것은 〈절대적으로 탈코드화되고 절대적으로 탈영토화된 내용〉으로서 내용의 질료와 〈절대적 탈코드화되고 절대적으로 탈영토화된 표현〉으로서 표현의 질료는 동일하기 때문이다.

그리고 들뢰즈는 지층들 사이에 우열을 도입하거나 진화론적인 단계를 도입해서는 안 된다고 말한다. 말하자면 물질적 자연의 지층으로부터 생명적 자연의 지층으로, 자연적 지층으로부터 정신적이거나 문화적인 지층으로 발전하는 것이 아니라는 것이다: "생명권

289 질 들뢰즈, 펠릭스 가타리, 김재인 옮김, 『천개의 고원』, 서울: 새물결 출판사, 2003, 85쪽

이나 정신권은 없다. 오히려 무엇보다 하나의 동일한 〈기계권〉만 있을 뿐이다."[290]

들뢰즈와 가타리에 의하면 자연적 지층 위의 문화적 지층이라는 외견적 질서는 역전될 수 있다. 예를 들어, "기술적 또는 문화적 현상들은 곤충, 박테리아, 세균[…]을 위한 비옥한 토양, 훌륭한 수프인 것이다."[291] 심지어 들뢰즈와 가타리는 산업시대는 곤충들의 시대로 규정될 수 있다고 말한다.

그런데 들뢰즈와 가타리에 의하면 일관성의 평면 속에서는 이러한 자연적인 것과 인공적인 것의 구별이 사라진다. 뿐만 아니라,

> "일관성의 평면은 층위의 차이, 크기의 차원, 거리를 모른다. 일관성의 평면은 인공적인 것과 자연적인 것 사이의 모든 차이를 모른다. 고른판은 형식과 형식을 부여받은 실체의 구분도 모르고 내용과 표현의 구분도 모른다."[292]

이러한 일관성의 평면에 존재하는 추상적인 기계는 지층들의 형식과 실체 아래에서 강도적 연속체를 구성한다. 이러한 추상적인 기계는 절대적으로 탈코드화되고 탈영토화된 입자-기호들을 방출하고 조합하며, 이 탈코드화되고 탈영토화된 흐름의 결합종합을 수행한다.

---

290 『천개의 고원』, 137쪽
291 『천개의 고원』, 137쪽
292 『천개의 고원』, 138쪽

푸코는 『감시와 처벌』에서 파놉티콘이라는 추상적인 기계, 즉 "감옥, 학교, 병영, 병원, 공장 등에 작용하는 하나의 동일한 추상적인 기계"[293]에 대해 이야기하고 있으며 이러한 추상적인 기계를 일종의 '다이어그램'으로 파악하고 있다. 뿐만 아니라 이러한 다이어그램은 내용과 표현으로서 현실화되는데, 표현의 형식은 "특정한 사회적 장에서 지층으로서 출현하는 언표들의 집합"이며 말 또는 기표로 환원되지 않는다. 또한 내용의 형식은 "권력 구성체로서의 사물들의 복합적 상태"이며 사물 또는 기의로 환원되지 않는다.[294]

그런데 많은 사람들은 〈말과 사물〉이라는 단순한 상황을 모델로 삼아, 말로부터는 기표를, 사물로부터는 기의를 추출해 내고, 기의를 기표에 복종시킴으로써 "언어 내부영역, 언어와 동질적인 영역에 자리 잡는다."[295] 그런데 이러한 언어로의 환원은 권력 구성체를 인식하지 못하게 만들뿐만 아니라 언표들의 집합이 어떻게 지층화되는지도 인식하지 못하게 만든다. 이와 같은 의미에서 푸코는 『말과 사물』이 일종의 풍자적인 제목이었다고 말하고 있다.[296]

들뢰즈와 가타리는 학교라는 장치 또한 지층화의 장치라고 말한다. 학교에서 읽기와 쓰기를 가르칠 때는 표현의 형식화가, 사물들을 가르칠 때는 내용의 형식화가 이루어진다. 이런 의미에서 들뢰즈와 가타리는 "우리는 의미화하지도 의미화되지도 않는다. 우리는 지

---

293   『천개의 고원』, 133쪽
294   『천개의 고원』, 132쪽
295   『천개의 고원』, 132쪽
296   미셸 푸코, 이정우 옮김, 『지식의 고고학』, 서울: 민음사, 2011, 81쪽~82쪽 참조

층화된다."라고 말한다.[297]

또한 들뢰즈와 가타리는 내용과 표현이 하부구조–상부구조의 관계로 환원될 수 없다고 말한다. 마르크스주의적인 관점에서 상부구조는 상대적 자율성을 가지고 있지만 하부구조를 '반영'한다. 그러나 들뢰즈와 가타리는 스피노자적 평행론을 따라 내용의 형식과 표현의 형식 사이의 위계를 설정하지 않는다. 그리고 표현의 형식은 〈언표행위의 집단적 배치물〉을 형성하고 내용의 형식은 〈물체라는 기계적 배치물〉을 형성한다.

3.2 언어론

들뢰즈와 가타리에 의하면 언어는 의사소통이나 정보의 전달을 위한 도구가 아니다. 들뢰즈와 가타리는 언어가 본질적으로 〈명령어〉라고 말한다.

(1) 들뢰즈와 가타리는 언어가 정보로서의 기호의 소통이 아니라는 점을 보이기 위해 뱅베니스트를 끌어들인다. 뱅베니스트는 꿀벌이 언어를 갖고 있지 않다고 말한다. 왜냐하면 꿀벌은 자기가 지각한 것만을 전달할 수 있기 때문이다. 즉, "꿀을 지각한 꿀벌은 지각하지 못한 꿀벌에게 메시지를 전할 수 있다. 하지만 꿀을 지각하지 못한 꿀벌은 지각하지 못한 다른 꿀벌에게 메시지를 전달할 수 없

---

297 「천개의 고원」, 134쪽

다."[298] 즉, 메시지가 있어도 언어가 아닐 수 있다. 즉 정보의 전달이 존재하더라도 언어가 아닐 수 있는 것이다.

(2) 하지만 뱅베니스트는 화용론을 반박하기 위해 상호주관성의 구조가 발화행위를 설명해 준다고 말한다. 즉 언어는 의사소통을 위한 도구라는 것이다.

들뢰즈와 가타리는 영미화용론이 이 두 가지 가설을 효과적으로 깨뜨린다고 말한다. 언어가 명령어라는 말은 언표가 이 언표에 외재적인, 결과적으로 발생하는 효과로서 '발화효과 행위(perlocutionary act)'를 낳기 때문만은 아니다. 오히려 언표와 내적 관계를 맺고 있는 행위로서 '발화수반 행위(illocutionary act)'가 중요하다. 이러한 말 내부에 있는 행위 또는 이러한 내적 관계를 암묵적 전제 또는 비담론적 전제라고 부른다. 그리고 들뢰즈와 가타리가 언어를 명령어라고 부르는 것은 이러한 발화수반 행위 속에서의 암묵적 전제가 관습이나 권력과 무관하지 않기 때문이다.

> "명령어는 명령뿐만 아니라 행위들과 관련된다. '사회적 의무'를 통해 언표와 연관되어 있는 모든 행위들과, 직접적으로든 간접적으로든 이 연관관계를 나타내지 않는 언표란 존재하지 않는다."[299]

---

298 『천개의 고원』, 150쪽
299 『천개의 고원』, 154쪽

그럼에도 불구하고 들뢰즈와 가타리는 언표와 행위 사이의 내적 관계가 존재한다는 것이 그 둘이 같다는 것을 의미하지 않는다고 말한다. 언표와 행위의 관계는 잉여의 관계이며, "명령어는 그 자체로 행위와 언표의 잉여이다."[300]

그렇다면 언어에 내재하는 이 행위는 어떤 성격을 갖고 있는가? 들뢰즈와 가타리는 이 행위를 비물체적 변형들, 물체들에 귀속되는 비물체적 변형으로 정의하고 있다. 이 비물체적 변형이란, 물체들 사이의 인과관계 혹은 연속적인 능동-수동의 관계로 환원되지 않는, 느닷없고 갑작스러운 순간 속의 '도약'을 의미한다. 즉 물체의 불연속적 변화를 의미한다. 예를 들어 피고를 죄인으로 변형시키는 판사의 선고에서,

> "사실상 이전에 일어나는 것(어떤 사람이 기소당한 원인인 범죄)과 이후에 일어나는 것(죄인에 대한 법 집행)은 몸체(소유물이라는 물체, 희생자라는 물체, 죄인이라는 물체, 감옥이라는 물체)를 변용시키는 능동작용-수동작용이다. 한편 피고가 죄인이 되는 변형은 순간적인 순수 행위 또는 비물체적인 속성이며, 판사의 선고에 의해 표현된 것이다."[301]

이러한 비물체적인 변형으로서의 명령어는 물체의 연속적인 능동작용과 수동작용 속으로의 불연속적인 것의 삽입이다. 명령어에 의해 작동되는 비물체적 변형은 "언표와 자신이 산출한 효과 간의 순

---

300 『천개의 고원』, 155쪽
301 『천개의 고원』, 157쪽~158쪽

간성, 직접성, 동시성"을 갖는다.[302] 이러한 비물체적 변형으로서의 명령어는 단어를 언표행위로 변환시키며 단어에 물체들을 변주할 역량을 준다. 물체들에서 변형이 일어나지만, 변형 그 자체는 비물체적인 언표행위의 내부에 있다. 이것은 모든 것이 언어로 환원되지는 않지만, 언어를 물체들과 관계시키는 표현의 변수는 언어에 내재적이라는 것을 의미한다.

또한 들뢰즈와 가타리는 이러한 화용론이 근본적인 의미에서 정치적이라고 말한다. 들뢰즈와 가타리는 흥미롭게도 레닌의 「슬로건에 관하여」라는 팸플릿의 사례를 든다. 이 텍스트는 심지어 '프롤레타리아의 조건이 물체로서 주어지기도 전에' 언표행위의 집단적 배치물로써 프롤레타리아 계급을 산출했고, 이런 의미에서 독특한 비물체적 변형이었다고 들뢰즈와 가타리는 말한다. 이렇게 언어가 정치를 변형시킬 뿐만 아니라 정치에 의한 명령어 혹은 슬로건의 변형은 언어 자체를 심대하게 변형시킨다.

> "우리는 정치가 얼마나 철저하게 안으로부터 언어에 작용하는가를 주목해야만 한다. 명령어(=슬로건)가 바뀌자마자 정치는 어휘뿐 아니라 구조며 모든 문장 요소들을 변주시킨다."[303]

물론 연속적인 물체적 변양의 집합은 내용, 불연속적인 비물체적 변형의 집합은 표현이라고 볼 수 있다. 이러한 내용과 표현은 서로

302　『천개의 고원』, 158쪽
303　『천개의 고원』, 163쪽

독립적이다. 그리고 "순간적 변형이라는 날실은 늘 연속적 변양이라는 씨실 속으로 끼워 넣어진다."[304]

이런 의미에서 하나의 사회적 배치물은 능동-수동의 물체들의 기계적 배치물인 동시에 언표행위의 집단적 배치물이다. 또한 배치물은 영토화 혹은 재영토화의 측면들과 탈영토화의 첨점으로 구성되어 있다.

그리고 언표행위의 집단적 배치물과 물체들의 기계적 배치물은 '이 두 측면의 형식을 양화하는 탈영토화 운동' 때문에 하나의 공통 질료로서 일관성의 평면에 도달한다. 이런 의미에서,

> "배치물에는 하부구조와 상부구조, 심층 구조와 표층 구조가 없다. 배치물은 오히려 자신의 모든 차원을 평평하게 만든다. 상호 전제와 상호 삽입이 일어나는 바로 그 일관성의 평면 위에서 말이다."[305]

이 일관성의 평면 위에 추상적인 기계가 존재한다. 이런 의미에서 추상적인 기계는 한 배치물 전체와 관련되어 있으며, 이 배치물의 다이어그램이다. 이러한 추상적인 기계는 촘스키의 추상과는 달리 상수나 상수적 구조와 연결될 필요가 없으며, 변수나 변주를 통해 구성된다.

들뢰즈와 가타리는 이런 의미에서 라보프를 참조하는데, 라보프

304 『천개의 고원』, 169쪽
305 『천개의 고원』, 175쪽

에 의하면 변이형들을 각각 다른 체계에 귀속시킬 것인가 아니면 체계 바깥쪽에 위치시킬 것인가의 양자택일을 할 필요가 없이 언어를 변주와 변수의 체계로 봄으로써 발상의 전환을 이룩했다. 들뢰즈와 가타리는 다음과 같이 쓰고 있다.

> "다음과 같은 사실을 받아들여야 하지 않을까? 모든 체계는 변주 중에 있다는 것, 체계는 상수와 등질성이 아니라 내재적이고 연속적이라는 특성을 갖는 일종의 변화 가능성에 의해 정의된다는 것, 그리고 체계는 아주 특별한 양태(가변적 규칙 또는 임의 선택적 규칙) 위에서 조정된다는 것."[306]

예를 들어 "나는 맹세합니다."라는 어구는 아이가 아버지에게 말할 때, 애인들 사이에서 발화될 때, 법정에서 증인이 말할 때, 서로 다른 언표가 된다. 들뢰즈와 가타리는 "나는 맹세합니다."가 실행되는 수만큼 다른 언표가 있으며 "나는 맹세합니다."가 한 번 실행될 때마다 그 안에는 실행된 모든 "나는 맹세합니다."가 현존한다고 말한다. 이것은 변주의 연속적인 선이 존재하며, 그것이 잠재적이기 때문이다. 이것은 언표가 불연속적으로 도약하는 것과 대비를 이룬다. 그리고 이러한 불연속적인 언표들이 바로 표현의 변수이다.

변주 만들기는 "시작도 끝도 없는 연속체"를 만들어 내며 변주는 체계의 외부에 있는 것이 아니라 체계 내적이다. 언어적 체계는 변

---

306 『천개의 고원』, 181쪽~182쪽

수들과 변주들의 체계이다. 그리고 연속적 변주의 기법을 '문체'라고 부르기 때문에 들뢰즈와 가타리는 언어학과 문체론이 분리되지 않는다고 말한다. 들뢰즈와 가타리에 따르면 문체란 한 천재적 개인의 심리적 창조물이라기보다는 언표행위라는 배치물이다. 들뢰즈와 가타리는 뛰어난 작가들의 문체는 파롤이 아니라 랑그 자체를 말더듬이로 만드는 것, 즉 모국어 속에서 외국인이 되는 것으로부터 나온다고 말한다. 이와 같이 랑그 자체를 말더듬이로 만드는 것은 "모든 언어적 요소들을 변주로 만드는 일"이다.[307] 이것이 들뢰즈와 가타리가 말하는 〈소수적인 문학〉이다.

이러한 〈소수적인 문학〉은 『카프카-소수적인 문학을 위하여』에서 깊이 탐구되었다. 들뢰즈와 가타리는 이 책에서 소수적인 문학이란 소수적인 언어로 된 문학이 아니라 오히려 다수적인 언어를 변주시켜서 만들어진 소수자의 문학이라고 말한다. 이러한 소수적인 문학에서는 모든 것이 〈정치적인〉 문제와 깊이 연관되어 있다고 말한다. 소수적인 문학에서 순수한 〈개인적인〉 문제란 존재하지 않으며 개인적인 문제는 정치적인 것과 직접 연결되어 있다. 뿐만 아니라 들뢰즈와 가타리는 소수자 문학에서는 개인적인 언표행위는 존재하지 않으며 언표행위의 집합적 배치만이 존재한다고 말한다.

들뢰즈와 가타리에 따르면 카프카는 다수적인 언어로서 독일어를 "내부에서 극도로 가공하여" 강도적인 언어 혹은 독일어의 강도적

---

307 『천개의 고원』, 190쪽

용법을 창조해 냈다.[308] 소수적인 언어는 바로 이러한 강도적인 언어인 것이며, 따라서 강도적인 언어는 다수적인 언어의 변주를 통해서 가능하다. 들뢰즈와 가타리는 다음과 같이 쓰고 있다.

> "외국인이 되어라. […]네 모국어 속에서 외국인이 되어라. 2개 국어나 다국어 병용자로 존재하라. 그렇더라도 하나의 동일한 언어 안에서 방언이나 사투리도 쓰지 말고. 사생아나 혼혈아로 존재하라. […]문체가 언어가 되는 것은 바로 이 지점에서이다. 언어가 강도적으로 되는 것은, 값과 강도의 순수 연속체가 되는 것은 바로 이 지점에서이다."[309]

그리고 역설적으로 '다수어'일수록 더 많은 연속적 변주의 영향에 더 많이 노출된다. 이런 의미에서 들뢰즈와 가타리는 언어-제국주의를 섣불리 비판할 것이 아니라 "언어는 반드시 자기 내부에, 자기 내부에서 생겨난, 언어 내적인 소수파"를 갖고 있음을 명심해야 한다고 말한다.[310] 들뢰즈와 가타리는 소수자들이 쓴다는 이유로 이른바 소수어에 상수와 동질성을 부여하는 것은 "국지적 다수어"를 만드는 것에 지나지 않는다고 말한다.[311] 이러한 국지적 다수어는 사람들이 자신들의 '순결한 언어' 속에 갇히게 만든다.

---

308 질 들뢰즈. 펠릭스 가타리. 이진경 역. 『카프카-소수적인 문학을 위하여』. 서울: 동문선. 2004. 65쪽
309 『천개의 고원』. 191쪽
310 『천개의 고원』. 199쪽
311 『천개의 고원』. 198쪽

차라리 들뢰즈와 가타리는 다수어와 소수어라는 두 가지 언어가 있는 것이 아니라 언어의 다수적 사용과 소수적 사용이 존재할 뿐이라고 말한다. 언어의 다수적 사용은 변수들에서 상수들이나 상수적 관계들 추출하는 것을 의미하고, 언어의 소수적 사용은 변수들을 연속적 변주의 상태로 만드는 것을 의미한다. 들뢰즈와 가타리는 전통적인 언어학이 바로 언어의 다수적 사용에 지나지 않았다고 말한다.

> "(언어학에는)몇몇 범주들이나 구분들이 있는데, 이것들은 애당초 사용할 수도 없고, 이것들에 이의를 제기할 수도 없으니 도움이 안 된다. 왜냐하면 그것들은 이미 변수를 상수로 다루고 있으며 상수의 탐구에 전적으로 종속되어 있기 때문이다. 예를 들면 파롤 대 랑그, 통시태 대 공시태, 언어수행 대 언어능력, 비변별적 특질 [...] 대 변별적 특질 등이 그것들이다."[312]

그리고 언표행위의 변수로서 명령어는 변수의 두 가지 사용을 설명할 수 있는 '메타언어'이다. 명령어를 통한 언어의 다수적 사용의 극단은 사형선고이다. 이렇게 삶에서 죽음으로의 급진적인 이행이라는 점에서 이 사형선고는 비물체적 변형의 진정한 성격을 가지고 있다. 그런데 이러한 비물체적 변형은 이후의 모든 변형을 불가능하게 한다는 점에서 '변형의 금지'와 관련이 있다. 들뢰즈와 가타리는 다음과 같이 쓰고 있다.

---

312 『천개의 고원』, 200쪽

"바로 이런 의미에서 카네티는 '변형의 금지'에 대해 말하고 있는 것이다. 그것은 확고부동하고 엄숙한 <주인>에 기대는 체제이다. 이 체제는 매 순간 상수들을 통해 법을 제정하며, 변형을 금지하거나 엄격히 제한하고, 형상들에 안정되고 분명한 윤곽을 정해주며, 형식들을 둘씩 대립시키고, 한 형식에서 다른 형식으로 이행할 때는 주체에게 죽음을 강요한다."[313]

그런데 이와 반대로 명령어를 통한 언어의 소수적 사용의 극단이 존재한다. 이 사용에서 모든 변수들은 변주의 상태로 들어가고 이것은 죽음을 제거하는 것이 아니라 죽음을 하나의 변주로 만든다. 이제 변주의 연속체는 해방되고, 실체는 변형되며 형식들과 윤곽들은 와해된다. 이제 유동하는 절대적 탈영토화가 내용의 면과 표현의 면에서 동시에 이루어지고 "배치물을 휩쓸어 가는" 일관성의 평면 위에서 이 탈영토화의 정점들은 결합종합된다. 이러한 일관성의 평면은 "형상도 없고 형식도 없는 해방된 질료의 평면"이다.[314]

3.3 기호체제에 대하여

들뢰즈와 가타리는 그 표현이 언어적 표현이라면 이 표현의 형식화를 기호체제라고 부른다. 그런데 들뢰즈와 가타리는 기표작용

---

313 『천개의 고원』, 207쪽~208쪽
314 『천개의 고원』, 211쪽

적 기호계가 아닌 기호체제가 존재한다고 말한다. 이뿐만 아니라 기표작용적 기호계는 "여러 기호체제 중의 하나일 뿐이지 가장 중요한 체제는 아니"라고 말한다. 이것은 이미 『안티 오이디푸스』에서의 기표체제가 제국적 기호체제이며 〈의고적인〉 것이라는 주장에서 예고된 것이다.

기표작용적 체제의 공식은 간단하다. 여기서 기호는 다른 기호를 지시하고 이 다른 기호는 또 다른 기호를 지시하는 과정이 무한히 이어진다. 이렇게 의미나 실재를 지시하지 못하는 기표작용적 체제가 유일한 기호체제인 것처럼 주장하기 위해 심지어는 〈기호〉의 개념을 버리거나 바꾸어야 한다는 주장도 나온다.

그리고 이렇게 실재나 의미로부터 떨어져 나온다는 점에서 '기표'는 상대적으로 탈영토화된 기호이다. 이런 의미에서 '기표'는 영토화된 기호로서 〈지표〉나 재영토화하는 기호로서 〈도상〉과는 다른 〈상징〉으로 여겨진다고 들뢰즈와 가타리는 말한다. 이러한 기표작용적 체제에서 "세계가 의미하는 바가 무엇인지 사람들이 알기도 전에 세계는 기표작용하기 시작했고, 기의는 알려지지 않은 채로 주어졌다."[315]

우리가 『안티 오이디푸스』에서 본 것처럼 이러한 기표작용 체제는 "무한한 빚의 비극적 체제"이자 전제군주적 기호체제이다. 이런 기표작용 체제과 다른 기호체제도 존재한다. 예를 들어 아내가 부정을 저질렀을 때 유목민으로서 크로우족 남자는 아내의 얼굴을 베어버

---

315 『천개의 고원』, 219쪽

리지만 제국주의적 전통에 가까운 정주민으로서 호피족 남자는 "침착함을 잃지 않고 가뭄과 기근이 마을을 덮칠 것을 기원한다."[316] 이와 같이 전제군주적 기호체제, 즉 기표작용적 기호체제에서 가정이나 사회의 문제는 우주 체계의 문제와 연결되어 있다. 말하자면 호피족 사람들은 한 원에서 다른 원으로 도약한다. 그리고 이러한 도약에 규칙을 부여하는 것이 바로 기표작용적 기호체제인 것이다. 도약하는 자에게는 가장 바깥에 있는 원을 넘어가지 말 것과 가장 중앙에 있는 원에 접근하지 말 것이 강제된다. 그리고 원들 사이의 차이는 모든 기호가 기원의 자리를 증언하는 상이한 탈영토화의 속도를 가지기 때문에 발생한다. 그리고 원들 사이의 차이를 유지하기 위해 문턱들이 구성된다.

그리고 전제군주의 관료로서 사제나 점쟁이들은 "하나의 기호나 기호군에 기의의 일부를 대응시킨다."[317] 이제 비로소 기표작용 체제는 그 유명한 통합축과 계열축을 가지게 된다. 이것은 『안티 오이디푸스』에서 수평축과 수직축에 대응한다. 통합(수평)축은 기호들의 상호 참조가 이루어지고 계열(수직)축에서는 기표에 기의가 대응된다. 사제는 기의에 "기표를 다시 부여"함으로써 해석이 무한히 진행되도록 만든다. 그러므로,

> "기표의 생산에 의해 해석과 심지어 소통을 넘어설 수 있다고
> 주장해 봐야 쓸데없는 일이다. 왜냐하면 언제나 기표를 재생산

---

316 『천개의 고원』, 220쪽
317 『천개의 고원』, 222쪽

하고 생산하는 데 기여하는 것은 바로 해석의 소통이기 때문이
다."[318]

그리고 이러한 기표작용적 체제에서 의미 생성의 중심은 순수 원
리이자 순수 추상으로서 무(無)이다. 이러한 '무'가 바로 주인 기표를
형성한다. 이런 의미에서 기표들이 다른 기표를 무한히 참조한다고
말하든 모든 기표들이 주인 기표를 참조한다고 말하든 같은 것이라
고 들뢰즈와 가타리는 말한다. 그런데 이러한 '기표의 이런 순수형
식적인 잉여'는 표현의 실체로서 얼굴성 없이는 가능하지 않다.

탈영토화된 기호로서 상징 혹은 기표는 이러한 얼굴 위에서 재영
토화된다. 전제군주는 자신의 얼굴을 감추지 않는데, 왜냐하면 전제
군주에게 모든 것은 공적이며, 이러한 공적 성격은 얼굴로부터 나온
다고 들뢰즈와 가타리는 주장한다. 또한 이러한 기표작용 체제에서
희생양은 도주선을 구성하고 절대적 탈영토화를 구현한다고 주장되
는데, 이러한 도주선은 기표작용 체제가 분쇄해야만 하는 것이다.

이러한 기표작용적 기호체제 이외에도 여러 종류의 기호체제가
존재하는데, 이 책에서는 다음의 세 가지만 다루고 있다.

(1) **전-기표작용적 기호계**(원시적 기호계)

(2) **반-기표작용적 기호계**(유목적 기호계)

(3) **후-기표작용적 기호계**(주체화의 기호계)

---

318 「천개의 고원」, 222쪽

전-기표작용적 기호계라는 이름은 기표작용적 기호계에 연대기적으로 선행한다는 것을 뜻하지 않으며 후-기표작용적 기호계라는 이름도 기표작용적 기호계에 연대기적으로 선행한다는 것을 뜻하지 않는다.

(1) 전-기표작용적 기호계 혹은 원시적 기호계는 이미 『안티 오이디푸스』에 대한 탐구에서 다루어진 바 있다. 이 기호체제는 코드화의 체제로서 표현의 형식들은 다원성 혹은 다성성을 가지고 있다: "리듬의 형식들, 춤의 형식들, 제식의 형식들은 이질적인 것 안에서 음성적 형식과 공존한다."[319]

(2) 반-기표작용적 기호계는 유목적 기호계로서 이 기호계를 지배하는 것은 수(數)이다. 물론 제국적 관료제에서도 수는 '결정적인 기능'을 하지만, 유목적 기호계의 수는 이러한 제국적 기호체제의 '헤아려진 수'가 아니라 '헤아리는 수'이다. 그리고 이러한 '헤아리는 수'는 들뢰즈가 『차이와 반복』에서 말하는 "유목적 분배"에서 출현한다. 이 책에서 들뢰즈는 로고스의 분배와 노모스의 분배를 나누고 있는데, 로고스의 분배에서 공간이 여러 개의 '소유지'로 분할된다면, 노모스의 분배 혹은 유목적 분배에서는 "소유지도 울타리도 척도도 없"는 공간 속에 존재자들이 분배된다.[320]

그리고 헤아리는 수는 이렇게 "공간을 배분하거나 공간 자체를 분

---

319 『천개의 고원』, 228쪽
320 질 들뢰즈, 김상환 옮김, 『차이와 반복』, 서울: 민음사, 2011, 102쪽

배하는 대신 무엇인가를 공간에 분배하면 즉각 출현한다."[321] 그리고 유목적 기호체제에서는 이러한 헤아리는 수가 주체가 되며 수는 공간에 대해 독립적이다. 이런 의미에서 유목적 기호체제가 수립되는 공간은 매끄러운 공간이다.

또한 헤아리는 수는 방향을 가진 수이다. 말하자면 '벡터'인 것으로서, '계량으로부터 해방'된 수이다. 그리고 이러한 벡터로서의 수–기호는 '번호'가 아니다. 이진경은 "번호적 조직처럼 수나 번호를 사용한 기호체제는 대개 이런 반기표적 체제를 구성합니다."라고 쓰고 있는데 이것은 명백한 오독이다.[322] 들뢰즈와 가타리는 다음과 같이 명확하게 쓰고 있다: "수를 번호나 통계적 요소로 사용하는 것은 〈헤아리는 수〉가 아니라 국가의 헤아려진 수에 속한다."[323]

그리고 이러한 〈헤아리는 수〉는 병참술에 있어서 매우 중요하다. 즉 "비축물이나 저장의 역할을 표현"하는 외재적 산술관계가 필요한 것이다. 그리고 전략에서의 내적 관계 또한 모든 단위의 상호 편성을 진행시키기 때문에 이러한 〈헤아리는 수〉가 필요하다.[324]

이와 같은 의미에서 방향성을 갖는 수들이 매끄러운 공간에서 배분되므로, 〈헤아리는 수〉는 "다수의 움직이는 배분을 표시"한다.[325]

(3) 후–기표작용적 기호계는 "주체화"를 통해서 작동하고 기표작

321 『천개의 고원』, 749쪽

322 이진경, 『노마디즘1』, 서울 : 휴머니스트, 2011, 361쪽

323 『천개의 고원』, 751쪽

324 『천개의 고원』, 752쪽

325 『천개의 고원』, 229쪽

용적 기호계와 대립한다. 후–기표작용적 기호계는 기표작용적 기호계의 "원형으로 퍼져 나가는 그물망으로부터 하나의 기호나 기호 다발이 떨어져" 나옴으로써 시작된다. 이 기호는 스스로 작동하여 직선으로 나아간다. 기표작용적 기호계에서는 부정적인 가치만을 부여받던 이 선이 이제 긍정되는 것이다. 그리고 "이는 익숙하게 길들어 주어진 기표적인 권력에 복종하던 것을 그치고 그로부터 얼굴을 돌리는 데서 시작"된다.[326]

이렇게 기표작용적 기호계와 대립하는 후–기표작용적 기호계는 정념적인 체제이기도 하다. 이 체제는 관념에 의해서 보다는 정서에 의해서 규정되고, 상상보다는 노력이나 행동에 의해서 규정되므로 정념적인 체제인 것이다. 이러한 기표작용적 기호계와 후–기표작용적 기호계의 대립은 주체성과 의미 생성, 정념적인 망상과 편집증적인 망상, 선형적인 소송(procés)과 원형으로 퍼져나가는 그물망의 대립으로 나타난다.

들뢰즈와 가타리는 특히 주체화의 체제를 유대민족의 역사에서 찾아낸다. 이민족에 의해 신전이 파괴된 다음에 유대민족은 이동 가능한 신전으로서 〈궤〉를 들고 유랑하는데, 이것이 앞에서 말한 제국적인 원형적 그물망에서 떨어져 나온 기호들의 다발이라는 것이다. 유대인들은 다음과 같이 생각한다.

"가장 탈영토화된 선을, 희생양의 선을 따라야 하는 것은 바로

---

326 「노마디즘1」, 365쪽

우리다. 하지만 우리는 그 선의 기호를 바꾸고 그것을 우리의 주체성의 긍정적인 선으로, 우리의 <수난>의 선으로, 우리의 <소송> 또는 <호소>의 선으로 바꿀 것이다."[327]

또한 유대전통에서 예언자는 배반자로서, 주체화의 기호체제를 보여준다. 즉, 특히 요나는 신으로부터 얼굴을 돌리며 도주한다. 이러한 배반의 체계를 보편적인 것으로 만든 것이 바로 예수이다. 왜냐하면 예수는 유대인과 유대인의 신을 배반하고 "어찌하여 저를 버리시나이까?"라는 죽기 직전에 한 말에서 보듯이 신에게 배반당하며, 또한 인간 유다에게 배반당하기 때문이다.

후−기표작용적 체제의 정념적인 선은 주체화의 점으로부터 시작한다. 이러한 주체화의 점은 알튀세르의 호명이론에서 잘 드러난다. 예를 들어 "어이, 거기, 당신."이라는 호명에 응답함으로써 우리는 주체화된다. 이런 의미에서 주체화는 곧 예속화이기도 하다. 이러한 주체화의 점으로부터 정신적 실재로서 언표행위의 주체가 생산되고, 언표행위의 주체로부터 언표의 주체, 즉 "지배적인 실재에 순응하는 언표들 안에 묶인 주체가 나온다."[328]

들뢰즈와 가타리는 어떤 허구에 의해서 주체화가 작동한다고 말한다. 이 허구는 주체가 언표들의 원인이라는 가상이고, 실제로는 이러한 주체는 언표들의 부분이라고 들뢰즈와 가타리는 말한다.

또한 언표행위의 주체라는 정신적 실재가 언표의 주체에게 명령

---

327 『천개의 고원』, 237쪽
328 『천개의 고원』, 250쪽

한다는 가상 속에서 '네가 복종하는 것은 바로 너 자신이다.'라는 기만이 발생한다. 들뢰즈와 가타리는 다음과 같이 쓴다.

> "기표작용적 전제군주를 대신하는 주체-입법자의 역설이 이것이다. 네가 지배적인 실재의 언표들에 복종하면 할수록, 너는 언표행위의 주체로서 정신적 실재 속에서 더욱더 명령한다. 왜냐하면 결국 너는 너 자신에게만 복종하는 것이고, 네가 복종하는 것은 바로 너이기 때문이다."[329]

이런 의미에서 들뢰즈와 가타리는 주체란 존재하지 않으며 언표행위의 집단적 배치만이 존재한다고 말한다. 말하자면 주체화는 예속화된 주체를 생산하는 배치 중 하나이고, 표현의 형식화를 통해 작동하는 기호체제이다.

또한 '기표'가 단지 상대적으로 탈영토화된 기호라면, 후-기표작용 체제의 기호들은 긍정적인 도주선을 통해 절대적으로 탈영토화된 기호이다. 그런데 주체화는 이러한 절대적으로 탈영토화된 주체를 새롭게 재영토화한다. 이진경은 이에 대해 다음과 같이 쓰고 있다.

> "히브리의 후-기표작용적 체제는 유목민의 반기표적 체제와 혼합되어 제국적 파라오에서 벗어나는 새로운 혼성적 체제를 이루게 됩니다. 도주선은 가나안 땅에 이르고, 그 새로운 영토에 정

---

329 「천개의 고원」, 251쪽

착하게 됩니다. 신은 새로운 계율을 내리고, 히브리인들의 복종을
요구하지요. 주체화의 체제란 이처럼 새로운 주인, '새로운' 신에
대한 복종의 요구를 포함합니다."[330]

이런 의미에서 의미 생성 뿐만 아니라 주체화도 일종의 '지층'을
이룬다. 들뢰즈와 가타리는 이런 의미에서 탈지층화의 운동, "다이
어그램 기능 위에 자신을 개방"시키는 것이 필요하다고 말한다. 즉
일관성의 평면 혹은 추상적인 기계로 나아가야 한다는 것이다.

들뢰즈와 가타리는 이와 같이 가능한 네 가지 기호계, 즉 전-기표
작용적 기호계, 기표작용적 기호계, 반-기표작용적 기호계, 후-기
표작용적 기호계에 대해서 설명하지만 다른 기호계가 존재할 수도
있으며 현실에서는 이러한 '순수한' 기호계는 없고 다양한 기호계가
섞여있다고 말한다. 뿐만 아니라 하나의 기호계를 다른 기호계로 변
형/번역하는 일들이 가능하다.[331]
이런 의미에서 기호계의 성분들은 다음과 같다.
1) 구체적이고 혼성적인 기호계를 구성하는 추상적이고 순수한 기
호계로서 '발생적 성분'
2) 하나의 기호계가 어떻게 다른 기호계로 변환되는지를 설명하는
'변형적 성분'
3) 기호체제들 또는 표현의 형식으로부터 절대적으로 탈영토화되

330 「노마디즘1」, 369쪽
331 「천개의 고원」, 278쪽~279쪽

고 절대적으로 탈코드화된 입자-기호를 추출하는 '다이어그램
적 성분'
4) 추상적인 기계가 어떻게 구체적인 배치물들 속에서 실행되는지
를 보여주는 '기계적 성분'

3.4 결론

들뢰즈와 가타리는 우리가 해석 또는 분석하려는 문장이 어떤
'언표'에 대응하는지를 물음으로써 시작해야 한다고 말한다. 이것은
이 문장이 어떤 '기호체제'에 속하는지를 묻는 것이다. 왜냐하면 이
체제 없이는 구문론, 의미론, 논리학은 무의미하게 되기 때문이다.
들뢰즈와 가타리는 이렇게 문장에 대응하는 언표가 속해있는 기호
체제가 결정되면 다른 체제 안으로 번역(translation, 옮기기)할 수 있는지
여부를 살펴야 한다고 말한다. 그리고 나서 이 문장에 대해 새로운
언표를 생산해야 한다고 말한다. 그리고 이 마지막 단계는 다이어그
램과 추상적 기계를 작동시키며, "배치물이 행하는 표현과 내용과
형식적 구분, 단어들의 투자, 기관들의 투자를 작동시킨다."고 들뢰
즈와 가타리는 말한다.

앞에서 본 바와 같이 들뢰즈와 가타리의 『천개의 고원』의 언어론
과 기호론은 옐름슬레우적 존재론을 기반으로, 영미의 화용론뿐만
아니라 라보프, 레닌을 비롯한 많은 사람들의 논의를 종합하고 거기
에 자신들의 창조적 발상을 더해 만들어졌다. 즉, 들뢰즈와 가타리

의 이러한 언어론과 기호론은 지난 세기의 모든 언어와 기호에 대한 사유를 집약하고 있으며 동시에 이 텍스트들을 레고블록처럼 이용해 독창적인 사유를 전개하고 있다. 그리고 이들의 '근거 있는 자신감'은 화용론이 논리학, 통사론, 의미론에 덧붙는 잉여 혹은 대리보충이 아니라 그것들이 의존하는 "기저의 요소"라고 말하는 데에서 잘 드러난다. 즉 자신들의 이론이 지금까지의 모든 언어학과 기호학의 가장 깊은 심층까지 파고들어 바닥을 뚫었다고 말하고 있는 것이다.

이와 같은 의미에서 『천개의 고원』이후의 모든 언어와 기호에 대한 논의는 이 저작과의 대결 없이는 이루어질 수 없을 것이다.

참고문헌

» 미셸 푸코, 이정우 옮김, 『지식의 고고학』, 서울: 민음사, 2011
» 이진경, 『노마디즘1』, 서울 : 휴머니스트, 2011
» 질 들뢰즈, 김상환 옮김, 『차이와 반복』, 서울: 민음사, 2011
» 질 들뢰즈, 펠릭스 가타리, 이진경 역, 『카프카-소수적인 문학을 위하여』, 서울: 동문선, 2004
» 질 들뢰즈, 펠릭스 가타리, 김재인 옮김, 『천개의 고원』, 서울: 새물결 출판사, 2003

4. 자크 데리다 ①
-『목소리와 현상』읽기

■ **4.1 서론**

'후설 현상학에서 기호 문제에 대한 입문'이라는 부제가 붙은 데리다의 『목소리와 현상』은 후설 현상학을 기호 문제의 관점에서 탈구축하면서 동시에 재구축한 작품이다. 데리다는 자신이 1967년 에 발표한 세 기념비적 저작, 즉 『목소리와 현상』, 『글쓰기와 차이』, 『그라마톨로지에 대하여』 중 가장 고전적인 철학적 건축물에 가까운 책이라고 말한다.

후설은 기호(Zeichen)을 표현(Usdruck)과 표지(Anzeichen)으로 구분한다. 후설에 따르면 표현과 표지의 차이는 실체적인 것이 아니라 기능적 인 것이다. 데리다에 의하면 "하나의 같은 현상이 표현으로도 표지 로도[…] 파악될 수 있다."[332] 이 현상에 혼을 불어넣는 지향적 체험 이 존재하면 표현이고, 이러한 지향적 체험이 존재하지 않으면 표지 인 것이다. 쉽게 말하면 표현은 의식적 주체의 의지적 행위에 의한

332　자크 데리다, 김상록 옮김, 『목소리와 현상』, 고양: 인간사랑, 2006, 33쪽

것이며, 이러한 의식적 의지 또는 의도가 존재하지 않으면 표지인 것이다. 그리고 후설에게 있어서 중요한 것은 바로 표현이다.

그런데 실재적이고 즉각적인 의사소통에서는 명료한 의지 또는 의도가 존재하기가 힘드므로, 실질적인 커뮤니케이션의 장에서 대부분의 기호는 '표지'에 해당하게 되며 또 '표현'은 '표지'와 얽혀있게 된다. "그것은 사실상 그리고 언제나 얽혀있다."[333] 이런 상황 속에서 후설은 '표현'을 '표지'의 오염으로부터 보호하길 원하며, '표현'과 '표지' 사이의 "본질적 구별가능성"을 보존하기를 원한다.[334] 후설은 이렇게 일상적인 대화 속에서 '표현'이 '표지'에 얽혀있음에도 불구하고 표현이 표지라는 유(類)의 한 종(種)이 아님을 보이고자 한다. 일상적 커뮤니케이션 속에서 표지의 지배를 받는 표현을 보호하기 위해서는 일상적인 대화로부터 도피하여 '고독한 영혼의 생' 속에서 '독백'을 해야 한다. 즉 특정한 '바깥'을 차단해야 한다.

> "표현의 손상되지 않은 순수성을 추적해 들어가야 한 곳은 바로 의사소통을 하지 않는 언어, 혼잣말로 하는 담화, <고독한 영혼의 생(im einsamen Seelenleben)>의 절대적으로 낮은 목소리이다. 어떤 기이한 역설에 의해 말하고자 함이 자신의 표현성의 농축된 순수성을 유리시킬 수 있는 때는 어떤 일정한 바깥과의 관계가 중지되는 순간밖에 없을 것이다."[335]

---

333 『목소리와 현상』, 34쪽
334 『목소리와 현상』, 34쪽
335 『목소리와 현상』, 36쪽

물론 데리다에 의하면 후설이 말하는 '일정한 바깥과의 관계의 중지'는 대상과의 관계를 삭제하는 것이 아니며, 따라서 바깥의 모든 것과의 관계를 중지시키는 것은 아니라고 말한다. 즉 현상학은 "대상의 대상성(객관성)"[336]을 기술하는 학문인데, 다만 내면에서 출발하는 학이라는 것이다.

　　데리다는 후설이 처음부터 기호를 표현과 표지라는 두 범주로 해체시키며 〈기호 일반〉에 대한 물음을 차단하고 있다고 말한다. 물론 후설은 "모든 기호는 무엇에 대한 기호이다."[337]라고 말하고 있지만 이것은 학문적 규정이라고 보기 어렵기 때문이다. 오히려 후설은 기호에 대한 상식적 선(先)이해 이상으로 나아가지 않는다고 데리다는 말한다. 그렇지만 우리는 이를 통해 후설에 있어서 기호란 "〈…에 대한 존재〉", "〈…을 대신하는 존재〉"[338]임을 알 수 있으며, 이러한 의미에서 현상학에서 기호는 대체나 지시의 구조를 가진다는 것을 알 수 있다. 그리고 현상학에서 이러한 지시(Zeigen)는 표현적 지시(Hinzeigen, 지적)와 표시적 지시(Anzeigen)로 나뉜다.

　　이렇게 빠르게 구별 짓기로 나아가는 후설의 논의는 사실상 〈기호〉 개념의 통일성을 파괴한다. 그런데 데리다는 이러한 통일성을 포기해야 한다고 주장한다. 이것은 '〈기호 일반〉이란 무엇인가.'라는 질문에 대답하기를 거부하는 것을 의미한다. 〈기호 일반〉 혹은 〈기호〉 개념의 통일성을 고수하는 것은 "기호를 진리에, 언어를 존재

336　『목소리와 현상』, 36쪽
337　『목소리와 현상』, 38쪽
338　『목소리와 현상』, 38쪽

에, 말을 사유에, 그리고 에크리튀르를 말에 종속시키는 것"[339]이다. 말하자면 로고스중심주의 혹은 음성중심주의라는 것이다. 왜냐하면 〈기호 일반〉의 진리가 존재한다면 기호는 진리로서 로고스를 구성하는 것이 아니라 이미 있는 진리를 기표하는 데 그치는 어떤 것이기 때문이다. 그런데 데리다에 의하면 〈존재자 일반〉의 진리가 존재할지라도 기호는 존재자가 아니기 때문에, 〈기호 일반〉은 '이것은 무엇인가.'라는 물음 아래 놓이지 않으며 따라서 〈기호 일반〉의 진리는 존재하지 않는다고 데리다는 말한다. 또한 데리다는 후설 현상학에서 기호가 이미 존재하는 진리를 기표하는 것이 아니라 "이념적 객관성을 기재하는 기입에 있어서 진리나 이념성을 수록한다기보다는 생산하는 것"[340]이라고 말한다. 말하자면,

> "현상학은[⋯] 의미와 가치의 능동적 구성으로의 회귀, 자신의 기호들을 통해 진리와 가치 일반을 생산하는 생의 어떤 능동적 활동으로의 회귀이다."[341]

이것은 들뢰즈의 『니체와 철학』을 연상시킨다. 들뢰즈는 니체와 관한 그의 책에서 "의욕=창조, 의지=기쁨"[342]이라고 쓰고 있으며 니체적 의미의 권력의지는 의미와 가치를 창조하는 자, 즉 "권력에 의

339 『목소리와 현상』, 40쪽
340 『목소리와 현상』, 41쪽
341 『목소리와 현상』, 41쪽
342 질 들뢰즈, 이경신 옮김, 『니체와 철학』, 서울: 민음사, 2008, 157쪽

해서 의미와 가치를 제공하는 자"[343]라고 쓰고 있다. 또한 니체는 기존의 '철학적 노동자'와 달리 진정한 철학자에게 있어서 진리는 창조되는 것이라고 말한다. 니체는 다음과 같이 쓰고 있다.

> "그들은 창조적인 노력을 통해 미래를 지향한다. 이제까지 존재해 왔던 것과 또 현재 존재하는 모든 것들은 그들을 위한 수단, 도구, 망치가 된다. 그들의 <지식>은 창조이며, 그들의 창조는 하나의 입법이며, 그들의 진리에의 의지는 힘에의 의지이다."[344]

그런데 들뢰즈는 현상학이 이러한 니체적 영감과 정신을 이어받은 동시에 "자기 자신 속에 종종 드러나는 니체적 영감을 자신의 장치를 통해서 현대판 순응주의에 봉사하게 하는 데 일조했다."[345]고 말한다. 데리다도 현상학이 이런 니체적 급진성을 이어받았음에도 불구하고 한편으로는 케케묵은 고전적 현전의 형이상학에 예속되었다고 말한다.

▌ 4.2 현상학과 현전의 형이상학

왜냐하면 현상학은 선험적 생의 자기-현전으로서 '표현'을 중

---

343 『니체와 철학』, 159쪽

344 프리드리히 니체, 김훈 옮김, 『선악을 넘어서』 서울: 청하, 1982, 144쪽

345 『니체와 철학』, 16쪽

요시하며 더 나아가 표시를 "표면적이고 경험적인 현상으로 제쳐놓고, 추상하고, 〈환원〉"[346]하기 때문이다. 후설은 〈동기부여 (Motivierung)〉를 "〈사유하는 존재〉와 같은 어떤 것을 움직여서 이것이 사유를 통해 어떤 것에서 [다른] 어떤 것으로 이행하도록 하는 것"[347]으로 정의한다. 그런데 이러한 일반적 동기부여는 〈왜냐하면〉의 동기부여인데 이러한 동기부여는 연역적이고 명증적이며 필증적인 증시(Beweis)와 표시적 암시(Hinweis)로 나뉜다. 증시는 명증적이고 이념적이며 영속적인 필연성을 갖지만, 암시는 비명증적이고 우연적이고 경험적인 표시의 질서에 속한다. 이런 의미에서 표지는 절대적인 이념적 객관성의 "내용 밖으로"[348] 추방된다. 이런 의미에서 표지는 외면적이며 외래적이다. 그런데 데리다는 이렇게 현상학에 의해 추방된 표지가 실은 표현에 외재적인 것이 아니라 "표현의 운동에 본질적으로 내밀하게 거주"[349]한다고 말한다.

데리다에 의하면 후설의 '표현'은 일종의 '바깥'으로의 '표출'이라고 말한다. 물론 이러한 '바깥'은 의식의 바깥이 아니라 의식 안에 존재하는, '이념적 대상'의 '바깥'이다. 이런 의미에서,

"말하고자 하는 기호인 표현은 그러므로 의미 자체가 자기 밖으로 나가는 이중적 외출이며, 이 외출은 의식 속에서 자기와 함

---

346 『목소리와 현상』, 43쪽
347 『목소리와 현상』, 44쪽
348 『목소리와 현상』, 47쪽
349 『목소리와 현상』, 44쪽

께 자기 곁에서 이루어진다."[350]

이러한 '자기와 함께', '자기 곁에서' 이루어지는 외출은 자기-현전을 의미한다. 그리고 이러한 자기-현전은 목소리 속에서만 가능하다. 즉 이러한 자기-현전은 순수한 정신적 지향 속에서 가능하며 모든 '물질적 커뮤니케이션', 즉 "표정, 몸짓, 신체 및 세계 내에 기입된 것 전체가, 한마디로 가시적인 것과 공간적인 것 전체가 그대로 배제되는 것이다."[351] 반면 의지적이고 정신적인 지향으로서 '표현'이 이루어질 수 있는 장소는 구두 담화(Rede) 밖에 존재하지 않는다. 그리고 가시성과 공간성은 이러한 자기-현전의 죽음이다.

'표현'은 명료한 의식적 표출인 반면, '표시'에 속하는 표정과 몸짓 등은 무의식적인 것이라고 볼 수 있다. 후설은 이러한 '표시'가 "아무것도 말-하고자 하지 않"는다고 말한다.[352] 이 표시는 표현과는 달리 의식 속에서 표출된 체험과 통일되어 있지 않다. 즉 표시는 어떤 생각을 명시적으로 제시하려는 의도가 없다. 이런 의미에서 후설의 관점에서 볼 때 표시는 진정한 언어가 아니다. 왜냐하면 후설이 생각하기에 언어의 본질로서 언어의 텔로스는 "말하고자 함이라는 의지적 의식"이기 때문이다.[353] 이런 의미에서 표시 속에서 언어의 텔로스는 실패하게 된다.

---

350 「목소리와 현상」, 52쪽

351 「목소리와 현상」, 55쪽

352 「목소리와 현상」, 56쪽

353 「목소리와 현상」, 57쪽

또한 음성언어 중에서도 비표현적인 것이 존재한다. 후설은 "심리적 체험의 소통 혹은 표명에 속하는 모든 것"[354]을 표시라 간주하면서 순수한 표현의 영역의 바깥으로 추방한다. 왜냐하면 물질적 커뮤니케이션에 연루되어 있는 한, 그리고 체험을 역시 물질적으로 표명하는 한, 모든 담화는 표지이기 때문이다. 타인에게 자신의 체험을 표명하는 것은 물질적인 매체를 거치지 않고는 불가능하며, 이 "환원 불가능한 매개"[355]는 나의 정신적 의도를 굴절시킨다. 데리다는 다음과 같이 쓰고 있다.

> "의사소통에서 실제로 일어나는 일은 무엇인가? 감각적 […]현상들은 이것들에 의미를 부여하는 한 주체의 작용들에 의해 혼이 불어넣어지며, 이 주체의 의도(지향)를 다른 주체가 동시적으로 이해해야 한다. 그런데 <영화(靈化)>는 순수하고 완전할 수가 없다. 왜냐하면 그것은 신체의 불투명성을 뚫고 나아가야 하며, 그 와중에 어떤 식으로든 길을 잃을 수밖에 없기 때문이다."[356]

이와 같이 실제적 의사소통은 표시적 본질을 가질 수밖에 없는데, 왜냐하면 타인의 체험이 나의 직관에 현전하지 않기 때문이다. 따라서 실제적 의사소통은 이상적 의사소통의 불가능성을 통해서 구조화된다.

---

354 『목소리와 현상』, 59쪽
355 『목소리와 현상』, 61쪽
356 『목소리와 현상』, 60쪽

후설의 순수 표현은 담화에 혼을 불어넣는 정신적이고 의지적인 지향일 것이며, 이 담화의 내용은 표시의 외면성에 의해 장악된 자연과 공간 속에서가 아니라 의식 속에서 현전할 것이다. 그리고 이러한 내용의 현전은 타인의 의식적 직관에 현전하는 것일 수 없다. 왜냐하면 앞에서 타인의 체험이 나의 직관에 현전하지 않듯이, 나의 체험이 타인의 직관에 현전할 수 없기 때문이다. 따라서 남은 경우는 자기의 직관에 현전하는 경우밖에 없다. "그러므로 자기에게서, 세계로, 공간으로, 자연으로 아직 외출하지 않은 현재의 생 속에서 자기에게 현전할 것이다."[357]

이러한 내면 독백으로의 '자기-현전'은 "언어의 물리적 사건"[358]을 환원시킨다. 즉 낱말의 표현성은 경험적 물질성을 필요로 하지 않고 낱말을 바로 그 낱말로서 재인하게 만드는 '이념적' 반복 가능성에 의존한다. 데리다는 다음과 같이 쓰고 있다.

> "낱말의 통일성[…]이 낱말 사용 시 일어나는 감각적 사건들의 다양성과 혼동될 수 없는 한, 따라서 이 다양성에 의존할 수 없는 한, 낱말의 같음은 이념적이다. 그것은 반복의 이념적 가능성이다."[359]

이런 의미에서 낱말의 표현성은 그 낱말의 물질적이고 경험적인

357 『목소리와 현상』, 63쪽
358 『목소리와 현상』, 65쪽
359 『목소리와 현상』, 65쪽

실존으로부터 유리되어 있다. 이런 의미에서 '표현'은 나 자신과의 실질적인 의사소통이 아니며, 발신이나 수신은 '환원'된다. 만약 이러한 환원이 불가능하다면, 즉 '표현'이 '표지'를 필요로 한다면 표현의 순수성은 불가능하다.

그리고 데리다에 의하면 표지들을 필요로 한다는 것은 물질적인 기호들을 필요로 한다는 것인데 왜냐하면 표지만이 진정한 물질적 기호이고 순수한 표현성은 물질적인 매개로서의 기호를 필요로 하지 않는 이념적인 것의 무매개적 현전이기 때문이다. 말하자면 이념은 경험적 물질성으로부터 독립되어 있다. "충만한 표현[…]은 어떤 면에서는 기호 개념을 벗어난다."[360]

진정한 표현은 고독한 영혼의 생, 즉 모든 경험적인 실존을 괄호치는 독백 속에서 가능하다. 이러한 고독한 영혼의 생 속에서는 우리는 물리적으로 실존하는 낱말이 아니라 표상된 낱말만을 사용한다. 반면에 순수한 내면적 실존은 '표지'를 거치지 않고 직접적으로 자기 자신에게 현전한다. 데리다는 이러한 자기-현전으로서의 내면적인 실존을 "살아있는 의식"[361]이라고 부른다.

이러한 내면적인 독백 속에서 낱말은 상상적인 것으로서 재현되며 이러한 상상적 재현은 낱말의 경험적이고 물질적인 실존을 필요로 하지 않는다. 그리고 이러한 '낱말의 상상된 존재'는 실질적인 낱말과 구별되어야 한다.

데리다는 이런 면에서 놀랍게도 소쉬르가 후설과 유사하다고 말

---

360 「목소리와 현상」, 66쪽
361 「목소리와 현상」, 69쪽

한다. 소쉬르에 의하면 낱말은 실제의 물리적 실존이 아닌 환원된 것으로서의 〈청각영상〉으로서의 기표이다. 그럼에도 불구하고 데리다는 소쉬르가 현상학적인 신중함을 갖추지 못해 청각영상을 하나의 실재성으로 간주하게 된다고 말한다. 반면에 후설에 의하면 '표현'으로서의 현상적 체험은 실재성에 속하지 않는다. 즉 노에마 또는 의미는 "재현의 비실재적인 성분이다."[362]

그런데 이러한 표현 현상이 '상상적인 재현'이라는 말은 표현이 직관에의 근원적 현전이라는 주장과 양립 불가능하지 않은가? 이런 의미에서 현전과 재현의 명료한 차이 혹은 대립이 폐지된다. 그리고 "재현이 재현된 것으로 가지는 것은 표상으로서의 현전작용"이므로 "재현되는 것과 재현하는 것 일반, 기의와 기표, 단수한 현전과 그 재생, 표상으로서의 현전작용과 현전화로서의 재현 사이의 차이들"이 파괴된다.[363] 뿐만 아니라 이를 통해 우리는 현전이 재현에 의존한다는 사실을 알 수 있다. 즉 현전은 반복을 전제로 한다. 그리고 이것은 이념성에 대해서도 마찬가지인데, 왜냐하면 이념성은 같은 것의 영속성을 의미하며 이것은 이념이 반복 가능성에 의해 규정된다는 것을 의미하기 때문이다.

또한 이념성은 현전과 깊은 연관성을 맺고 있다. 왜냐하면 이념성은 어떤 이념적 대상의 이념성인데, 이 대상이 반복작용의 앞에 현전하는 것이 됨을 통해 현전과 이념성은 합류할 뿐만 아니라 '살아있는 현재'에 의해 규정된 시간성이 이념성의 순수성을 보장하며 동

362   「목소리와 현상」, 73쪽
363   「목소리와 현상」, 81쪽

시에 현전을 가능하게 하기 때문이다. 즉 살아있는 현재의 현전은 "경험적 실존, 사실성, 우연성, 세계성"을 넘어서는 이념성의 "궁극적 형식"이다.[364]

이러한 살아있는 현재의 자기-현전에 표시적 기호는 낯선 것이다. 이러한 독백에서 재현은 허위인데, 왜냐하면 이러한 직접적 자기 현전에서 재현은 필요가 없기 때문이다. 이러한 의미에서 표현은 타자성이 없고 자기 현전 속에서 차이는 말소된다. 이러한 차이와 타자성의 부재는 표현이 무매개적이라는 것을 의미한다.

이러한 자기-현전은 '살아있는 현재'의 통일성 혹은 자기-동일성 속에서 표시적 기호에 의한 재현을 넘어서야 한다. 말하자면 자기-현전 속에서 '기표작용'은 일어날 수 없고, 무(無)기표작용이 현전의 "원리 중의 원리"가 된다.[365]

데리다는 하나의 자기-동일성을 갖는 점으로서 '살아있는 현재'가 "어떤 신화, 어떤 공간적인 혹은 역학적인 은유, 형이상학에서 전승된 개념"이거나 그 안에 이질적인 것들을 포함하고 있다면 후설의 현상학이 "그 원리마저 위협받게 된다."고 말한다.[366] 뿐만 아니라 데리다는 근대적 의식철학이 "현실적 지금의 이 자기동일성"이라는 토대 위에서 구축된 것이라고 말한다. 이러한 살아있는 현재의 자기동일성은 "명증성 자체, 의식적 사유 자체이다."[367]

---

364 『목소리와 현상』, 83쪽
365 『목소리와 현상』, 93쪽
366 『목소리와 현상』, 94쪽
367 『목소리와 현상』, 96쪽

그뿐만 아니라 이와 같이 현재 중심적인 사유는 비의식의 사유와 충돌하게 되는데 특히 프로이트의 사유가 그렇다. 프로이트의 사유가 "〈무의식적 내용〉이 〈사후적으로〉 의식됨(97쪽)"을, 즉 〈사후성〉의 구조를 갖는 시간을 전제로 한다면, 후설에게 있어서 내적 시간의식은 이와 정반대로 현재의 우위를 확고히 한다.

데리다는 이 후설의 시간성을 탈구축한다. 살아있는 현재의 현전은 비현전의 수용을 통해서만 가능한데, 왜냐하면 후설은 파지로서의 일차적 기억은 여전히 지각, 즉 현재의 변양으로서 과거의 지각이라고 주장하고 있으며, 따라서 파지와 현재적 지각 사이에는 단절이나 불연속성보다는 연속성이 성립하기 때문이다. 이것을 데리다는 다음과 같이 표현하고 있다.

> "[…]이런 연속성을 인정하는 이상 우리는 순간(Augenblick)의 자기동일성 속에 타자를 받아들이는 것이다. 즉 순간의 눈 깜박임 속에 비현전과 비명증을 받아들이는 것이다."[368]

말하자면 이러한 연속성을 인정한다는 것은 비현전과 비명증으로서의 타자가 〈순간 속에서 '살아 있는 현재'의 자기 현전〉에 선행하며, 이러한 현전 또는 현전작용의 조건이라는 것을 의미한다. 이것은 "자기동일성이 단순할 수 있는 모든 가능성을 근본적으로 파괴한다."[369] 이렇게 비현전하는 것의 선행성은 비현전하는 것을 일종의

368　『목소리와 현상』, 101쪽
369　『목소리와 현상』, 101쪽

'흔적'으로 볼 수 있으며 이러한 '흔적'의 '차연'의 운동에 의해 현실성, 즉 살아있는 현재가 구성된다. 이런 의미에서 흔적은 "현상학적 근원성 자체보다 더 〈근원적〉"[370]인 원-흔적이라고 부를 수 있다. 이러한 흔적의 반복은 살아있는 현재의 단순한 통일성을 불가능하게 하며, 이러한 데리다의 시간철학은 후기 저작인 『마르크스의 유령들』에서도 유지된다. 이 저작에서 데리다는 햄릿의 "The time is out of joint."라는 말을 해석하면서, 그것이 "억제할 수 없는 차연 안에서 지금-여기가 펼쳐진다."는 것, 즉 환원 불가능한 차연에 의해 살아있는 현재가 구성된다는 것을 의미한다고 말한다.[371] 이에 대해 진태원은 다음과 같이 쓰고 있다.

> "시간이 '이음매에서 어긋나' 있음은, 어떤 불순한 시대상황을 의미하거나 시간의 질서의 일시적인 왜곡이나 일탈을 가리키는 것이 아니라, 시간의 질서 안에, 따라서 현전으로서 존재의 질서 안에 근원적인 탈구와 이접, 간극이 존재함을 뜻한다. […]데리다는 […]시간의 순서, 현전의 질서 안에 존재하는 근원적인 어긋남 이야말로 계산 가능한 현전의 질서에서 벗어나 장래의 도래, 타자의 도착을 가능하게 해주는 것이며[…]"[372]

데리다의 표현대로 쓰자면 "차연으로부터 다시 생각된 〈시간〉"

---

370 『목소리와 현상』, 104쪽

371 자크 데리다, 진태원 옮김, 『마르크스의 유령들』, 서울: 이제이북스, 2007, 76쪽

372 『마르크스의 유령들』, 370쪽~371쪽

에 의해 "모든 것은 그 가능성에 있어서[…] 균열"되어 있다.[373] 이러한 간극은 차연에 의해 구성되는, 순수한 내면성에 도입되는 외재성으로서의 표시적 의사소통의 간극이자, 역시 차연에 의해 구성되는 "기표작용 일반의 간극"[374]이다. 이런 의미에서 현전 속에서 표시를 배제하기 위해서 후설은 다시 표시에 의존해야 한다.

▌ 4.3 음성중심주의 대 에크리튀르

따라서 현상학이 귀속되는 현전의 형이상학 속에서 이념, 이념성, 이념화는 목소리와 공모하고 있다. 왜냐하면 이념적 대상이 직관에 현전한다는 것은 경험적, 물질적, 세계적 종합에 의존하지 않으며 따라서 대상의 이념성은 외재적인 세계로부터 독립적인 순수 현상성을 가진 요소를 통해서만 표현될 수 있기 때문이다. 이 요소가 바로 목소리다. 말하자면 목소리를 통해서만 대상의 현전과 자기-현전이 가능한 것이다. 이에 대해 데리다는 다음과 같이 쓰고 있다.

"목소리는 자기를 듣는다. 음성적 기호들은[…] 이것들을 발성하여 이것들의 현재에 절대적으로 근접해 있는 주체에게 <들린다>. 주체는 자기 밖으로 나갈 필요 없이 자신의 표현 활동에 직

373　『목소리와 현상』, 105쪽
374　『목소리와 현상』, 105쪽

접적으로 촉발된다."[375]

말하자면 목소리는 다른 기표와 달리, 외재적인 세계와 공간에 대한 참조를 포함하고 있지 않기 때문이다. 비음성적 기표의 이념적 형식은 세계 안에 존재하지 않을 수도 있지만, 이 비음성적 기표는 자신의 현상 속에 세계, 물질 등의 〈바깥〉에 대한 참조를 포함하고 있다. 또한 내가 말할 때, 이 행위의 본질에 '내가 말하는 것을 내가 듣는다.'라는 사실이 속한다. 이런 의미에서 음성적 기표와 이념적 현전 사이에는 필연적 연관이 있다.

"목소리의 <가상적 초월>은 언제나 이념적 본질을 지니는 기의가[…] 표현작용에 직접적으로 현전한다는 사실에 기인한다. […]나의 숨결에 의해, 그리고 기표작용의 의도에 의해 혼이 불어넣어진 기표는[…] 내게 절대적으로 가까이 있다."[376]

이러한 목소리에 의해 자기 현전하는 생은 죽음과 분리된다. 더 나아가 대상의 이념성이 목소리에 의존하는 것이 된다. 게다가 데리다는 이런 의미에서 "구조적으로 권리상 목소리 없이는 의식도 가능하지 않"다고 말한다.[377] 데리다는 단정적으로 "목소리는 의식이

375 『목소리와 현상』, 116쪽
376 『목소리와 현상』, 118쪽
377 『목소리와 현상』, 121쪽

다."[378]라고 말한다. 목소리가 아닌 다른 모든 형식의 자기촉발은 외면성이나 세계라는 우회를 거치거나(예를 들어 시각적 기표에 의한 자기촉발의 경우 '거울' 등의 외재적인 것이 필요하며, 자기 자신의 신체를 만짐도 신체라는 외재성을 경유한다) 고유한 신체의 내면성 속에서의 자기촉발과 같이 "순전히 경험적인"[379]형태로 남고, "보편적 기표작용의 매개체"[380]가 될 수는 없다.

이러한 순수한 자기촉발을 통해서 비로소 주관성이 가능하게 된다는 의미에서 '목소리는 의식이다.' 또한 이러한 주관성 또는 의식의 출현은 세계 내부성과 초월성을 가능하게 만든다.

이런 의미에서 현상학을 포함해서 서구의 현전의 형이상학은 음성중심주의에 속한다. 그런데 후설의 『기하학의 기원』에서 이러한 음성중심주의는 아포리아에 빠진다. 왜냐하면 거기에서 에크리튀르는 표음적이며 "이미 준비된 말을 고정, 기입, 기재, 체현"[381]하는, 음성보다 열등한 존재이지만 표시 속에서 표현을 부활시키기 위해서는, 그래서 "의미의 이념성을 창조했던 순수사유작용"[382]을 전달하고 생생하게 부활시키기 위해서는 역설적으로 에크리튀르가 필요하게 된다. 그런데 이러한 에크리튀르에 의해 본래적 의미, 즉 작가의 순수한 의도를 왜곡할 위험성은 더욱 증가한다.

그런데 데리다는 "기록의 가능성이 말의 내부에 거주"[383]하고 있

---

378   『목소리와 현상』, 121쪽
379   『목소리와 현상』, 120쪽
380   『목소리와 현상』, 120쪽
381   『목소리와 현상』, 123쪽
382   『목소리와 현상』, 124쪽
383   『목소리와 현상』, 125쪽

으며 목소리의 자기촉발은 이러한 에크리튀르가 도입하는 차연 혹은 순수 차이에 의해서만 가능하다. 데리다는 다음과 같이 쓰고 있다.

> "후설은 차이를 기표의 외면성에 억압해 두면서도 그것이 의미
> 와 현전의 근원에서 작동하고 있음을 무시할 수 없었다."[384]

즉 순수 차이는 살아있는 현재의 자기 현전을 구성하지만, 살아있는 현재 자체에 이질적인 것을 도입한다. 즉 "자기 현전에서 배제할 수 있다고 여겨져 왔던 모든 비순수성을 거기에 근원적으로 재도입한다."[385] 이런 의미에서 살아있는 현재는 그 안에 타자성을 포함하고 있으며, 파지적 흔적이 살아있는 현재보다 선행하고 그것을 구성한다. 그리고 이러한 시간의 운동은 〈공간화〉의 문제와 깊이 얽혀있다. 데리다는 다음과 같이 쓰고 있다.

> "흔적은 살아있는 현재가 자기의 바깥과 맺고 있는 내밀한 관
> 계이고 외면성 일반, 비고유성 등등으로의 열림이기에 의미의 시
> 간화가 벌이는 놀이는 처음부터 <공간화>이다."[386]

이러한 〈공간화〉는 바깥으로의 열림을 의미하고 순수 내면성의 파괴를 의미한다. 그리고 시간이 자기를 나타내는, 시간이 자기를 〈

---

384 『목소리와 현상』, 125쪽
385 『목소리와 현상』, 129쪽
386 『목소리와 현상』, 130쪽

바깥〉으로 표출하는 것이 공간화이며, 이런 의미에서 "공간은 시간 〈속에〉 있다."[387] 이런 의미에서 〈바깥〉으로서 세계는 시간화의 운동에 내재한다. 그럼에도 불구하고 시간은 절대적 주관성일 수 없는데, 왜냐하면 비현전하는 타자, 객관성, 세계를 자신 안에 포함하고 있으며 이런 의미에서 시간을 자기-현전이라고 볼 수는 없기 때문이다. 그리고 시간화는 "안과 바깥 일반, 현존하는 것과 현존하지 않는 것 일반, 구성하는 것과 구성되는 것 일반 사이의 관계"이다.[388] 이런 의미에서 〈자기가 말하는 것을 들음〉은 "폐쇄적인 안의 내면성이 아니라 이 안에서 벌어지는 환원 불가능한 열림, 말 속의 눈이자 세계이다."[389]

이런 의미에서 〈바깥〉의 표시와 〈안〉의 표현의 엮임은 필연적이다. 이것은 〈안〉이 자기-충족적이지 않으며 〈바깥〉을 필요로 한다는 것을 의미한다. 그렇기에 우리는 "근원적 〈보충〉"[390]에 대해 말할 수 있다. 데리다는 다음과 같이 쓰고 있다.

"그것들의 첨가는 어떤 결핍을, 어떤 근원적인 자기 비(非)현전을 보충하게 된다. 그리고 이념적 대상의 구성을 완성하기 위해서는 표시가, 예를 들어 통상적 의미의 에크리튀르가 반드시 말에 < 덧붙여져야> 한다면, 말이 대상의 사유된 동일성에 <덧붙여져야 > 했다면, 이는 의미와 말의 <현전>이 이미 처음부터 자기-결핍

---

387 『목소리와 현상』, 130쪽
388 『목소리와 현상』, 131쪽
389 『목소리와 현상』, 131쪽
390 『목소리와 현상』, 132쪽

에 시달리고 있었기 때문이다."[391]

4.4 근원보충, 의미, 대상

이런 보충성이 바로 데리다가 말하는 '차연'이다. '차연'은 "현전에 근원적인 분열과 연기를 일거에 부과함으로써 현전을 균열시키는 동시에 지연시킨다."[392] 말하자면 차연은 자기 결핍에 처해있는 현전을 대행, 대리, 또는 대신한다. 그리고 데리다가 말하는 〈근원보충〉이라는 것은 "〈무엇 대신〉의 구조"로서 "대리적 보완 기능 일반을" 지칭한다.[393] 이러한 대신 또는 대리의 구조는 매우 복잡한데, 왜냐하면 기표는 부재하는 기의를 대리 또는 대신할 뿐만 아니라, 현전의 근원적 자기 결핍을 보충하는 다른 기표를 대리 또는 대신하기 때문이다. 이와 같은 의미에서 표지는 다른 유형의 기표를 대신한다. 이 다른 유형의 기표가 바로 "이념적인 기의"[394]를 지닌 기표이다. 사실 실재적 의사소통 속에서 표현은 표지에 의해 대체되는데, 왜냐하면 타인이 기호에 부여하고자 하는 의미나 타인의 체험은 나에게 현전할 수 없기 때문이다. 그렇기 때문에 표현은 실재적 의사소통에서 표지로 기능한다.

----

391 『목소리와 현상』, 132쪽
392 『목소리와 현상』, 133쪽
393 『목소리와 현상』, 134쪽
394 『목소리와 현상』, 135쪽

표현은 그 직접성 속에서 표시보다 충만한 것으로 알려져 있다. 그런데 데리다는 그렇지 않다고 말한다. 왜냐하면 후설에게 있어서 의미지향은 어떤 대상 관계의 지향이고, 담화는 이 의미지향이 기표의 신체에 혼을 불어넣는 것만으로도 형성되지만, 지망된 대상이 직관에 충만한 현전을 하는 것은 전혀 다른 문제이기 때문이다. 후설에게 있어,

> "충만은 그러므로 단지 경우에 따라서 일어날 뿐이다. 지망된 대상의 부재는 말뜻을 위태롭게 하지 않으며, 표현을 혼이 없고 그 자체로는 의미하는 바가 없는 그 물리적 측면으로 환원하지 않는다."[395]

왜냐하면 관념적 의미는 기호의 신체에 혼을 불어넣는 의미지향에 의해 확보되기 때문이며 따라서 표현은 물리적인 것으로 환원되지 않기 때문이다. 말하자면 대상의 부재는 의미의 부재가 아니다. 예를 들어 〈황금산〉이나 〈네모난 원〉이 아무런 의미를 가지고 있지 않다면 이 말에 대응하는 지시대상이 존재하지 않는다는 것을 알 수 없다. 차라리 "말뜻의 구조적 독자성은 무대상성, 직관에 주어지는 대상의 부재"이다.[396] 직관의 부재는 단지 용인되는 것이 아니며 기표작용 일반의 구조에 의해 필연적으로 요청된다. 예를 들어,

---

395 「목소리와 현상」, 136쪽
396 「목소리와 현상」, 139쪽

"한 언표의 주체 및 대상의 완전한 부재[⋯]는 텍스트가 <하고

자 하는 말>을 방해하지 않는다."[397]

이러한 주체의 죽음이나 대상의 부재에도 불구하고 기능하는 기호들을 데리다는 에크리튀르라고 부른다. 이러한 에크리튀르는 이념적이지도 현실적이지도 않으면서 이념화를 "창시하고 완성"한다.[398]

데리다는 독백 속에서 〈나는 존재한다〉라고 말하는 것은 나 자신의 부재가 가능할 때만 이해될 수 있다고 말한다. 그리고 이러한 경험적인 자아가 부재하는 경우에도 존속하는 자아가 선험적 자아이기에 이러한 부재의 가능성을 통해서만 "선험적 자아에 대한 담화가 가능한 것이다."[399]

"내가 나 자신을 현실적으로 직관하건 말건, <나>는 표현한다.

내가 살아있건 말건, 나는 존재한다는 <말뜻을 가진다>. 여기서

도 역시 충족직관은 표현의 <본질적인 성분>이 아니다."[400]

말하자면 〈나〉라는 낱말을 이해하기 위해서 〈나〉라는 대상이 직관에 현전해야 하는 것은 아니다. 즉 〈나〉의 의미는 이 낱말을 실질적으로 발화한 사람이 알려져 있지 않거나 실존하지 않을 때도 존재

---

397 「목소리와 현상」, 140쪽

398 「목소리와 현상」, 141쪽

399 「목소리와 현상」, 143쪽

400 「목소리와 현상」, 144쪽

한다. 말하자면 "〈나〉의 기표적 가치는 발화 주체의 생에 의존하지 않"으며 그런 의미에서 "구조적으로 유서적인 가치를 갖는다."[401] 이 것은 특히 에크리튀르에서 명백하게 드러난다. 기록된 나는 익명적 이며 〈나는 기록한다〉는 비고유적이다. 이렇게 에크리튀르 속에서 〈의미〉의 충만은 〈대상〉의 충만과 구별된다. 그럼에도 불구하고 목 적론적 도식 속에서 후설은 의미지향의 텔로스, 즉 목적을 직관 속 에서의 대상의 충만한 현전으로 규정한다. 즉

"에이도스(본질)은 텔로스(예견된 목적)에 의해 깊이 규정된다. <상 징>은 언제나 <진리>를 향배하거니와, 그것은 진리의 결여로서 구성된다."[402]

후설이 말하는 정상성은 "자신의 대상에 적확한 직관"[403]이자 명석 판명한 명증성이다. 이렇게 되는 이유는 후설이 궁극적 의미로서 텔 로스를 대상과의 관계로 규정짓기 때문이다. 이런 의미에서 후설이 말하는 표현과 표지를 구별하는 "〈본질적 구별들〉의 전(全)체계"[404]는 목적론적인 체계이다.

---

401 「목소리와 현상」, 145쪽
402 「목소리와 현상」, 147쪽
403 「목소리와 현상」, 148쪽
404 「목소리와 현상」, 152쪽

4.5 결론

이런 의미에서 엄밀한 학으로서의 철학이라고 자부했던 현상학은 전통 형이상학에 귀속되게 된다. 즉 현상학은 현전의 형이상학에서 벗어나지 못하며, 헤겔적 의미의 목적론적 철학이다. 왜냐하면 헤겔에게 있어서도 철학은 대상의 현전에 대한 앎이자 "의식 속에서 앎이 자기-곁에 있음"이기 때문이다.[405] 그리고 헤겔에 의하면 절대지에 의한 충만한 현전이 이루어지면 역사는 단원을 맺게 된다. 그런데 데리다는 이러한 현전으로서의 역사의 단원의 종막을 선언한다. 데리다는 이러한 현전의 역사철학이 차연을 환원하는, 목소리, 로고스, 의식의 철학이었다고 말한다. 데리다는 다음과 같이 쓰고 있다.

"존재가 현전으로 펼치는 역사, 존재가 절대지 속에서 자기 현전으로서, 임재의 무한성 속에서 자기(에 대한) 의식으로서 펼쳐지는 역사, 이러한 역사는 단원의 막을 내렸다. 현전의 역사가 단원의 막을 내린 까닭은 <역사>가 여태껏 말하고자 해왔던 것은 다음일 따름이기 때문이다. 존재의 현전적 제시인 앎이자, 존재자를 산출하고 모아들여 현전하게 함인 지배, 충만한 현전은 함께-앎(의식) 속에서 자기 자신에게 절대적으로 현전해야 할 무한한 소명을 받았기에, 절대지의 완성은 무한자의 종언(목적)이되, 이것은 차

---

405 「목소리와 현상」, 154쪽

이 없는 목소리 속에서 이루어지는 개념의, 로고스의, 그리고 의식의 통일성일 수밖에 없다."[406]

말하자면 서양철학사는 자기가 말하는 것을 자기가 듣고자 하는 의지의 형이상학이 지배하는 역사이며, 차연과 에크리튀르를 말소한 목소리 중심의 음성중심주의적 사유가 지배하는 역사이다. 그런데 절대 무한자가 목적을 실현함으로써 스스로 죽음으로 현현하게 되면 어떤 일이 발생하는가? 이러한 현전의 자살은 데리다에게 있어서 말하고자 하는 의지의 체계에 속하지 않는, 그동안 현전에 파생적이라고 여겨졌던 보충으로서의 〈에크리튀르〉나 〈흔적〉이 역사의 〈근원〉보다 오래된 것으로 여겨질 수 있는 흥미로운 세계를 연다. 목적론은 파산하고 "기호들이 무한정 벌이는 표류"[407]에 의해 시작도 끝도 없는 방황이 시작된다. 데리다에 의하면 우리는 미술관 속에 있는데 이러한 미술관은 일종의 〈미궁〉이고 미술관 밖의 "현전의 백주에 대해서는 어떠한 지각도 우리에게 주어지지 않으며, 확약되어 있지도 않다."[408] 더 나아가 이제는 현전의 태양을 향해 비상하는 것은 이카로스의 길이라고 데리다는 말한다. 이제 우리는 미궁 속의 삶, 완전한 현전이 부재하는 차연 속의 삶을 살아갈 수밖에 없다.

---

406 『목소리와 현상』, 154쪽
407 『목소리와 현상』, 156쪽
408 『목소리와 현상』, 157쪽

참고문헌

» 자크 데리다, 김상록 옮김, 『목소리와 현상』, 고양: 인간사랑, 2006

» 자크 데리다, 진태원 옮김, 『마르크스의 유령들』, 서울: 이제이북스, 2007

» 질 들뢰즈, 이경신 옮김, 『니체와 철학』, 서울: 민음사, 2008

» 프리드리히 니체, 김훈 옮김, 『선악을 넘어서』 서울: 청하, 1982

5. 자크 데리다 Ⅱ
-『그라마톨로지에 대하여』읽기

█ 5.1 서론: '기호'에서 '에크리튀르'로

자크 데리다의『그라마톨로지에 대하여』는 이미 현대철학의 고전이 되어버렸다. 이 책에서 데리다는(자신의 박식을 뽐내며) 서양철학의 역사 전체를 조망하면서 이 서양철학사를 로고스중심주의, 음성중심주의, 현전의 형이상학으로 규정짓는다. 데리다는 이러한 서양 형이상학 자체의 탈구축을 선언한다.

데리다에 의하면 이러한 서양 형이상학은 '기호'의 관념과 '책'의 관념 속에 집약적으로 드러난다. 하나의 정신적, 관념적 '의미'를 표현하는 수단이자 매체로서 '기호'라는 관념과 "기표가 담아내는 하나의 총체성"[409], 즉 모든 표기와 기표들을 통제하는 기의의 총체성으로서의 '책'이라는 관념 속에서 말이다. 그리고 정신적, 관념적 '의미' 또는 '기의'의 본질은 현전이고, "소리로서의 로고스와 그것이 인접하는 특권은 현전의 특권이다."[410], 즉 '기호'와 '책'의 관념은 현전의 형이

---

409   자크 데리다, 김웅권 옮김, 『그라마톨로지에 대하여』, 서울: 동문선, 2004, 41쪽

410   『그라마톨로지에 대하여』, 42쪽

상학, 음성중심주의, 로고스중심주의와 깊은 관련을 맺고 있다.

데리다는 구조주의의 '기호과학'조차도 바로 이러한 서양 형이상학의 문제점을 그대로 내포하고 있다고 말한다. 야콥슨에 의하면 구조주의에서 '기표'와 '기의'의 차이는 감각적인 것과 예지적인 것의 차이이며 이렇게 기표와 기의로 나뉘는 기호의 이중성은 중세의 논의를 부활시킨 것이다. 데리다는 다음과 같이 야콥슨을 인용하고 있다.

> "현대의 구조주의 사상은 이러한 점을 분명하게 확립했다. 즉 언어는 기호의 체계이고, 언어학은 기호의 과학[…]의 불가결한 일부를 이룬다는 것이다. **우리 시대가 부활시킨 기호에 대한 중세의 정의**[…]는 언제나 유효하고 풍부한 것으로 판명되었다. 그리 ''^여 모든 기호 일반, 특히 언어적 기호를 구성하는 특질은 이 기 중적 성격에 있는 것이다. 즉 각각의 언어적 단위는 두 부분으로 되어있고, 두 측면을 포함한다는 말이다-하나는 감각적이고, 다른 하나는 예지적이다."[411]

이러한 중세적 논의란 기의를 예지적인 것으로서 바라보며, 타락한 현세를 넘어서 신을 향해 있는 것, 즉 감각적이고 신체적인 외재성 속에서 타락하지 않는 순수한 관념으로 바라보는 것을 의미한다. 이런 의미에서 "기호의 시대는 본질적으로 신학적이다."[412]

이런 기호에 대한 논의 속에서 기의는 로고스와 직접적인 관계를

---

411 『그라마톨로지에 대하여』, 32쪽에서 재인용, 강조는 인용자
412 『그라마톨로지에 대하여』, 33쪽

맺으며, 기표 또는 에크리튀르의 물질성과는 간접적인 관계를 맺는다. 이러한 기표 혹은 에크리튀르의 물질성은 문자의 물질성이다. 데리다는 이러한 중세적이고 신학적인 논의를 벗어나야 한다고 말하며, 이러한 로고스중심주의를 가능하게 하는 음성중심주의를 극복해야 한다고 말한다. 이러한 음성중심주의에 의하면 목소리는 "영혼과 본질적이고 즉각적인 인접관계"[413]를 지니고 있는, 즉 의미에 대한 최초의 기표인 반면에 문자는 "음성적인 기표를 중복되게 하는"[414], "기표의 기표"[415] 혹은 "기호의 기호"[416]이다. 그런데 데리다는 이러한 '기표의 기표'라는 규정이 타락한 이차성을 의미하지 않으며, 오히려 모든 기표는 그 자체로 '기표의 기표'라고 말한다. 왜냐하면 궁극적인 기의, 기원적인 의미 자체가 존재하지 않으며 차라리 '기표의 기표'라는 것이 기원의 구조 자체를 드러내며, 더 나아가 "기원은 그것 자체의 창출 속에 빨려 들어가 그 자체가 소멸"되기 때문이다.[417] 데리다는 이렇게 모든 기표가 '기표의 기표'라는 점에서 에크리튀르이며, 이는 음성언어의 경우에도 마찬가지라고 말한다. 즉 "에크리튀르는[…] 언어를 포함한다."[418]

데리다는 더 나아가 구조주의에 의해서 '언어' 또는 '기호'의 질서를 따른다고 생각되던 사유 · 경험 · 무의식이 이제는 에크리튀르의

---

413 「그라마톨로지에 대하여」, 28쪽

414 「그라마톨로지에 대하여」, 61쪽

415 「그라마톨로지에 대하여」, 20쪽

416 「그라마톨로지에 대하여」, 61쪽

417 「그라마톨로지에 대하여」, 21쪽

418 「그라마톨로지에 대하여」, 20쪽

유희를 따른다고 주장되기 시작한다고 말한다. 심지어 데리다는 현대의 분자생물학의 DNA조차도 '기호'가 아니라 '에크리튀르'라고 볼 수 있다고 말한다. "이러한 의미에서 오늘날 생물학자는 살아있는 세포 속에 있는 정보의 가장 기본적인 과정들과 관련한 에크리튀르와 프로—그람(pro-gramme)에 대해 이야기하는 것이다."[419] 여기서 프로—그람은 영어로 말하자면 program으로서 정보통신학에서 쓰이는 바로 그 의미에서의 '프로그램'이다. 즉 데리다는 정보통신학의 영역조차도 에크리튀르의 영역이라고 말하고 있는 것이다. 그뿐만 아니라 데리다는 수학조차도 에크리튀르의 영역이라고 말한다. 수학에 있어서 기표들은 내면으로의 환원 불가능한 물질성 때문에 타자에게 합리적이고 보편적으로 전달 가능한 것이기에 하나의 에크리튀르인 것이다. 이런 의미에서 오늘날 에크리튀르는 '기호'의 관념을 대체하고 있으며 '기호'와 같은 뿌리를 가진 '신성'의 시대를 불가능하게 만들고 있다.

여기서 강조되는 것은 에크리튀르의 물질성이다. 혹자는 데리다를 '언어적 관념론자'로 여기는 경우가 있는데 이는 데리다를 곡해하는 것이다. 이러한 에크리튀르의 물질성은 『목소리와 현상』에서 논의된 기호에 혼을 불어넣는 주체의 의지를 나타내는 것인 '표현'과 대립된다. 즉 데리다가 '에크리튀르'라고 부르는 것은 『목소리와 현상』에서 '표지'인 것이다.

---

419 『그라마톨로지에 대하여』, 25쪽

5.2 데리다의 소쉬르 비판: 관념론과 소박한 경험론을 넘어서

데리다는 소쉬르 또한 '순수언어'의 관념 속에서 에크리튀르의 물질성을 내쫓으려고 노력했다고 말한다. 소쉬르에 의하면 "문자는 감각적 물질이고, 인위적인 외재성이다."[420] 말하자면 에크리튀르와 문자는 내면적인 음성언어의 껍데기, 껍질, 혹은 '의복'에 불과하다. 소쉬르의 〈일반 언어학 강의〉는 이런 의미에서 서구 형이상학에서 반복되어온 음성중심주의 또는 로고스중심주의, 현전의 형이상학의 현대화된 형태이다. 소쉬르는 단순히 에크리튀르에 파생적 기능만을 부여하는 것이 아니라 에크리튀르를 가치론적으로 '악'으로 규정짓는다. 말하자면,

> "문자언어는 소쉬르에게도 타락·탈선의 의복이고, 변질과 위장의 옷이며, 마귀처럼 쫓아내야 할, 다시 말해 좋은 음성언어를 통해 몰아내야 할 축제용 가면이다."[421]

말하자면 문자언어는 음성언어와 영혼의 내면성 사이의 '자연스러운' 관계에 끼어드는 "교활한 테크닉"이라는 것이다. 이 침입은 영혼의 내면성 속에서의 주체의 자기−현전을 불가능하게 하는 외부성의

420　『그라마톨로지에 대하여』, 69쪽에서 재인용

421　『그라마톨로지에 대하여』, 69~70쪽

난입이다. 즉, "바깥쪽이 안쪽으로 난입하는 것이다."[422] 그런데 소쉬르의 '기표'와 '기의' 사이에 자의성이 존재한다는 테제에 따르면 음성기표와 '기의'로서의, 그리고 예지적인 것으로서의 개념 사이에는 '자연스러운' 관계가 아닌 '자의적인' 관계만 존재하지 않는가? 또한 문자언어가 음성언어의 '기표'라면 역시 기호의 자의성에 의해 음성언어와 문자언어의 '자연적 관계', 즉 문자언어가 음성언어에 종속되고 파생된 기능만을 수행하는 관계가 성립하지 않는 것은 아닌가?

이런 의미에서 데리다는 소쉬르의 이론 속에 존재하는 역설 혹은 모순을 드러낸다. 데리다는 다음과 같이 쓰고 있다.

> "그러므로 언어과학은 음성언어와 문자언어 사이의, 즉 안과 겉의 자연적인, 다시 말해 단순하고 시원적인 관계를 되찾아야 한다는 것이다. 그것은 안과 겉의 관계를 변질시킨 역사와 타락에 때 묻지 않은 절대적인 신선함과 시원의 순수함을 회복해야 한다는 말이다. 따라서 언어 기호들과 문자 표기 기호들 사이의 관계에는 어떤 자연성(본성)이 있다는 것인데, **기호의 자의성에 대한 이론가인 소쉬르**는 이것을 우리에게 상기시키고 있다. 소쉬르는 […] 기의(개념 또는 의미)와 음성적 기표의 이 자연적 관계가 문자언어(이른바 시각적 이미지)를 음성언어에 종속시키는 자연적 관계를 조건 짓는다고 한다."[423]

---

422 『그라마톨로지에 대하여』, 69쪽
423 『그라마톨로지에 대하여』, 70쪽, 강조는 인용자

소쉬르는 또한 음성언어는 그 자체로 폐쇄적인 '내적 체계'를 이루며 외재성에 불과한 문자언어에 닫혀있다고 말하고 있다. 소쉬르는 문자가 음성언어의 '내적 체계'와 '그 자체에 있어서' 무관하다고 말한다. 데리다는 이러한 문자언어의 오염으로부터 음성언어의 순수성을 지키고자 하는 소쉬르의 '걱정'으로부터 비롯된 의지에서 오히려 이러한 순수성은 불가능하다는 것을 읽어내야 한다고 말한다. 소쉬르는 한편으로 문자가 '그 자체에 있어서' 음성언어의 '내적 체계'와 무관하지만 언어가 문자언어라는 이미지로 나타나는 것을 제외하는 것은 불가능하다고 말한다. 그리고 소쉬르는 이러한 문자언어의 '위험', 즉 음성언어의 순수함을 타락시킬 '위험'을 항상 직시해야 한다고 말한다. 데리다는 다음과 같이 쓰고 있다.

> "따라서 문자언어는 도구들에 부여되는 그 외재성을 가지고 있다는 것이다. 이 외재성은 추가적인 불완전한 수단이고, 거의 불길하다 할 위험한 기술이다. 우리는 왜 소쉬르가 부록이나 난외의 주에서 이 외재적 형상화를 다루지 않고,『일반언어학 강의』의 도입부에서 그토록 고심에 찬 하나의 장을 할애하여 다루고 있는지 보다 잘 이해하는 것이다. 그 이유는 언어의 내적 체계를 그려내는 것보다는 극도로 극심하고 극도로 해로우며 극도로 영속적인 오염에 대항해서, 내적 체계의 개념이 지닌 순수성을 보호하고 나아가 복원하는 일이 중요하기 때문이다. 이 오염은 끊임없이 그것

을 위협하고, 심지어 변질시켜 왔다는 것이다."[424]

이러한 소쉬르의 사고는 루소의 사고와 매우 유사하다. 루소에 의하면 문자언어는 본성상 음성언어의 '대리 표상'이자 '이미지'에 불과한데, 어떠한 전도와 전복, 찬탈에 의해 이러한 이미지가 실재와 동등한, 더 나아가 실재보다 우월한 지위를 차지하게 된다. 즉 사람들은 이제 글을 쓰듯이 말하게 된다. 여기서 오히려 음성언어에 문자언어가 반영되는 것이다. 이런 의미에서 음성언어와 문자언어 사이에 "무한한 상호반사"[425]가 있으며 더 이상 근원적인 실재는 없는 것이다.

그럼에도 불구하고 루소와 소쉬르에 의해 이러한 '찬탈'과 '전복'은 "기원의 망각처럼 규정된다."[426] 자연발생적 기억의 대리 보충으로서 기술적 기억인 문자는 다른 한편으로 망각이다. 왜냐하면 문자는 로고스가 자신의 내면성 바깥으로 벗어남을 의미하며, "로고스 속에서 의미가 자연적으로, 근원적으로, 그리고 즉각적으로 영혼에 현전하는 것을 은폐하는 것이다."[427] 그리고 이러한 문자의 폭력, 로고스의 내면성을 파괴하는 외재적인 것으로서의 문자의 폭력은 외재적이고 신체적인 것, 즉 무의식적인 것이다.

이렇게 데리다는 소쉬르의 '관념론'을 비판하는 반면, 소쉬르의

---

424 「그라마톨로지에 대하여」, 68쪽

425 「그라마톨로지에 대하여」, 72쪽

426 「그라마톨로지에 대하여」, 73쪽

427 「그라마톨로지에 대하여」, 73쪽

'소박한 경험론'에 대한 비판을 긍정한다. 소쉬르 자신의 주장에 의하면 언어에는 적극적인 사항이 없고 기표의 경험성은 이른바 '차이'에 선행하지 않는다. 그리고 이러한 '차이'에 의해 언어 기호의 의미와 가치가 규정된다. 그런데 이러한 '차이'는 감각될 수 없는 것이다. 이런 의미에서, 즉 '차이'의 선험성이 감각적인 기표의 경험성에 독립할 뿐만 아니라 이러한 '차이'에 의해 기호의 의미와 가치가 규정된다는 점에서 음성언어의 감각적 특성은 기호의 의미와 '자연적' 관계를 맺을 수 없다. 왜냐하면 기호의 의미는 선험적인 '차이'에 의해서만 규정되고 이러한 '차이'가 감각적 특성에 독립적이기 때문이다. 즉, "문자언어를 배제하게 해주었던 것"으로서 "의미와 소리의 '자연적 관계'"는 존재할 수 없다.[428] 소쉬르는 실제로 언어의 본질이 음성기표의 감각적 특성과 무관하다고 말한다. 소쉬르는 실제로 다음과 같이 쓰고 있다:

> "언어 기표의 본질은 전혀 음성적인 것이 아니고, 무형체이며, 질료적 실체로 구성된 것이 아니라 오로지 기표의 청각영상과 그 외의 모든 청각영상을 구별하는 차이로 구성됩니다."[429]
>
> "기호 내의 관념이나 음성 질료보다는 그 기호의 주위에 있는 다른 기호의 관념이나 음성 질료가 더 중요합니다."[430]

---

428 『그라마톨로지에 대하여』, 101쪽
429 페르디낭 드 소쉬르, 김현권 옮김, 『일반언어학 강의』, 서울: 2012, 242쪽
430 『일반언어학 강의』, 245쪽

관념론과 '소박한 경험론' 사이에서, 데리다는 어떤 입장을 취하고 있는가? 관념적인 의식의 자기-현전과 타자의 직접적 현전으로서 직접적 경험을 넘어서, 데리다는 어디로 향하고 있는가? 데리다는 소쉬르의 '자의성' 개념을 끝까지 밀고 가서, 기의와 소리의 '자연적 관계'를 파괴했다. 그렇다면 음성중심주의는 불가능하고, 차라리 모든 기표는 기의와 '자의적'이고 비자연적 관계를 맺는 일종의 에크리튀르이다. 음성언어는 그 자체로 에크리튀르인 것이다. 언어의 기원에서부터, 아니 언어의 이전에 이러한 언어를 '타락'시키는 에크리튀르가 존재했다. 말하자면 태초에 원-에크리튀르가 존재했고 이 에크리튀르는 경험적 차원의 감각에 의해 파악되는 감각경험적 에크리튀르가 아니라 후설이 말하는 '선험적 경험(expérience transcendantale)' 차원의 에크리튀르이다. 이런 의미에서 데리다의 철학은 유사-선험적이라고 볼 수 있다.

> **'경험'**은 언제나 현전과의 관계를 지칭해 왔다. 이 관계가 의식의 형태를 지니고 있든 아니든 말이다. 그러나 우리는 해체를 통해서 경험이란 개념의 최후 토대에 도달하기 전에 그리고 이 토대에 도달하기 위해, 담론이 여기서 겪을 수밖에 없는 이런 종류의 왜곡과 긴장에 따라 이 개념의 자원을 다 파내야 할 것이다. 이것이 '경험주의'로부터, 동시에 경험에 대한 '순진한' 비판들로부터 벗어나는 유일한 조건이다. 그리하여 예컨대, 옐름슬레우가 '이론은 경험으로부터 독립적이어야 한다.'라고 말할 때의 그 경험은 경험의 전부가 아니다. [···]원문자로서의 경험과 같은 경우는

[…]경험의 부분적 지대들이나 자연적 경험의 총체성을 괄호에
넣음으로써 선험적 경험의 영역이 발견되어야 한다."[431]

여기서 중요한 것은 이러한 '선험적 경험'의 차원에 존재하는 것이
원-에크리튀르이지 외재적인 에크리튀르가 아니라는 점이다. 원-
에크리튀르와 에크리튀르는 구별되어야 한다. 따라서 에크리튀르를
통한 관념론의 탈구축과 원-에크리튀르를 통한 순진한 경험론의 탈
구축은 서로 모순되지 않는다.

이렇게 후설 현상학의 도움으로 우리는 순진한 경험주의나 순진
한 객관주의를 극복할 수 있게 된다. 그런데 데리다는 이러한 후설
현상학을 변형시켜야 한다고 말한다. 왜냐하면 후설은 '선험적 경험'
이 '순수'한 것이라고 말하며 그래서 후설에게 있어 "살아있는 현재
는 […]선험적 경험의 보편적이고 절대적인 형태"이지만, 데리다는
선험적 경험이 이질적인 것의 종합, 즉 "절대적 단순성"이 존재하
지 않는 시원적 종합을 전제한다고 말한다.[432] 왜냐하면 선험적 경험
속에서 "비현전화나 탈현전화는 현전화와 마찬가지로 '시원적'"이기
때문이다.[433] 즉, 선험적 경험 속에서는 은폐와 탈은폐가 동시에 일
어난다. 이러한 은폐와 탈은폐의 시원적 종합을 데리다는 '원흔적'
이라고 부른다. '흔적'이라는 것 속에서는 현전과 탈현전이 동시에
존재하기 때문이다. 그리고 '원흔적'은 "차이를 생산하는 순수한 운

---

431 『그라마톨로지에 대하여』, 114쪽~115쪽

432 『그라마톨로지에 대하여』, 117쪽

433 『그라마톨로지에 대하여』, 117쪽

동."[434]을 낳는다. 즉 원흔적은 차연의 운동을 낳는 것이다.

이렇게 '원흔적' 혹은 '차연'은 감각적인 것과 예지적인 것, 표현과 내용, 기표와 기의 사이의 '차이'를 낳지만, 이러한 대립되는 두 범주 사이의 이원론을 벗어나 있다. 그리고 이러한 '차이'가 의미를 생산한다는 점에서, 원흔적은 "의미 일반의 절대적 기원"이다.[435] 이것은 의미 일반의 절대적 기원이 존재하지 않음을 의미한다.

또한 데리다는 후설을 다음과 같이 참조한다. 후설에게 있어서 질료로서 힐레와 형식으로서 모르페의 구조는 물리적인 세계로부터 벗어나 있다. 이러한 힐레/모르페의 구조는 그러나 내적인 현실이 아니다. 이것은 "외부 현실을 복사하는 내적 현실일 수가 없다."[436] 데리다는 또한 물리적인 것으로서 '나타나는 소리'와 '힐레/모르페에 의해 구조화된 소리의 나타남'은 구별되어야 한다고 말한다. 이러한 '나타나는 것'과 '나타남' 사이의 구별은 다른 모든 흔적과 차이들의 조건이라는 점에서 '원흔적'이라고 볼 수 있다. 왜냐하면 '나타나는 것'과 '나타남'이 동일하다면 타자는 나에게 남김없이, 완전히 현전할 것이며 주체와 타자의 구별 자체가 붕괴될 것이기 때문이다. 그런데 이러한 '나타나는 것'과 '나타남' 사이의 차이는 그 자체로 온전히 현전할 수 없다는 점에서 그 자체로 흔적이다.

---

434 『그라마톨로지에 대하여』, 118쪽

435 『그라마톨로지에 대하여』, 122쪽

436 『그라마톨로지에 대하여』, 121쪽

5.3 원문자(원-에크리튀르)와 시간/공간

데리다는 원-에크리튀르가 공간화를 통해 "의미작용의 기원을 구성"[437]한다고 말한다. 이러한 의미작용의 기원으로서의 공간화는 "휴지 · 공백 · 구두점 · 간격 일반"[438] 등에서 잘 드러난다. 이러한 공간화는 살아있는 현재 속에 비현전하는 것으로서 휴지, 여백, 공백 등을 도입하는 것이다. 즉 이러한 공간화는 살아있는 현재 속에 환원되지 않는 외재성, 즉 죽은 시간을 표시한다. 이렇게 현상학적 주관성, 혹은 '고독한 영혼의 생' 속에 환원되지 않는 것으로서 휴지, 공백, 여백 등을 도입하는 원-에크리튀르로서 공간화는 주체의 죽음을 의미하고, 주체에 대한 기표의 독립과 해방을 나타낸다. 이러한 기표의 해방은 "표류의 운동"을 형성하는데, 이러한 표류의 흐름, 즉 "주체가 자신의 죽음과 맺는 관계"로서의 이 표류는 그 자체로 "주관성의 구성 자체이다."[439] 즉, 죽음을 조직함으로써 삶을 조직하는 것이다. 이렇게 원-에크리튀르가 주체의 죽음을 전제하므로, "문자소는 유언적 본질의 성격을 띤다."[440]

데리다에 의하면 무의식은 이러한 공간화 이전에는 존재하지 않으며, 이러한 공간화가 열어젖히는 틈새, 그 불연속을 통해서만 존재할 수 있다. 데리다는 다음과 같이 쓰고 있다.

---

437 『그라마톨로지에 대하여』, 126쪽
438 『그라마톨로지에 대하여』, 126쪽
439 『그라마톨로지에 대하여』, 128쪽
440 『그라마톨로지에 대하여』, 128쪽

"그리하여 의미작용은 차연의 빈 구덩이에서만, 즉 나타나지 않는 것의 불연속과 은밀함의 구덩이, 또 그것의 우회와 유보의 구덩이에서만 형성된다."[441]

이러한 의미작용, 즉 '원흔적'의 의미작용은 외재적, 감각적, 공간적 요소 속에 "어떤 형태로든 **선험적으로** 씌어진다."[442]

뿐만 아니라 데리다에 의하면 차연은 시간화 운동을 수행한다. 말하자면 흔적은 "살아있는 현재"로 파악되지 않으며 "죽은 시간"을 항상 포함한다. 즉, 현전은 항상 비현전화로서 차연에 의해 '지연'되고 이러한 지연에 의해 시간화 운동이 발생한다. 데리다는 이러한 시간화가 없다면 외재성이라는 것이 존재할 수 없다고 말하며, 따라서 "안이 바깥과 맺는 수수께끼 같은 관계, 즉 공간화"가 존재할 수 없다고 말한다.[443] 데리다는 다음과 같이 쓰고 있다.

"문자가 없고 시간화로서의 차연이 없다면, 현재의 의미 속에 기록된 타자의 비현전이 없다면, 살아있는 현재의 구체적 구조로서의 죽음과의 관계가 없다면 그러한 외재성, 즉 바깥쪽은 나타나지 않을 것이다."[444]

441 『그라마톨로지에 대하여』, 129쪽
442 『그라마톨로지에 대하여』, 131쪽
443 『그라마톨로지에 대하여』, 131쪽
444 『그라마톨로지에 대하여』, 131쪽

또한 데리다는 서양 형이상학을 지배해온 시간에 대한 직선주의적인, "통속적 개념"[445]이 음성중심주의와 연관되어 있다고 말한다. 데리다에 의하면 원시 사회의 문자는 직선적이지 않고 "다차원성"[446]을 가지고 있었다. 문자의 직선성은 문자의 표음화에 의해 생겨난 것이며 이러한 직선성에 의해 비로소 시간의 "통속적 개념"이 탄생했다고 말한다. 이러한 문자의 일차원화, 즉 직선화, 즉 표음문자의 탄생은 이러한 표음문자가 그림문자나 상형문자 등 보다 효율적이기 때문에 발생한 것이다.

그런데 이러한 표음주의와 직선적 규범은 내적으로 제한될 수밖에 없었는데, 왜냐하면 음성중심주의를 내적으로 침식하는 차연과 공간화를 완전히 추방할 수가 없었기 때문이다. 이렇게 직선적 규범은 "다차원적인 상징적 사유"의 "부재"를 의미하지 않고 오히려 직선적 규범이 이러한 다차원적인 사유를 "억압"해 왔다고 데리다는 말한다.[447]

그런데 데리다는 오늘날 이러한 직선적 규범이 붕괴되고 있으며, 이러한 "직선적 문자의 종말은 분명 책의 종말"이라고 말하고 있다.[448] 데리다의 이러한 시대규정은 정확하다. 왜냐하면 오늘날 인터넷 공간에서의 글, 글쓰기, 글 읽기는 더 이상 직선적이지 않으며 '하이퍼-링크'에 의해 글들이 연결되어 형성되는 '하이퍼-텍스트'는

---

445 『그라마톨로지에 대하여』, 133쪽
446 『그라마톨로지에 대하여』, 159쪽
447 『그라마톨로지에 대하여』, 160쪽
448 『그라마톨로지에 대하여』, 160쪽

이러한 직선적 규범의 파괴를 잘 드러내고 있기 때문이다. 데리다는 그러나 책 속에서 직선적인 것으로서의 〈책〉을 탈구축하는 방법이 있다고 말한다. 이것은 "책들 속에서 이미 행간 사이에 씌어진 것을 […] 읽어내는 일이다."[449] 이것은 직선적이고 목적론적인 독서로부터 이탈하는 도주선을 만들어 가는 독서이다.

데리다에 의하면 직선적 규범은 이른바 '서사적' 모델인데, 오늘날 이러한 완결된 서사적 구조는 철학, 과학, 문학에서 파괴되고 있다고 데리다는 말한다. 이로써 『그라마톨로지에 대하여』의 1부 「글자 이전의 에크리튀르」에 대한 해설이 끝났다. 곧바로 2부에 대한 해설에 육박해 들어가기 전에, 2부를 이해하기 위해 루소와 레비스트로스 등에 대한 지식이 필요해서 이러한 사상가들의 이론을 먼저 설명하기로 한다. 긴 우회로가 될 것이다.

5.4 우회1: 루소

루소는 단순한 평등주의자가 아니다. 『인간 불평등 기원론』에서 루소는 두 종류의 불평등, 즉 자연적 불평등과 정치적(도덕적) 불평등을 구분하는데, 루소는 "건강, 체력, 정신 혹은 영혼의 질의 차이"[450]로서 자연적 불평등은 극복할 수도 없고 극복하려고 노력하는 것이 바람직하지도 않다고 말한다. 루소가 개탄하는 것은 부와 권력과 권

---

449 『그라마톨로지에 대하여』, 161쪽

450 장 자크 루소, 홍지화 옮김, 『인간 불평등 기원론』, 서울: 부북스, 2015, 35쪽

위에 있어서 불평등, 즉 정치적, 도덕적 불평등에 대해서이다. 그리고 이 두 종류의 불평등 사이에 필연적인 대응 관계가 존재하지 않는다고 루소는 말한다. 이것이 바로 자연과 문명 사이의 단절이며 자연상태에서 문명상태로 나아가는 것은 역사의 필연적인 발전을 통해서가 아니라 "연쇄적인 기적 같은 사건"들, 즉 우발적인 사건들에 의한 변화에 의해서라고 루소는 말한다.[451]

또한 루소는 단순한 도덕주의자도 아니다. 루소에 의하면 자연상태에서의 인간은 선하지도 악하지도 않았는데, 왜냐하면 자연상태의 인간들은 뿔뿔이 흩어져 사물이나 동식물들과 관계할 뿐 인간들 사이의 사회적 관계는 거의 존재하지 않았기 때문이다. 루소는 다음과 같이 쓴다. "미개인은 착한 것이 무엇인지 모르기 때문에 별로 나쁘지 않다고 말할 수 있을 것이다."[452] 이것은 홉스의 성악설(性惡說)에 대한 비판이다. 홉스는 자연상태의 인간들에 있어서 선에 대한 관념이 부재하기 때문에 본성적으로 악하다고 추리하는데, 이것이 오류라는 것이다. 이것은 루소의 윤리학에 있어서 반-지성주의를 잘 드러낸다. 루소가 말하고자 하는 것은 선이 무엇이고 악이 무엇인지 안다고 해서 반드시 선을 행하지는 않으며 그 반대인 경우가 더 많다는 것이다.

홉스뿐만 아니라 많은 사상가들이 자연상태의 인간들의 '욕구, 탐욕, 억압, 욕망 그리고 거만'에 대해서 이야기하지만, 루소는 이러한 자연상태에 있는 인간의 부정적인 특성들이 문명인의 특성을 자연

---

451 「인간 불평등 기원론」, 36쪽
452 「인간 불평등 기원론」, 36쪽

상태의 인간들에 투영해서 만들어진 것이라고 말한다. 말하자면,

> "이 철학자들은[…] 자신들이 사회 속에서 얻은 관념을 자연의
> 관념의 상태로 옮겨놨을 뿐이다. 그들은 미개인에 대해 말하면서
> 사실은 사회인을 그렸을 뿐이다."[453]

이러한 〈자연상태〉의 인간을 연구하기 위해 루소는 그의 이론 속에서 인간을 모든 인위적인 제도나 관습, 문화로부터 탈영토화시킨다. 루소는 다음과 같이 쓰고 있다.

> "[…]인간이 받을 수 있는 모든 초자연적 선물과 오랜 진보로만
> 획득할 수 있는 모든 인위적 능력을 벗겨보면, 한마디로 인간을
> 자연의 품에서 나온 상태에서 고찰해 보면, 어떤 동물보다는 힘이
> 약하고 또 다른 동물보다는 민첩하지 못하지만 다른 어떤 동물들
> 보다 유리하게 조직되어 모든 것을 취할 수 있는 동물을 보게 된
> 다. […]토지는 자연 그대로의 비옥한 상태로 방치되고, 도끼로 훼
> 손되지 않으나 거대한 숲으로 덮인 땅은 걸음을 옮길 때마다 모든
> 종류의 생명들에게 먹거리와 은신처를 제공해 준다(『인간 불평등 기원
> 론』, 41쪽)."

그뿐만 아니라 루소는 인간은 동물의 재능과 기교에 대한 뛰어난

---

453 『인간 불평등 기원론』, 37쪽

모방능력을 갖추고 있고, 잡식성의 성격을 가지고 있어 생존에 있어 다른 동물보다 유리한 조건을 갖추고 있다고 말한다.

또한 자연은 인간으로 하여금 날씨와 기후의 변화를 겪게 하고 다른 짐승들과 싸우게 함으로써 인간을 강하게 단련시킨다. 그리고 자연은 건강하지 못한 이들의 목숨을 가차 없이 빼앗아 가기도 한다. 말하자면 루소는 '자연 선택'에 대하여 이야기하고 있는 셈이다.

> "[…]자연은 그들에 대해 바로 스파르타의 법률이 시민의 아이들에 대해 한 것과 똑같이 행동한다. 즉, 자연은 훌륭한 체격의 사람들을 강하고 건장하게 만들고 그렇지 못한 이들을 다 사라지게 한다."[454]

이렇게 능력과 건강 면에서 뛰어난 자연상태의 인간은 그러나 소박한 욕구를 가지고 있다. 인간의 문화적, 사회적 욕망은 끝이 없으나 자연상태에 있을 때 그의 욕구는 금방 채워진다. 이런 의미에서 자연상태의 인간은 소박한 욕구를 가지고 있고 그것을 충족시킬 수 있는 뛰어난 능력과 건강을 가지고 있기 때문에 가진 재화가 얼마 되지 않을지라도 풍요롭고 행복하다. 반면 문명인들은 많은 재화에도 불구하고 결코 채워지지 않는 욕망을 가진다. 이런 의미에서 자연상태의 인간에게서 행복을 빼앗아 가는 것은 "태생적 나약함, 유년기, 노년기와 온갖 종류의 질병들"뿐이다.[455]

454　『인간불평등 기원론』, 42쪽
455　『인간 불평등 기원론』, 45쪽

이렇게 풍요와 건강을 누리는 자연상태의 인간들은 굳이 의사소통을 할 필요가 없었으므로 자연상태에서 언어의 필요성은 존재하지 않았다. 즉 자연상태와 언어 사이에는 '간극'이 존재하는 것이다. 더군다나 『언어 기원에 관한 시론』에서 루소는 자연적이고 육체적인 욕구로부터 언어가 유래하지 않는다고 말한다. 루소는 다음과 같이 쓰고 있다.

> "나는 다음과 같은 생각을 하게 된다. 만일 우리가 육체적인 욕구만을 가졌다면, 우리는 말을 전혀 하지 않아도 되었을 것이며, 몸짓 언어만으로도 완벽하게 서로를 이해할 수 있었을 터라는 것이다."[456]

또한 루소는 언어가 사람들을 가깝게 만드는 반면에 생존에 대한 원초적인 욕구의 효과는 사람들을 떼어놓는 데에 있으며 그러므로 생존에 대한 원초적인 욕구로부터 언어가 발생했다는 것은 말이 안 된다고 말한다. 그렇다면 언어는 어디서 유래하는가? 루소는 "정신적인 욕구, 즉 정념[…]"이라고 말한다.[457] 정념은 사람들을 가깝게 만든다는 점에서 육체적인 욕구와는 다르다. 이렇게 정념에 기초한 '최초 언어들'은 체계적이지 않고 음악적이었다고 루소는 말한다.

그리고 루소는 최초의 언어는 비유적인 언어였으며 언어표현의 고유한 의미라는 것은 나중에 생겨났다고 말한다. 그런데 어떻게 비

---

456 장 자크 루소, 주경복 · 고봉만 옮김, 『언어 기원에 관한 시론』, 서울: 책세상, 2019, 18쪽
457 『언어 기원에 관한 시론』, 26쪽

유는 고유 의미에 선행하는 것일까? 루소는 정념이 불러일으키는 관념에 대해 생각해 보자고 말한다. 이러한 관념은 실재에 정확히 대응하지 않으며 실재와 어긋난다. 따라서 "정념이 일으키는 착각의 이미지가 가장 먼저 떠오르므로 그에 부응하는 언어 또한 가장 먼저 만들어졌던 것이다."[458]

말하자면 최초의 언어는 "이미지와 느낌과 비유로 지어졌을 것이 틀림없다."는 것이다.[459] 그렇기에 루소는 각각의 언어들이 공통적 실재에 기초해 있지 않기에 제각각이었을 것이며 다른 언어는 갖고 있지 않는 특성을 가지고 있었을 것이라고 말한다. 또한 이런 언어는 체계화되지 않으며 "같은 것을 서로 다른 관계로 표현"[460]하기 때문에 의미가 중복되는 동의어가 많을 것이라고 루소는 말한다. 이러한 비-체계적인 언어는 논리성과 문법성이 매우 떨어지는 언어라고 루소는 말한다. 루소는 다음과 같이 쓰고 있다.

"[…]불규칙과 파격이 많다. […]이런 언어는 […]문법적인 유추에는 소홀했으리라. 이런 언어는 논증 대신에 금언을 애용하고, 설복 없이 설득하며, 추론 없이 서술할 것이다. 이 언어는 어떤 면에서는 중국어를, 다른 면에서는 그리스어를, 또 다른 면에서는 아랍어를 닮았을 것이다."[461]

---

458 『언어 기원에 관한 시론』, 30쪽
459 『언어 기원에 관한 시론』, 34쪽
460 『언어 기원에 관한 시론』, 35쪽
461 『언어 기원에 관한 시론』, 35쪽

그런데 루소는 문명이 발전함에 따라 정념적인 언어가 점차적으로 비-정념적이게 된다고 말한다. 감정적인 언어가 이성적인 언어로 변모한다는 것이다. 그리고 루소는 이러한 언어의 '합리화'가 글쓰기에 의해 강화된다고 말한다. 루소는 다음과 같이 쓴다.

> "글쓰기는 언어를 정착시키는 게 틀림없어 보이지만, 엄밀히 말하자면 언어를 변질시키는 것이다. 글쓰기는 언어의 낱말이 아니라 그 속성을 바꾼다. 그것은 표현성을 정확성으로 대체한다. 우리는 말할 때 감정을 표현하고, 글을 쓸 때는 생각을 전달한다."[462]

> "[…]다음과 같은 원칙이 확인된다. 자연적인 진보를 통해 문자화되는 모든 언어는 그 성격이 변한다. 명료함을 얻는 대신에 힘을 잃는 것이다. 문법과 논리를 완성하려고 집착할수록 그런 진보가 가속된다. 어떤 언어를 썰렁하고 단조롭게 만들려면, 그 언어를 말하는 민중 속에 교육 기관을 세우기만 하면 된다."[463]

또한 루소는 호메로스가 글을 쓸 줄 몰랐을 것이라면서 호메로스의 서사시가 구전으로 전해져 내려오다 후대에 책으로 집대성된 것이라고 주장한다. 그리고 호메로스의 구술적 서사시가 이렇게 문자화되면서 그 참된 맛을 잃어버렸다고 개탄한다. 이러한 안타까움이

---

462 『언어 기원에 관한 시론』, 45~46쪽
463 『언어 기원에 관한 시론』, 58쪽

다음과 같은 루소의 글에서 묻어난다.

> "다른 시인들은 글로 썼는데, 호메로스만 노래로 시를 지어 읊
> 었다. 그런데 그 숭고한 노래가 황홀하게 경청되는 일이 그치게
> 된 것은 스스로 느끼지도 못하는 것에 대하여 판단하려고 참견하
> 는 미개인들이 유럽을 가득 메웠을 때였다."[464]

그뿐만 아니라 (루소에 의하면)문명의 발전에 의해 우리는 지적인 일반
관념을 획득하게 되는데, 루소에 의하면 최초의 명사는 고유명사였
다. 루소는 지성은 구체적인 이미지가 아니라 추상적인 개념을 통해
서 사유하는 반면에 지성이 발달하지 못한 자연상태의 인간들은 구
체적인 상상력(imagination)을 통해 이미지(image)를 떠올리면서 사유하
기 때문에 최초의 명사는 고유명사였다고 말한다. 그런데 2.5에서
다룰 레비스트로스는 이와 같은 생각이 잘못되었다고 말한다. 비록
레비스트로스가 '루소주의자'를 자처하더라도 말이다.

또한 루소는 언어에 있어서 '지역적 차이'를 강조한다. 언어의 형
성은 기후와 지리에 의해 규정된다는 것이다. 루소의 이러한 생각은
물론 오리엔탈리즘이나 자민족 중심주의(ethnocentrism)와 무관하지 않
다. 그런데 루소는 기이하게도 다음과 같이 주장한다.

---

464 『언어 기원에 관한 시론』, 51쪽

"인류는 더운 지역에서 태어나 추운 지역으로 확산된다. 추운 지역에서 인구가 증가하고, 이어서 더운 지역으로 역류한다. 이런 작용과 반작용을 통해 […] 주민들 사이에 지속적인 인구 이동이 벌어진다."[465]

이러한 '지속적인 인구 이동'을 통해 이른바 '북방 언어'와 '남방 언어'가 뒤섞이지 않을까? 루소는 어째서 북방 언어와 남방 언어의 '차이'를 강조하는 것일까? 차라리 이러한 소통의 지대가 북방 언어와 남방 언어보다 먼저 존재하는 것이고, 양자로 분화되는 것 아닐까? 이러한 공통언어의 '방언'이 북방 언어와 남방 언어가 되지 않았을까? 가라타니 고진의 말대로 '교통 공간'이 각각의 언어 공동체보다 존재론적으로 선행한다. 어찌 되었든 루소는 남방 언어의 기원과 북방 언어의 기원을 따로 연구한다. 이 둘 사이에는 본질적인 차이가 있다는 것이다.

남방 언어의 기원과 북방 언어의 기원에 대해 논하기에 앞서, 루소는 인간 종족들을 그 생업에 따라 수렵적 유목민, 가축을 사육하는 목자, 농경에 종사하는 농부로 나눈다. 루소에 의하면 최초의 인간들은 수렵적 유목민이었다. 루소에 의하면 유목민은 사냥꾼이자 일종의 전쟁기계이다.

"이들은 잔인하게 살생을 즐기는 사냥꾼들이 되었다. 시대가

---

465 『언어 기원에 관한 시론』, 64쪽

흐름에 따라 전사, 정복자, 권력 찬탈자가 되었다."[466]

루소에 의하면 이들이 전쟁기계가 된 것은 사냥 무기를 개발하다
가 이러한 무기의 새로운 사용 가능성을 찾았기 때문이다. 루소는
다음과 같이 쓰고 있다.

"도망가는 사냥감을 잡아야 한다. 그래서 투석기, 화살, 투창 등
의 경무기들이 만들어진다."[467]

이러한 유목민들이 덜 활동적이고 더 온순하게 됨으로써 정착하
게 되어 가축들을 길들이는 기술을 터득하여 목자가 된다. 목가적
기술은 자급자족을 가능하게 할 뿐만 아니라 "한가로운 정념의 아버
지"이다.[468]

그리고 농사는 고도의 문명을 필요로 한다. 왜냐하면 농사는 미래
를 예측하고 대비하는, 즉 시간을 관리하는 테크놀로지가 필요하기
때문이다. 그뿐만 아니라 농업이 성립하기 위해서는 인간을 관리하
는 테크놀로지도 존재해야 한다. 즉 "소유권과 통치와 법"이 필요하
다. 이런 농업은 그뿐만 아니라 사회에 선/악에 대한 지식과 이로부
터 비롯되는 "인류의 곤궁과 범죄"를 도입한다.[469] 이런 의미에서,

---

466   『언어 기원에 관한 시론』, 74~75쪽
467   『언어 기원에 관한 시론』, 75쪽
468   『언어 기원에 관한 시론』, 75쪽
469   『언어 기원에 관한 시론』, 76쪽

"야생인들은 사냥꾼이고, 미개인들은 목동이며, 개화된 인간은
농부이다."[470]

이것은 마르크스–엥겔스의 역사–유물론을 선취하는 해석이다.
루소에 의하면 생산수단, 즉 "생존에 필요한 것을 공급해 주는 수
단"들은 사회의 성격을 규정짓는다.[471] 그런데 루소는 더 나아가 이
러한 수단들이 기후나 지리와 상관관계가 있음을 말한다.

그런데 루소는 어떻게 목가적인 삶에서, 즉 개별적 자유가 존재하
고 자급자족하며 한가로운 유토피아적 삶에서 노동과 예속의 삶으
로서 농경으로 이행하는 것이 가능한가를 묻는다. 루소는 목자로서
의 인간이 농업 사회를 형성하게 된 것은 "자연 재난이 낳는 작품"
이라고 말한다.[472] 그들은 자연 재난을 공동으로 극복하면서 공동체
를 형성한다.

야생인으로서 유목민들은 날고기를 소화하지 못하므로 이러한 날
고기를 굽는 데 불을 사용하며 이런 불은 동물을 달아나게 하지만
인간은 유인한다. 즉 불을 통해서 유목민들의 공동체가 형성되는 것
이다. 루소는 다음과 같이 쓴다.

"사람들은 공동의 불더미 주위에 모여서 축제를 벌이며 춤을
춘다. 그곳에서 자주 만남으로써 이루어지는 정다운 유대관계는

---

470 『언어 기원에 관한 시론』, 76쪽
471 『언어 기원에 관한 시론』, 76쪽
472 『언어 기원에 관한 시론』, 79쪽

인간을 자기도 모르는 사이에 동포들과 가까워지게 만든다. 그리
하여 이 소박한 불더미 위로 마음속 깊이 인간애의 첫 감정을 느
끼게 만드는 신성한 불꽃이 타오른다."[473]

그런데 남방에서 폭발적으로 사회적 교류를 증대시킴으로써 최초
의 민족 언어를 탄생시킨 것은 바로 〈우물〉이다. 남방에서 덥고 땅
이 비옥한 곳에서는 우물이 필요 없었으나 덥고 건조한 곳에서는 시
냇물을 끌어와서 우물을 만드는 데 모두가 협력해야 했다. 그리고
인간의 이러한 우물을 만드는 노력을 통해 땅이 비옥하게 되기도 했
다. 또한 여러 사람들의 궤적이 교차하는 우물에서 많은 교류가 생
겨났다. 특히 루소는 낭만적 연애소설 작가답게 이러한 우물을 매개
로 하는 남녀 간의 불꽃 튀는 사랑, 즉 로맨스를 상상한다. 루소는
다음과 같이 쓰고 있다.

"거기에서[…] 남녀 간의 첫 만남이 이루어졌다. 처녀는 살림
살이를 위해 물을 길러 왔고, 총각은 가축에게 물을 먹이러 왔다.
[…]이 새로운 상대들에게 마음이 끌리며 설레었다. 알 수 없는 끌
림에 그는 덜 거칠어졌고, 혼자가 아니라는 즐거움을 느꼈다. […]
뜨거운 청춘들이 그들의 야성을 점차 잊어버렸다. […]거기에서
최초의 축제가 벌어졌다. 발로는 즐겁게 뛰었고, 열성적인 몸짓은
충족될 줄 몰랐으며, 목소리에는 열정적인 어조가 따라붙었다. 기

473 『언어 기원에 관한 시론』, 80~81쪽

뿜과 욕망이 뒤섞여서 한꺼번에 느껴졌다. 수정처럼 맑은 샘터에
서 사랑의 첫 불꽃이 피어났던 것이다."[474]

이러한 사랑의 교통이 상징하는 바와 같이 가정의 언어들은 서로
교통 되어 새로운 민족의 언어가 탄생하게 된다. 이런 의미에서 루
소는 우물을 민족의 요람이라고 부른다. 그런데 루소는 그 이전에는
남녀가 성교하지 않은 것이 아니라 혈연 내부에서 성교가 이루어졌
다고 말한다. 그런데 이러한 성교는 근친상간이라고 볼 수 없는데,
1) 우리가 앞에서 본 들뢰즈와 가타리의 『안티 오이디푸스』에서 논
의한 것을 상기해 보면 결연이 존재하지 않는다면 개별화된 외연적
인 '인물'이 존재하지 않기 때문이다. 2) 데리다에 의하면 우물 이전
에는 근친상간의 금지가 존재하지 않았고 따라서 근친상간의 개념
이 존재하지 않았기 때문이다.

그리고 우물과 동시에 '결연'이 만들어지는데, 이러한 결연이 명령
하는 근친상간의 금지가 비로소 인물들의 '호칭'을 만들어 낸다. 루
소는 기후가 온화한 땅에서는 굳이 사람들이 소통할 필요가 없었다
고 말한다. 왜냐하면 각자가 혈연으로서 개별 가정 내에 갇혀 살았
기 때문이다.

"거기에는 말문을 꼭 열어야 할 아무런 이유가 없었고, 열렬한
열정의 어조를 습관이 되도록 토해낼 만한 동기가 전혀 없었다.

---

[474] 『언어 기원에 관한 시론』, 85쪽

함께 해내야 할 일이 있어서 누군가에게 도움을 요청할 필요가 생기면 말을 할 수도 있겠지만, 그런 일이 흔치 않았고 또 그럴 만큼 급할 것도 없었다. 한 사람이 샘을 파기 시작해 놓으면, 다른 사람이 이어서 완성했는데, 그런 걸 조금이라도 서로 합의해서 할 필요조차 별로 없었고, 때로는 아예 서로 얼굴 보는 일도 없었다."[475]

따라서 이들이 대화하기 위해서는 "아주 유쾌한 정념의 활력소"가 필요했다.[476] 이런 의미에서 이들에게 있어 최초의 언어는 "쾌락의 산물"이었다고 루소는 말한다. 그리고 이러한 유쾌한 정념과 쾌락은 새로운 연애 상대를 '우물' 곁에서 만남으로써 생성되었다고 말한다. "기쁨과 욕망이 뒤섞여서 한꺼번에 느껴졌다." 루소는 거기에서는 "축제"가 벌어졌다고 말한다.

그런데 데리다는 이 "축제"가 "근친상간 자체"가 일어나는 순간, 즉 금지 이전과 이후에는 존재하지 않았던 근친상간이 나타나는 그 짧은 순간, 즉 "금지가 위반과 동시에 주어지는" 순간이라고 말하고 있는데, 이것은 잘못된 것이다.[477] 이 "축제"에서 마주치는 것은 혈연 내부의 사람이 아니라 "새로운 상대"이기 때문이다. 날씨가 따뜻한 남방에서의 사회와 언어의 기원은 이와 같다.

반면에 날씨가 춥고 더 나아가 기후가 사람들에게 있어 "가혹한 시련"인 곳(북방)에서는 언어가 "궁핍의 우울한 산물"이다. 이런 곳에

475　『언어 기원에 관한 시론』, 86쪽

476　『언어 기원에 관한 시론』, 86쪽

477　『그라마톨로지에 대하여』, 463쪽

서는 강건한 사람만 살아남는다. 그리고 이런 곳에서는 노동이 필수적이다. 이런 환경 속에서 남방 사람들의 "사랑과 부드러움을 느끼는 관능적 정념"과 달리 북방 사람들의 정념은 "화내고 위협하는" 정념이었다.[478] 루소에게 있어 북방의 언어는 또한 냉정하게 추론하는 언어이자 더 명료한 언어이지만 남방의 언어는 "활달하고 낭랑하고 강약이 있으며 웅변적"이다.[479] 루소는 여기서 프랑스어를 북방의 언어로 보고 있으며 남방의 언어가 말과 감정에 친화적인 언어인 반면 북방의 언어는 글과 이성(사유)에 친화적인 언어로 여기고 있다.

또한 루소는 다음과 같이 쓰고 있다.

> "우리의 언어들은 구어로서보다는 문어로서 더 가치가 있다. 그래서 사람들은 우리의 말을 듣기보다 우리에게 글을 읽어주기를 더 즐거워한다. 반대로, 동양의 언어들은 글로 쓰일 경우에 그 생기와 온기를 잃는다. […]동양인들의 재능을 그들의 책으로 판단하는 것은 곧 시체를 놓고 그 사람의 인물을 그리려는 것과 같다."[480]

이것은 〈동양=감성, 서양=이성〉이라는 이분법을 설정해 놓고 단지 가치의 위계만 뒤집은 것으로서, 동양을 높이는 것처럼 보이지만 사실 오리엔탈리즘을 극복하지 못한 것이다.

478 『언어 기원에 관한 시론』, 91~92쪽
479 『언어 기원에 관한 시론』, 95쪽
480 『언어 기원에 관한 시론』, 96쪽

루소는 『언어 기원에 관한 시론』마지막 장(20장)에서 언어와 정치의 관계에 대해 논하고 있다. 루소는 좋았던 옛 시절, 즉 설득이 힘을 가지던 시대에는 설득하기 위해 수사학과 웅변술이 발달했지만 권력이 곧 설득인 시대에는 이러한 수사학과 웅변술이 필요 없어졌다고 말한다. 말하자면 루소 자신의 시대는 언어가 힘과 울림을 가지는 시대가 아니라 권력과 돈의 힘이 지배하는 시대이다. 루소는 냉소적으로 "대포와 돈이 아니고는 아무것도 세상을 변화시키지 못한다."라고 말하고 있다.[481] 루소는 근대 정치가 언어라는 사람들을 모으는 수단이 아니라 대포와 돈이라는 사람들을 흩어지게 하는 수단을 통해 작동한다고 말한다. 루소는 자유를 꽃피우는 데 적합한 언어는 운율과 울림이 있는 언어, 감동을 주는 언어라고 말한다. 이러한 '쉬운 언어'에서 딱딱하고 형식적이며 이성적인 언어로 언어가 변질되면서 예전에는 민중에게 알기 쉽게 자신의 언어를 발화할 수 있었으나 이제 민중은 발화자의 언어를 알아듣지 못한다. 루소는 다음과 같이 이를 개탄하고 있다.

> "그런데 모여있는 민중이 알아들을 수 없는 언어는 모두 노예의 언어라고 나는 말하련다. 어떤 국민이 자유롭게 살고 있다면, 그런 언어를 말할 리는 없기 때문이다."[482]

---

481 『언어 기원에 관한 시론』, 155쪽
482 『언어 기원에 관한 시론』, 157쪽

5.5 우회2: 레비스트로스와 고유명의 문제

레비스트로스가 『야생의 사고』에서 탐구하는 것은 토테미즘이 아니라 분류체계 혹은 이름들의 체계이다. 토템조차도 특별한 것이 아니라 원시인들의 기호적 우주의 구성요소에 불과하다는 것이 레비스트로스가 하고 싶은 말인 것이다. 레비스트로스는 다음과 같이 쓰고 있다.

> "이른바 토테미즘이라는 것은 분류라는 일반적인 문제의 특수
> 사례에 지나지 않으며 사회분류를 체계화하는 데 있어서 종명이
> 빈번히 담당하는 역할의 한 예에 지나지 않는다는 것이다."[483]

그리고 이러한 '체계'들 사이의 공통성은 요소들 사이의 관계의 불변성이지 요소들 각각의 공통성이 아니다. "어느 문화에서고 불변하며 일정하게 나타나는 것은 요소 하나하나가 아니라 그 요소들이 이루는 관계일 뿐이다."[484] 그리고 각 요소의 의미는 이러한 다른 요소들과의 '관계'를 통해서 외재적으로 주어질 뿐이지 내재적 의미는 존재하지 않는다. 예를 들어 로디지아의 루발리족과 남(南) 오스트레일리아 동북부 지역에 거주하는 부족은 같은 요소에 정반대의 의미를 부여한다. 즉,

---

483 클로드 레비스트로스, 안정남 옮김, 『야생의 사고』,서울: 한길사, 2021, 126쪽
484 『야생의 사고』, 116쪽

"오스트레일리아에선 죽은 자의 모계반족원은 붉은 황토색을 몸에 바르고 시체에 접근한다. 그때 반대의 반족은 흰색의 점토를 칠하고 시체로부터 떨어져 있다. 루발리족도 적토와 백토를 쓰는데, 이때 백토와 흰 곡물은 조상의 영혼에 바쳐지는 것으로, 성년식의 경우에는 적토를 사용한다. 붉은색은 생명과 생식을 상징하는 색이기 때문이다."[485]

레비스트로스는 이런 의미에서 융이 말한 '원형'이나 '집단 무의식'과 달리 여러 공동체들을 가로질러 공통적인 것은 형식이지 내용이 아니라고 말한다. 그런데 이와 같이 공통적인 형식을 추출하면서 감소된 차원은 형식의 성질이 다양할 수 있게 되면서 다른 한편에서 증가할 수 있게 된다. 그렇다면 우리는 '관계의 관계' 혹은 '형식의 형식'을 탐구해야 하는가? 레비스트로스는 이와 같이 구조주의의 한계를 지적하지만, 구조주의를 포기하지 않는다. 레비스트로스는 토테미즘과 같은 분류체계에서 우리가 주목해야 할 것은 바로 이와 같은 관계의 형식이라고 말한다.

레비스트로스는 다음과 같이 쓴다:

"그 체계는 부호로서 메시지를 전달하는 데 적합한 것이고 그 메시지는 다른 코드로 변환될 수도 있으며 또한 다른 코드에 의해서 받아들인 메시지를 스스로의 체계로 표현할 수도 있다."[486]

---

485 『야생의 사고』, 129쪽
486 『야생의 사고』, 142쪽

위 인용문에서 메시지가 다른 코드로 변환될 수 있다는 말은 구체적인 분류체계들이 하나의 추상적이고 형식적인 체계로서 동일군의 표현이라는 것을 지시한다. 구체적인 분류체계 속에서 관계의 형식이 중요하다는 말은 바로 이와 같은 형식적인 체계로서 동일군을 인식하는 것이 중요하다는 것을 뜻한다.

또한 레비스트로스에 의하면 두 개의 구체적 체계가 "동일군의 변환을 표상"한다면 이 두 체계 중에 어느 것이 원형이고 어느 것이 파생형인지를 구분 짓는 것은 이 추상적이고 형식적인 체계로서의 동일군을 탐구하는 것보다 덜 중요하다. "그것은 발생론적 관계라기보다는 논리적 관계이며, 양자는 각각의 특수성을 인정하면서 서로 연결되어 있다."[487]

이상이 레비스트로스의 구조주의에 대한 개략적 설명이다. 그런데 『야생의 사고』의 레비스트로스는 많은 사람들의 편견과 달리 자연과 문화, 보편성과 특수성 사이의 이항대립을 설정하지 않는다. 레비스트로스에게 있어서 토템은 자연적 요소들의 체계와 문화적 요소들의 체계를 중재하는 역할을 한다. 레비스트로스는 다음과 같이 쓴다.

"자연과 문화 사이의 이와 같은 중재는 토템적 조작 매체의 변별기능의 하나인데, 이로써 뒤르켐이나 말리노프스키의 해석에서 편파적이고 불완전한 것과 진실된 것을 우리가 구분할 수 있게 된다. 이 두 사람은 토테미즘을 자연과 문화 중 어느 한쪽에다 국

---

487 『야생의 사고』, 148쪽

한시키고자 했다. 그러나 실제로 토테미즘은 무엇보다 이 둘 사이
의 대립을 초월하는 수단 혹은 희망인 것이다."[488]

이런 의미에서 생물학적 종의 자연적 변별성의 체계는 토테미즘
을 통해 다른 변별체계들에 반영된다. 또한 이러한 종적 변별성의
체계는 다른 여러 변별적 체계들에 '접근하는 수단을 제공'한다. 이
러한 동식물의 분류체계는 범주와 개체라는 양극단의 중간에 위치
하기 때문에 원시인들에 의해 즐겨 쓰인다. 이런 의미에서 생물학적
종은 원시인들에게 매우 중요한데, 그것은 이러한 생물학적 종이 유
용해서라기보다는, 또는 인간이 실용적 이유에서 하나의 유(類)속으
로 종을 용해시키기 위해서라기보다는 다음과 같은 이유에서이다.

"종의 개념이 중요한 것은 가정이더라도 객관성을 갖는 데 있
다. 여러 가지 종의 존재는 인간에게 있어서 현실의 궁극적 비연
속성의 가장 직관적인 심상이며 또한 인간이 지각할 수 있는 가장
직접적인 표현이다. 즉, 그것(종의 다양성)은 객관적 부호화의 감각적
표현이다."[489]

이렇게 범주와 개체 사이에 존재한다는 특성 때문에 종(種)의 분류
체계는 보편화될 수도 있고 특수화될 수도 있다. 그런데 이렇게 종
이 추상화(보편화)될 수도 있고 특수화(구체화)될 수도 있다는 사실은 토

488 『야생의 사고』, 158쪽~159쪽
489 『야생의 사고』, 214쪽

테미즘이 "개인의 신분 규정과 더불어 전통적인 틀을 넘어 집단의 확장까지도 가능케 한다."는 것을 의미한다.[490]

특히 종의 그물눈을 좁혀서 체계 하한선의 경계선 너머까지 분류할 때, 즉 개체까지도 분류체계에 집어넣을 때, 이른바 개체의 고유성은 파괴된다. 『야생의 사고』의 레비스트로스는 심지어 우리가 '고유명사'에 부여하는 신비까지도 이러한 분류체계에 대한 연구 속에서 파괴된다고 말한다.

우선 사회 속에서 고유명이 지정되는 순간은 그것이 반복 가능해지는 순간이고 이런 의미에서 반복 가능성이 고유명에 선행하며, 이 사회적 반복 가능성은 고유명의 사회 체계로부터 독립된 단독성을 지워버린다. 또한 레비스트로스는 고유명이 씨족의 토템과 관련이 깊으며, 이런 의미에서 고유명사의 '고유성', 즉 고유한 존재의 순수한 현전은 불가능함을 말한다. 고유명은 일반개념 혹은 보통명사와 무관한 것이 아니라 "개념적 존재로서의 동물 아니면 식물의 일면을 나타"낸다.[491] 이런 의미에서 고유명사는 '부호로 취급되는 체계의 구성성분'이며 따라서 전통적인 서양 논리학자들이 말하는 바와 같이 의미가 없는 것은 아니라고 말한다.

레비스트로스에 따르면 개인 호칭으로서 고유명은 특별한 것이 아니며 집단호칭의 체계와 동일한 평면에 위치한다. 또한,

"개인 명칭의 역동성은[…] 분류체계에서 유래하는 것이다.

490　『야생의 사고』, 250쪽
491　『야생의 사고』, 260쪽

그것은 같은 유형의 방법론적 접근이며 같은 방향을 향하고 있다."[492]

게다가 레비스트로스는 보르네오섬의 유목민인 페낭족에서 '본명'으로서의 고유명과 '상명(喪名)'이 '역 대칭'의 관계에 있지만 "변환을 가함으로써 한쪽이 또 다른 한쪽으로 이행"한다는 사실을 발견할 수 있다고 말한다.[493] 또한 서구에서는 실제로 고유명사와 보통명사가 서로 변환되는 순환이 존재한다.

"우리들은[⋯] 고유명사를 일상언어화시키고 그 대신 그 분야에 속하는 보통명사를 고유명사로 변화시킨다."[494]

이런 의미에서 고유명은 분류체계에 대해 독립적이지 않으며 심지어 고유명은 이 체계 속에서 낮은 지위를 점유한다. 고유명을 쓰는 이들은 아이들뿐이며 이런 의미에서 "고유명은 클래스에의 후보로서 '클래스를 부여받지 못한' 인간의 표시이다."[495] 심지어 레비스트로스는 고유명사와 종명이 동일한 유형에 속한다고 말한다. 어떤 명사가 고유명인지 종명인지는 명사의 내적인 성질에 의해 규정되지 않으며 어떤 명사가 고유명사라고 느껴진다는 것은 단지 그 명사

492　『야생의 사고』, 262쪽
493　『야생의 사고』, 283쪽
494　『야생의 사고』, 308쪽
495　『야생의 사고』, 287쪽

가 분류의 최종수준에 머물기 때문인 것이다. 이것이『야생의 사고』
제7장「종으로서의 개체」라는 제목이 나타내는 바이다.

그런데 여기서 가라타니 고진의 비판이 있을 수 있다. 예를 들어
다음과 같은 참인 명제를 보자.

(1) 비트겐슈타인은『논리철학논고』의 저자이다.

러셀식으로 이야기하면 "『논리철학논고』의 저자임"은 비트겐슈타
인이라는 고유명사에 대한 확정기술구이다. 즉 "비트겐슈타인=『논
리철학논고』의 저자"라는 등식이 성립한다는 것이다. 그런데 가라타
니 고진은 이러한 등식이 가능세계를 도입함으로써 깨진다고 주장
한다. 즉, 비트겐슈타인이『논리철학논고』를 쓰지 않은 가능세계가
존재한다는 것이다.

이 가능세계에서는 다음이 성립한다.

(2) 비트겐슈타인은『논리철학논고』의 저자가 아니다.

따라서 "비트겐슈타인=『논리철학논고』의 저자"라는 등식에 따르
면 다음과 같은 모순이 발생한다는 것이 가라타니 고진이 하고 싶은
말이다.

(3)『논리철학논고』의 저자는『논리철학논고』의 저자가 아니다.

그러므로 고유명사는 확정기술구로 환원되지 않는다고 말할 수
있다는 것이다. 그런데 여기에는 가라타니 고진 자신도 알아차리
지 못한 트릭이 숨어있다. 내가 말하고자 하는 것은 ⑵를 사유하거

나 발화하는 것이 비트겐슈타인이 『논리철학논고』의 저자가 아닌 가능세계에서는 가능하지 않는다는 것이다. 비트겐슈타인이 『논리철학논고』를 짓지 않은 가능세계에서는 『논리철학논고』라는 책 자체가 존재하지 않을 것이며 또 이 책을 알고 있는 사람도 존재하지 않을 것이다. 따라서 이 가능세계에서는 "『논리철학논고』를 지음"이나 "『논리철학논고』를 짓지 않음" 모두가 개체의 술어나 속성으로 사유(思惟)되거나 발화될 수 없으며 더 나아가 그 가능세계에서는 『논리철학논고』에 대한 사고나 담화 자체가 존재하지 않는다. 즉 비트겐슈타인이라는 개체에 이러한 술어나 속성을 부여하고 이러한 술어나 속성에 대한 사고나 담화를 생산하는 것은 현실세계에서나 가능하다. 결국 "~를 짓지 않음"이라는 결여나 결핍, 부정은 현실세계의 관점을 가능세계에 투영한 것으로서 그 가능세계의 긍정성과 충만함을 왜곡하게 만든다. 이것은 다양한 관점들 사이의 '시차'를 부정하고 하나의 관점으로 다양성을 환원하는 것으로, 가라타니 고진의 신조에 반대된다. **그리고 이렇게 현실세계의 관점으로 가능세계의 관점들을 환원하는 것은 가능세계의 개념을 도입하는 것이 현실세계에 종속된 인식을 벗어나기 위해서라는 것을 망각하는 것이다.**

또한 가라타니 고진은 들뢰즈를 참조하여 고유명이 개체에 단독성을 부여하며 이것은 특수성-일반성의 회로를 벗어나 있다고 말하는데, 들뢰즈는 개체에 특이성을 부여하지 않았다. 들뢰즈에게 있어서 특이성은 '순수사건'으로서 전개체적이고 비인칭적인 것이며, 들뢰즈는 이러한 '사건'들의 계열이 수렴하는 지점이 바로 '개체'라고 보았다. 즉 특이성이 개체에 선행하며 개체를 구성한다는 것이다.

그런데 묘하게도 가라타니 고진이 맞는 말을 할 때가 있는데, 가라타니는 "키에르케고르가 '반복'이라 하고 니체가 '영원회귀'라 부른 것은 결코 대체될 수 없는 이 단독성(일회성)과 관련되어 있다."라고 말하고 있다.[496] 그런데 이러한 반복은 '순수사건'의 반복이지 개체의 반복이 될 수 없다. 가라타니 고진이 이렇게 '개체'를 특이성들의 선험적 장에서 태어나는 것(발생하는 것)으로 보지 않고 개체 자체가 특이성(단독성)을 소유한다고 생각하는 것은 신비주의로 회귀하는 것이다. 가라타니는 다음과 같이 쓰고 있다.

> "고유명을 제거하고 일반적인 자연법칙을 찾아내려 했던 물리학의 첨단적인 노력도 결국은 이 물리학 자체가 '이 우주'라는 역사에 속한 것일 뿐임을 발견했다. 자연과학도 '역사'에 속한다. 즉 궁극적으로 고유명을 제거할 수는 없는 것이다. 비트겐슈타인의 말을 흉내 낸다면 우주 속에 신비가 있는 것이 아니라 '이 우주'가 있는 것이 신비로운 것이다."[497]

가라타니 고진은 고유명을 통해 언어의 '외부', 체계의 '외부'로 단숨에 나아갈 수 있다는 사고에 도달한다. 가라타니 고진은 다음과 같이 쓰고 있다.

> "[…]고유명은 언어의 외부가 있다는 일상적인 상식을 떠받치

496 가라타니 고진, 권기돈 옮김, 『탐구 2』, 서울: 새물결 출판사, 1998, 18쪽
497 『탐구 2』, 25쪽

는 근거이며[…] 그것은 언어에 대해 외부적이다. 고유명은[…] 모국어에서도 번역될 수 없다. […]이런 의미에서 고유명은 언어 속에서 외부성으로 존재한다."[498]

이렇게 〈타자〉가 고유명 속에서 직접적으로 현전한다는 생각은 고유명에 '신비'를 덧붙이는 것이다. 들뢰즈와 가타리는 이와 같은 고유명사의 이론이 강도의 장(場), 퍼텐셜의 장 내에 존재하는 것이 아닌 외연적 개체를 지시하려고 노력할 것이 아니라 이러한 강도의 장, 퍼텐셜의 장 속에서의 〈효과〉로서 고유명사를 보아야 한다고 말한다. 이러한 〈효과〉를 일종의 〈사건〉으로 볼 수 있지 않을까? 어쨌든 들뢰즈와 가타리는 다음과 같이 쓰고 있다.

"강도량들의 생산 속에서 인종들·민족들·인물들을 지역들·문턱들·효과들과 동일시하는 고유명사들은 있다. 고유명사들의 이론은 재현의 견지에서 착상되어서는 안 되며, <효과들>의 부류에 관계된다. 효과들은 원인들에 단순히 의존하지 않고 한 영역을 채우며 기호 체계를 실효화한다. 이 점은 물리학에서 잘 볼 수 있다. 물리학에서 고유명사는 퍼텐셜의 장에서의 그러한 효과들을 지시한다(줄 효과, 제베크 효과, 켈빈 효과)."[499]

---

498 『탐구 2』, 38쪽∼39쪽

499 질 들뢰즈, 펠릭스 가타리, 김재인 옮김, 『안티 오이디푸스』, 서울:민음사, 2015, 160쪽

5.6 데리다의 루소와 레비스트로스에 대한 비판

데리다에 의하면 루소는 단지 한 명의 음성중심주의자가 아니라 "문자언어의 환원을 하나의 주제와 체계로 만든 유일한 최초의 인물"이다.[500] 이러한 환원은 현전의 새로운 모델에 근거한다. 이 새로운 현전의 모델은 '감정 속에서의 주체의 자기 현전'이라는 모델이다. 이런 의미에서 루소는 고유명사가 아니라 "한 문제의 명칭"이다.[501]

레비스트로스는 스스로 루소주의자로 칭하는데, 레비스트로스에 의하면 루소는 현대 민족학의 설립자이다. 데리다는 레비스트로스의 민족학에 대해 다음과 같이 묻는다: "즉 루소가[…] 현전의 철학에 속한다는 것[…]이 어느 정도로 하나의 과학적 담론에 한계를 부과하는가?"[502]

루소주의에 의한 담론의 한정은 1) 순진한 음성언어가 문자언어에 의해 폭력을 당하는 것으로 나타나게 만들뿐 아니라 이러한 폭력이 갑자기 나타나는 것으로 받아들이게 하며 2) 은유를 사라져 버린 고유한 의미의 현전 속에 떨어지게 함으로써 비−현전을 지배하기 위한 몽환적 형이상학을 구성하려는 노력을 기울이게 만든다.

데리다에 의하면 레비스트로스의 루소주의는 남비콰라족에 대한 연구에서 잘 드러난다. 그에 의하면 이 연구에서 자연적이고 원시적

---

500 『그라마톨로지에 대하여』, 181쪽
501 『그라마톨로지에 대하여』, 182쪽
502 『그라마톨로지에 대하여』, 193쪽

인 '숲'과 인위적인 '에크리튀르'로서의 '길'이 대비된다. 데리다는 다음과 같이 쓰고 있다.

> "[…]함께 성찰해야 할 것은 문자로서의 길 및 차이의 가능성이고, 문자의 역사이고, 길의 역사이고, 단절의 역사이고, 단절되고 트이고 깨진 길의 역사이고, [···]자연적·원시적·구조적(救助的) 삼림의 역사이다. 삼림은 원시적이다. 그런데 단절된 길은 질료 속에, 밀림 속에, 질료로서 숲속에 강제된 형태와 차이로서 난폭하게 씌어지고 판별되고 기록된다."[503]

이러한 자연=숲, 인위=길이라는 구도 자체가 다분히 루소주의적이다. 게다가 남비콰라족의 대지를 '전신선'이라는 인위적인 선이 가로지른다.

레비스트로스는 남비콰라족을 "자연상태의 인간들"로 설정하고 이들에게 문자가 없다고 말하고 있다. 그런데 데리다에 의하면 남비콰라족은 좁은 의미의 문자를 가지고 있지 않을 뿐 고유명사의 고유성을 말소하는 분류의 체계를 가지고 있다는 의미에서 에크리튀르, 혹은 광의의 문자를 가지고 있다고 말한다. 데리다는 다음과 같이 쓰고 있다.

> "우리가 문자언어를 직선적이고 표음적인 표기라는 좁은 의미

---

503 『그라마톨로지에 대하여』, 195쪽~196쪽

로 더 이상 이해하지 않는다면 고유명사들을 생산할 능력이 있고, 다시 말해 그것들을 말소할 능력이 있고, 분류적인 차이를 이용할 능력이 있는 모든 사회는 일반적으로 문자를 사용하고 있다고 말할 수 있어야 한다."[504]

데리다는 레비스트로스를 비판하지만 그의 '고유명사의 신비의 탈구축'을 긍정한다. 분류체계 속에서의 '차이의 놀이'를 통해 고유명사는 더 이상 고유명사가 아니게 되며 고유명사의 생산은 곧 그것이 고유성을 잃어버린다는 점에서 그것의 말소이다. 고유명사는 유일한 존재의 현전이 아닌 것이다. "고유명사는 그것이 어떤 분류 속에서 수행하는, 따라서 차이들의 체계 속에서 그리고 차이의 흔적들을 간직하는 글쓰기 속에서 수행하는 기능 작용에 의해서만 가능"하다.[505]

그런데 데리다에 의하면 경험적 증거에 의해서도 남비콰라 족이 문자를 가지고 있었다는 것은 입증된다. 데리다는 다음과 같은 증거들을 제시한다.

1) 남비콰라족은 글을 쓰는 행위를 지칭하는 낱말을 가지고 있다. 물론 이러한 글 쓰는 행위를 가리키는 동사는 '긁다.', '새기다.', '할퀴다.', '선을 긋다.' 등으로 나타난다.

504 『그라마톨로지에 대하여』, 198쪽

505 『그라마톨로지에 대하여』, 197쪽

2) 남비콰라족은 '점선들'과 '지그재그들'을 호리병박 위에 그린다. 게다가 남비콰라족은 '파동치는 수평적 선'들을 그릴 줄 안다. 그럼에도 불구하고 레비스트로스는 이것들을 진지한 의미에서의 '그림'으로 생각하지 않는다. 게다가 데리다는 남비콰라족 사람들이 그린 그림들에는 사물에 대한 구상예술뿐만 아니라 "계보나 사회구조를 묘사하고 설명하고 적는" 추상예술도 존재한다고 말한다. 이렇게 추상적인 '지식'이나 '정보'를 어딘가에 그려 넣을 수 있다는 것은 이미 그들이 문자, 넓은 의미의 문자를 가지고 있음을 의미하는 것이다.

또한 레비스트로스는 〈문자의 폭력〉을 비판하지만, 즉 음성언어에 대한 문자의 단순한 폭력을 비판하지만, 데리다는 폭력의 구조는 훨씬 더 복잡하다고 말한다.

1) 한 사람에게 고유명사를 부여하는 사회의 폭력이 있고, 이러한 고유명사의 부여는 "절대적 호격을 차이 속에 기록"함으로써, 즉 분류의 체계 속에 기입함으로써 고유명사의 고유성을 삭제한다. 이러한 폭력을 원(原)-폭력이라고 데리다는 이름 붙인다. 이러한 원-폭력은 "원문자의 행동"이자, "고유한 것과 절대적 인접 및 자신에의 현전의 상실"이다.[506]

---

506 『그라마톨로지에 대하여』, 203쪽

2) 두 번째 폭력은 금기의 폭력으로서 고유명사를 발설하는 것을 금지시킨다. "이 폭력이 도덕을 확립하고, 문자를 감추라고 명령하고[…] 이른바 고유명사를 지우고 말소하라고 명령한다."[507]

3) 그리고 세 번째 수준의 폭력이 바로 경험적 의식의 수준에 위치한, 도덕에 대한 위반으로서의 폭력이다. 이 세 번째 폭력은 고유성을 드러내는 듯하지만, 이것이 드러내는 것은 실제로는 "지연된 고유한 것의 대체물"이다.[508] 왜냐하면 이 대체물은 사회적 의식에 의해 비로소 고유한 것으로 인식되기 때문에, 이미 처음부터 고유하지 않은 것이기 때문이다.

레비스트로스는 『슬픈 열대』에서 남비콰라족에 대한 민족지 조사 중에 겪은 일화를 이야기한다.

> "어느 날 내가 한 떼의 어린아이들과 놀고 있을 때였는데, 여자아이들 중 하나가 한 친구로부터 매를 맞았다. 맞은 아이는 내 곁으로 도망을 오더니, 내 귀에다 대고 무슨 알 수 없는 말을 속삭이기 시작하였다. 나는 무슨 뜻인지 이해를 할 수 없어서 몇 번씩이나 다시 반복을 해보라고 할 수밖에 없었는데, 그 통에 상대편 아이가 사태를 짐작하고는 굉장히 화가 나서 이번에는 자기 차례라는 듯 내게로 와서 무슨 중대한 비밀같이 보이는 것을 털어놓았

507 『그라마톨로지에 대하여』, 203쪽

508 『그라마톨로지에 대하여』, 204쪽

다. 잠시 망설이고 의아해하다가 마침내 의문이 가시게 되었다.

　첫 번째 소녀는 매 맞은 데 대한 앙갚음으로 내게 자기 싸움 상
대의 이름을 알려주러 왔던 것이며, 그 상대방 소녀는 그것을 알
아차리자 역시 복수를 할 목적으로 첫 번째 소녀의 이름을 밝혔
던 것이다. 이때부터 양심적인 일은 못 되지만, 아이들을 부추겨
서 서로서로 대항을 하게 만들어 그들 모두의 이름을 알아내는 일
은 굉장히 쉬웠다. 그런 일이 있은 후에 다시 그런 방식으로 작은
공모를 꾸며내어, 별 어려움 없이 어른들의 이름도 알아낼 수 있
었다. 그러나 어른들이 우리의 이러한 밀회를 알게 되었을 때, 아
이들은 책망을 받게 되었고 따라서 나의 정보원도 고갈이 나버렸
다."[509]

　데리다는 양자역학에 있어서 관측이 대상을 변형시키듯이, '이방
인'인 레비스트로스의 관측이 대상 세계를 교란시킨다고 설명한다.
엿보는 자가 존재한다는 것 자체가 '위반'이며 이러한 '위반'에 의해
교란된 세계 속에서 고유명사를 발설하지 말 것을 명령하는 금기가
깨진다. 왜냐하면 엿보는 인류학자에 의해 내밀성이 침입받으며, 이
러한 내밀성은 고유명사의 비밀스러움에 의해 가능하기 때문이다.
"타자의 눈은 고유명사들을 부르고, 그것들의 철자를 읽어내며, 그
것들을 감싸고 있는 금기를 깨버린다."[510]
　그런데 천진한 "자연상태의 계집애들"은 죄를 지을 수 없기에, 레

509　클로드 레비스트로스, 박옥줄 옮김, 『슬픈 열대』, 파주: 한길사, 2021, 510∼511쪽

510　『그라마톨로지에 대하여』, 206쪽

비스트로스는 자기 자신에게 모든 책임을 돌린다. 게다가 레비스트로스는 자기 대신 천진난만한 아이들이 꾸지람을 들은 것에 대해 죄의식을 갖는다. 그런데 데리다는 여기서 '뒤집혀진 자민족 중심주의'를 읽어낸다.

> "우리가 이미 추측하는 것은[…]『슬픈 열대』의 저자에게 매우
> 소중한 테마인, 민족 중심주의에 대한 비판의 기능이 대개의 경우
> 오로지 타자를 시원적이고 자연적인 선함의 모델로 설정하고, 뉘
> 우치고, 자신을 모욕하고, 자신의 받아들일 수 없는 존재를 반민
> 족 중심주의적인 거울에 드러내는 것뿐이라는 점이다."[511]

레비스트로스의 서구의 '타락'에 대한 비판은 충만하고 투명하고 순수한 현전의 형이상학을 전제로 한다. 즉 잃어버린 낙원의 '재림'이라는 현전에 대한 목적론적이고 종말론적인 꿈이 있는 것이다. 앞에서 이러한 현전의 형이상학이 음성중심주의 형이상학임을 보였다. 레비스트로스의 '성찰'과 '자기-비판'은 또한 "스스로를 반민족중심주의로 생각하는 민족 중심주의이고, 해방적인 진보주의에 대한 의식이 있는 민족 중심주의"[512]이다. 이러한 자기-비판은 쓸데없는 죄의식 속에서, 그리고 "문자 없는 사회"라는 허구 속에서 문자를 언어의 〈아래〉에 놓음으로써 "문자 없는 사회"의 구성원들의 언어에 '진정한 언어'로서의 위상을 돌려준다는 망상에 빠진 성찰이다.

---

511 『그라마톨로지에 대하여』, 207쪽
512 『그라마톨로지에 대하여』, 217쪽

데리다에 의하면 실은 이렇게 문자를 하대하는 것은 표음문자에 갇힌 서구의 민족 중심주의에 불과하다.

이러한 관점은 좁은 의미의 문자가 없는 사회를 인류의 천진난만하고 순수한 유년기의 모습을 그대로 간직한 곳으로 오인하게 한다. 즉 이 공동체는 다음 인용문에서 서술하는 것과 같은 공동체이다.

> "순진무구한 공동체, 축소된 규모의 공동체[…], 구성원들 모두가 자신의 말 속에서 자신에게 충만하게 현전하는 직접적이고 '크리스탈 같은' 투명한 이야기를 정직하게 할 수 있는 사회, 비폭력적이고 솔직한 사회, 다만 그런 공동체만이 문자의 은밀한 침입, 문자가 지닌 '간교함'의 침입, 그리고 그것의 '배신'을[…] 겪을 수 있다."[513]

데리다는 이러한 잃어버린 낙원으로 회귀하려는 꿈으로부터 벗어나야 한다고 말한다. 이러한 꿈은 또한 루소의 꿈이기도 하다. 『언어 기원에 관한 시론』 마지막 장에 대한 분석에서 보았듯이 루소가 바라 마지않는 정치 공동체는 모두가 모두의 말을 투명하게 인식하는 사회, 즉 공(共)현전의 사회이자, 돈이나 권력, 권위가 아닌 말을 통한 설득의 사회이다. 즉 "단 하나의 동일한 음성언어의 공간, 단 하나의 동일한 설득적 교환의 공간"[514]이다. 이러한 아름다운 현전의 이상적 공동체에 대한 꿈은 "플라톤 철학을 계승하고 있고, 법 · 권

---

513 『그라마톨로지에 대하여』, 215쪽

514 『그라마톨로지에 대하여』, 246쪽

력 · 국가 일반에 반대하는 무정부주의적이고 절대 자유주의적인 항의와 통하고 있으며, 19세기의 공상적 사회주의자들의 꿈, 아주 분명하게 말하면 푸리에주의와" 통한다.[515]

이러한 공현전하는 투명한 〈사회적 진실성〉은 사회적 도덕성을 가능하게 하는 듯 보인다. 이런 의미에서 데리다는 이러한 공현전의 사회적 진실성이 "음성언어의 윤리"라고 말한다. 그런데 이러한 진리의 현전은 차연 없이는 일어나지 않는다. 데리다는 이러한 차연이 매 사냥에서의 '미끼'와 같은 것이라고 말한다. 이 '미끼'는 "새 모양으로 된 붉은 가죽 조각"[516]으로 매가 주인에게 돌아오지 않을 때 이 매를 유인하기 위해서 만들어 낸 도구이다. 말하자면 진리의 현전으로서의 '음성언어의 윤리'는 '미끼'와 같은 속임수 또는 우회로 없이는, 즉 차연과 문자 없이는 가능하지 않다. 데리다는 다음과 같이 쓴다.

"타자의 존재 없이는, 따라서 또한 부재·숨기기·우회·차연·문자 없이는 윤리는 없다."[517]

따라서 데리다에 따르면 원-문자가 음성언어적 진리의 현전보다 선행하므로 원-문자는 사회적 도덕성과 〈도덕성의 분리될 수 없는 그림자〉로서 사회적 비도덕성의 기원이다.

데리다는 순수히 음성언어만 존재하는 사회는 존재하지 않으며

---

515 「그라마톨로지에 대하여」, 247쪽
516 「그라마톨로지에 대하여」, 249쪽
517 「그라마톨로지에 대하여」, 249쪽

음성언어에서 문자언어로 불연속적인 도약은 불가능하다고 말한다(이것은 「안티 오이디푸스」의 들뢰즈와 가타리라면 동의하지 않을 것이다). 이런 의미에서 데리다는 순수한 음성언어가 음성언어와 분리되어 있다가 사회에 우발적 사건으로 유입된 문자라는 악에 의해 더럽혀지고 더 나아가 이런 문자에 의해 "인간에 의한 인간의 착취"가 발생했다는 레비스트로스의 주장에 반대한다. 이렇게 문자언어와 음성언어를 "도끼로 자르듯 분리시키는"[518] 것은 표음문자에 기반한, 자민족 중심주의라는 것이다. 이러한 자민족 중심주의는 서양의 글 쓰는 문화들에서의 "인간에 의한 인간의 착취"를 고발하며 이러한 고발로부터 이른바 "문자 없는 사회"는 구제된다.

레비스트로스는 다음과 같은 일화를 통해 문자가 "인간에 의한 인간의 착취"를 낳는다고 주장한다.

> "[…]글씨 흉내만이 그들이 생각할 수 있는 유일한 길이기도 했던 것이다. 대부분의 사람들이 그 정도에서 노력을 멈추고 말았다. 그러나 그들의 우두머리는 보다 멀리 앞일을 내다보고 있었다. 물론 그 우두머리 혼자만이 문자의 기능을 이해하였던 것이다."[519]

> "드디어 남비콰라족에게도 글씨는 그 모습을 나타내기 시작한 셈이다. 그러나 흔히들 상상하듯이, 힘든 수련을 거친 것은 전혀

---

518 「그라마톨로지에 대하여」, 218쪽
519 「슬픈 열대」, 541쪽

아니었다. 그 문자의 기호는 제 것이 되었지만, 그 실제는 낯선 채로 남아있다. 그리고 지적인 목적보다도 사회적인 목적으로 나타난 것이다. 왜냐하면 무엇을 알거나 이해하거나 새겨두기 위해서가 아니라, 아랫사람들을 희생시켜서 한 개인, 또는 한 기능의 권위와 특권을 고양시키기 위한 목적으로 나타났기 때문이다."[520]

『슬픈 열대』의 제28장의 제목인 「문자의 가르침」은 이중적인 의미가 있다고 데리다는 말한다. 1) 그것은 우선 문자의 표면적 학습을 의미한다. 2) 그리고 그보다 심층적으로는 영민한 추장이 알아챈 문자의 심층적 기능, 즉 예속화의 기능의 발견을 의미한다.

데리다는 이에 대해서 다음과 같이 쓴다.

"남비콰라족의 추장은 기술인류학자로부터 문자를 배운다. [⋯]그는 문자의 기능 작용인 소통·의미작용·기의의 전승을 배우기 전에 그것의 심층적 기능, 예속화의 기능을 배운다."[521]

남비콰라족에게 문자를 가르친 레비스트로스는 다음과 같은 교훈을 얻는다. 1) 문자의 출현은 순간적이다. 2) 문자의 목적은 이론적 · 지적이라기보다 정치적이고 사회적인 것에 있다.

1)에 관해서, 앞에서 말했듯이 데리다는 이러한 급진적인 불연속성을 거부한다. 데리다에 의하면 문자의 출현에는 매우 힘든 과정이

520　「슬픈 열대」, 544쪽

521　「그라마톨로지에 대하여」, 219쪽

있었으며 그 과정은 매우 점진적이었다. 그런데 데리다가 만약 살아 있다면 한글의 출현을 어떻게 설명할 것인지 궁금하다.

2)에 관해서, 데리다는 이론적·지적인 것과 정치적·사회적인 것이 과연 구별될 수 있는 것인지를 묻는다. 또한 모든 문자 혹은 차연은 정치적인 것은 사실이지만, 음성언어도 정치성이나 사회성을 띤다.

그런데 데리다는 여기서 '차연'과 '정치'의 관계에 대한 흥미로운 설명을 제시한다. 계급화는 사회적 '차이'를 생산할 뿐만 아니라 폭력으로서 행사되지 않은, 그리고 그 폭력의 행사가 지연된 힘으로서의 정치적 권위의 생성을 촉진한다는 점에서 일종의 '정치적 차연'이라고 볼 수 있다. 그리고 문자가 이러한 계급화를 촉진한다는 것은 사실이다. 이뿐만 아니라, 데리다는 일종의 '경제적 차연'이 있을 수 있다고 말한다. 이러한 '경제적 차연'은 '현전'으로서의 '지출'이나 '소비'를 지연시키는 '저장', 다른 말로 하면 생산에 기초해 있다. 이렇게 저장을 생산으로 보는 것은 잉여노동이 노동에 선행하며, 이 잉여노동이 작업에 노동으로서의 성격을 주는 것이기 때문이다. 그리고 이러한 경제적 차연도 문자 체계의 출현에 의해 그 힘이 폭발적으로 증대되기 시작했다. 그런데 이러한 차연이 무한하게 된다면 "삶 자체는 무감각적이고, 촉지할 수 없는 영원한 현전으로 되돌아갈 것"이라고 데리다는 말한다. 왜냐하면 차연의 힘이 확장될수록 삶은 점점 덜 변형되기 때문이고 그래서 차연의 힘이 무한하게 된다면 모든 것은 죽음에 이르기 때문이다. 그러므로 자본주의의 무한한 확대재생산은 결국 죽음에 이르는 길이다.

그런데 데리다는 레비스트로스의 '문자'와 '정치'의 관계에 대한 담화 안에서 무정부주의를 읽어낸다. 레비스트로스는 다음과 같이 쓰고 있다.

"문자는 인간의 지식을 공고하게 만들지는 않았고, 하나의 영속적인 지배체계들의 확립에 불가결한 존재가 되어왔던 것 같다. 이 문제를 우리들의 시대에 보다 가까운 시기로 가져와 보자. 19세기의 유럽에서 의무교육의 확대를 위한 노력은 군복무의 연장 및 프롤레타리아의 조직화와 함께 발생되었다. 가끔 중앙의 권위에 의해서 개별적인 시민들에게 강제적으로 실행되었던 증가된 권력과 이 문맹에 대한 투쟁을 구분할 수 없다. 왜냐하면 '법에 대한 무지가 불법을 인정하지는 않는다.'는 주의(主義)는 오직 모든 사람이 정부가 법령으로써 공포하는 것을 읽을 수 있는 경우에만 가능할 것이기 때문이다."[522]

데리다는 다른 관점에서 보면 법은 국가에서 자유의 조건이 될 수 있다고 말한다. 그리고 『사회계약론』의 저자 루소, 그 책에서 "법이란 일반의지의 행위"[523]라고 주장하는 루소는 법을 단순히 지배의 도구로 보는 레비스트로스가 자신의 제자를 자처하는 것을 보고 "전율했을" 것이며, 스승과 제자 사이에 "어떠한 대화도 개시되지 않는

522   『슬픈 열대』, 547~548쪽
523   장 자크 루소, 김성범 옮김, 『사회계약론』, 서울: 부북스, 2011, 58쪽

다."고 데리다는 말한다.[524]

또한 위의 레비스트로스를 인용한 문장으로부터 유도되는, 문자를 모르는 것이 차라리 해방의 조건이라는 생각은 단견에 불과하다고 데리다는 지적한다.

데리다는 루소의 텍스트 속에서도 문자의 문제는 정치적인 문제로 나타난다고 말한다. 앞에서 보았던『언어 기원에 관한 시론』의 마지막 장에서 나타나는 충만한 음성언어에 의한 공-현전의 공동체에 대한 꿈에서 우리는 이것을 읽을 수 있다. 데리다는 이에 대해 다음과 같이 쓰고 있다.

> "우리는 레비스트로스의 이데올로기, 즉 '모든 사람이 모든 사
> 람을 알고 지내고' 어느 누구도 목소리의 사정거리 밖에 위치해
> 있지 않는 작은 공동체들과 이웃의 이데올로기를 통해 우회할 때
> 막 떠났던 루소의 땅에 다시 발을 들여놓았던 것이다. 이 고전적
> 이데올로기로부터 문자는 자연적인 순진무구함에 스며드는 슬픈
> 숙명성, 현전하는 충만한 음성언어의 황금시대를 중단시키는 그
> 런 슬픈 숙명성의 위상을 얻게 되었다."[525]

그리고 루소가 이러한 충만한 음성언어에 의한 현전을 '자유'의 상태로, 비-현전을 '노예'의 상태로 여겼다는 점을 상기해 보자. 루소

---

524 『그라마톨로지에 대하여』, 236쪽

525 『그라마톨로지에 대하여』, 295쪽

에 의하면 목소리는 "그 자체로 자유 속에 있는 언어"이다.[526] 그리고 이런 의미에서 충만한 음성언어의 타락은 "사회적 · 정치적 타락의 징후이다."[527] 이것은 문자언어에 의한 타락이다.

여기서 우리는 『사회계약론』을 검토해야 한다. 앞에서 말한 대로 루소는 『사회계약론』에서 법을 일반의지의 직접적 표출이자 행위로 규정짓고 있다. 이러한 일반의지는 정치집회에 모인 군중의 의사표명에 의해 직접적으로 현전한다. 이러한 군중집회에서 사람들은 즐거움을 느끼게 된다. 이런 의미에서 "주권은 현전이며 현전의 즐거움이다."[528] 루소에 의하면 이러한 합법적 군중시위에 의해 일반의지=주권이 표출될 때, 행정권과 사법권은 정지된다. 그리고 법은 이러한 일반의지의 직접적 표출이다. 이러한 현전에 대한 '대리 표상'으로써 대리자(대표자)들이 등장한다. 루소에 의하면 이들에 의해 순수한 민주주의는 타락한다. 군중의 함성, 즉 군중의 일반의지를 표출하는 음성언어로서의 '법'은 그것이 문자언어로 씌어지는 순간 타락한다. 왜냐하면 법이 씌어지는 그 순간이 바로 "차연의 순간"이기 때문이다.[529] 여기에서 민중의 일반의지는 왜곡되고 "양도된 권력 · 개별적 권력 · 특혜 · 불평등"이 된다. 말하자면 루소에게 있어서 "문자언어는 불평등의 기원"이다.[530]

---

526 『그라마톨로지에 대하여』, 294쪽
527 『그라마톨로지에 대하여』, 297쪽
528 『그라마톨로지에 대하여』, 512쪽
529 『그라마톨로지에 대하여』, 513쪽
530 『그라마톨로지에 대하여』, 514쪽

"따라서 일반의지가 대리 없이 목소리에 의해 표현되는 것이 절대적으로 필요하다. 일반의지가 분할될 수 없는 '국민이라는 조직체'의 목소리 속에서 이 일반의지가 표명될 때, 그것은 '법률로서 힘을 지닌다.' 그렇지 않으면 그것은 개별적 의지들로, 사법 관리의 행위들로, 칙령들로 분할된다."[531]

그러나 완전한 시뮬라시옹으로서, 자연상태를 삭제한 완벽한 대리자들은 오히려 진리를 현전하게 만든다. "완벽한 대리(대리 표상)는 완벽하게 재현전시켜야 할 것이다(514쪽)." 즉, 대리 표상으로서의 이미지가 그 힘을 무한히 증식하여 마침내는 실재를 완전히 삼키고 살해하게 될 때 진리는 완전히 현전한다. 마침내 사물이 복원되는 것이고 사물은 다시 이미지를 대체하게 된다. 이런 의미에서 대리 표상의 근원은 대리 표상체들을 대리 표상한다. 데리다는 다음과 같이 쓰고 있다.

"이미지의 기원은 차례로 그것의 대리 표상체들을 대리 표상하고, 그것의 대체물들을 대체하고, 그것의 대리 보충물들을 대리 보충하는 것이다. 이때 자기 자신으로 되돌아오고, 자기 자신을 대리 표상하는 주권적 현전은 대리 보충의 대리 보충에 불과하다(514~515쪽)."

531 「그라마톨로지에 대하여」, 514쪽

이런 의미에서 데리다가 해석하는 루소는 자기-해체적이다. 데리다는 루소의 언어/문자에 관한 이론도 자기-해체적이라고 말한다. 앞서 루소가 인류의 종족들을 생업에 따라 유목민, 목자, 농부로 나누었다고 말했는데, 데리다는 루소가 여기서 한 부류를 의도적으로 빠뜨렸다고 말한다. 이 부류는 바로 상인이다. 루소는 이러한 상인으로부터 알파벳이 탄생했다고 말한다. 왜냐하면 상인들은 여러 공동체를 횡단하는 자들로서 각기 다른 음성언어를 옮겨적을 수 있는 단일한 문자 체계가 필요했는데, 이러한 문자는 음성과 자의적인 관계를 맺어야 하기 때문이다. 이렇게 다른 공동체와 소통할 수 있게 해주는 알파벳은 "중립적인 투명성"을 갖춘 보편적인 문자언어이다. 이러한 "중립적인 투명성"은 역설적으로 알파벳을 "가장 무언적인 문자"로 만든다. 왜냐하면 그것은 어떠한 구체적이고 실질적인 언어로도 말하지 않기 때문이다. 그리고 이러한 "중립적인 투명성"을 통해 알파벳은 특정한 언어와 문화의 울타리 안에 머무르지 않고 그 바깥으로 나아갈 수 있다. 그리고 이러한 알파벳 기표는 음소라는 것을 통해서 기표된다. 이런 의미에서 알파벳 문자를 통해 "기호들의 순환은 무한히 수월하게 되어있다."[532] 이런 의미에서 루소의 문자 이론도 자기-해체적인데, 왜냐하면 이러한 순환 속에서 문자에 대한 음성의 우선성은 파괴되기 때문이다.

　이러한 자의적 기호로서 알파벳에 대한 분석은 역시 자의적 기호로서 화폐에 대한 분석과 평행하게 된다. 데리다는 다음과 같이 쓴다.

532　「그라마톨로지에 대하여」, 518쪽

"돈은 사물들을 이것들의 기호들로 대체시킨다. 사회 내부에서
뿐 아니라, 하나의 문화에서 다른 문화로, 혹은 하나의 경제 조직
으로부터 다른 경제 조직으로 이동하면서 말이다. 그렇기 때문에
알파벳은 상인 같다."[533]

그리고 알파벳은 "살아있는 언어들"을 추상적인 문자 체계 속에
가둔다. 루소는 이런 의미에서 표음문자를 의심하기는 하지만 표
음문자에 대한 "절대적 단죄"를 하지는 않는다. 왜냐하면 표음문자
는 구체적이고 실질적인 언어를 통해서는 말하지 않지만 "언어 일
반"을 통해서 말하기 때문이다. 그리고 이러한 "언어 일반"은 "주체
일반"을 전제로 하고, 이러한 주체는 경험적 주체가 아니라 선험적
(transcendental) 주체이며 따라서 표음문자 속에서 선험적 주체의 현전
이 가능하기 때문이다. 이를 통해 "자기가 말하는 것을 스스로 듣는
생명체가 자기 자신에 현전하는 현전으로서의 목소리와 본질적인
관계를 간직하고 있다."[534] 이런 의미에서 루소는 표음문자가 절대적
악은 아니라고 말한다. 루소에게 있어서 절대 악은 보편기호로서
보편문자이다. 데리다는 다음과 같이 쓴다.

"따라서 보편기호학, 즉 음성언어와의 모든 관계를 단절함으로
써 순전히 규약적이 되어버린 문자, 이것이 바로 절대적인 악이라

는 것이다."[535]

왜냐하면 라이프니츠의 보편문자는 쾌락의 죽음이자 욕망의 죽음, 즉 쾌락과 욕망의 절대적 비현전이기 때문이다. 표음문자는 선험적 주체의 자기-현전을 통해서 정열의 현전과 관계를 맺지만, 보편문자는 순수한 규약으로서 자연과 절연된 기호 체계이기 때문이다. 즉 보편문자는 피대리 표상체가 없는 대리 표상체이다. 이러한 순수한 대리 표상체의 외재성과 타자성, 그리고 차가움은 "자기 자신에 인접하는 인접성으로서 현전의 형이상학"이 추구하는 "일종의 절대적 지금, 현재의 생명, 살아있는 현재"를 불가능하게 한다.[536]

5.7 결론

데리다는 분명히 말한다. "루소가 외재적이라고 생각했던 바의 내재성을 보여주는 것만으로는 충분하지 않"다고.[537] 오히려 모든 내재성이 외재성에 의해 구성된다는 것을 보여주어야 한다고 데리다는 말한다. 즉,

"내재성, 즉 음성언어, 기의화된 의미, 있는 그대로의 현재와 같

---

535 「그라마톨로지에 대하여」, 524쪽
536 「그라마톨로지에 대하여」, 534쪽
537 「그라마톨로지에 대하여」, 541쪽

은 내재성을 구성하는 것으로서의 외재성의 힘을 생각하자는 것이다."[538]

이것은 외재성으로서의 '대리 표상'이 충만한 현재에 단순히 첨가되지 않고 현재에 첨가됨으로써 실질적인 현재를 구성한다는 것을 의미한다. 우리는 이로부터 모든 근원이 외재성으로서의 대리 표상에 의해 구성된다는 것을 유추할 수 있다.

절대적 타자, 즉 "절대적 이타성"으로서의 문자언어는 영혼의 내재성으로서 살아있는 음성언어에 영향을 미치고 변질시킨다. 그뿐만 아니라 데리다는 이러한 문자언어의 침입이 "절대적 우발성"에 의한 것이며 이러한 우연이 "역사의 안쪽, 한 생명의 내적 통일성"에 영향을 미쳤다고 말한다. 말하자면 문자언어의 침입이라는 우연적 사건이 역사와 생명에 주름을 새긴 것이다. 이런 선험적 생의 자기-현전을 불가능하게 하는 '타자'로서 문자언어는 "지금 여기에 현전"할 수 없으며 더 나아가 지금-여기의 동일성을 불가능하게 하는 효과를 낳는다는 점에서 현전도 부재도 아니기에 "어떠한 존재론도 그것의 작용을 생각할 수 없다."[539]

이러한 데리다의 '존재론'을 넘어서는 이론은 '타자론' 혹은 '유령론'으로 발전한다. 데리다는 『마르크스의 유령들』에서 '유령'이 현전과 부재 사이의, 삶과 죽음 사이에 끼어있는, 그래서 존재론의 대상이 될 수 없는 것이라고 말한다. 이런 의미에서 『마르크스의 유령들』

---

538 「그라마톨로지에 대하여」, 541쪽
539 「그라마톨로지에 대하여」, 541~542쪽

에서 시작되는 '유령론'의 단초를 『그라마톨로지에 대하여』에서 찾을 수 있다.

　이런 의미에서 데리다 논의를 초기의 〈존재론적 탈구축〉과 후기의 〈우편적 탈구축〉으로 나누는 아즈마 히로키의 주장은 옳지 않다. 데리다는 이미 『그라마톨로지에 대하여』에서 '문자'가 "절대적 우발성"[540]으로서의 〈우편〉이며 "어떠한 존재론도 그것의 작용을 생각할 수 없"[541]는 것이 바로 문자라고 말하고 있기 때문이다. 데리다는 초기부터 이른바 '존재론'과는 거리가 멀었던 셈이다.

참고문헌

» 가라타니 고진, 권기돈 옮김, 『탐구2』, 서울: 새물결 출판사, 1998

» 자크 데리다, 김웅권 옮김, 『그라마톨로지에 대하여』, 서울: 동문선, 2004

» 장 자크 루소, 김성범 옮김, 『사회계약론』, 서울: 부북스, 2011,

» 장 자크 루소, 주경복 · 고봉만 옮김, 『언어 기원에 관한 시론』, 서울: 책세상, 2019

» 장 자크 루소, 홍지화 옮김, 『인간 불평등 기원론』, 서울: 부북스, 2015

» 클로드 레비스트로스, 박옥줄 옮김, 『슬픈 열대』, 파주: 한길사, 2021

» 클로드 레비스트로스, 안정남 옮김, 『야생의 사고』, 서울: 한길사, 2021

» 페르디낭 드 소쉬르, 김현권 옮김, 『일반언어학 강의』, 서울:지식을 만드는 지식, 2012

540　『그라마톨로지에 대하여』, 542쪽

541　『그라마톨로지에 대하여』, 542쪽

6. 미셸 푸코
- 『지식의 고고학』 읽기

6.1 서론: 새로운 역사철학

　푸코의 『지식의 고고학』은 헤겔과 베르그송 그리고 인간주의를 넘어 새로운 역사철학을 제시한다. 푸코에 의하면 고고학은 "의식의 진보에 의해 구성된 긴 계열이나 이성의 목적론 또는 인간 사유의 진화에 의해 구성된 긴 계열을 해체"[542]하며, "생명이라는 은유"를 붕괴시킨다.[543]

　즉, 이러한 새로운 역사철학은 생명의 지속이나 이성의 점진적인 진보라는 관점에서 역사를 보기를 거부하며 간극, 분산, 불연속을 적극적으로 도입한다. 이러한 간극, 분산, 불연속은 역사를 '사건'과 이러한 사건의 출현에 의한 '파열'의 관점에서 보도록 만든다. 이것은 푸코가 '문서'와 '기념비'를 구별하는 것에서 잘 드러난다. 푸코에 의하면 '문서'는 과거의 진리의 희미한 현전이며 과거의 생생함을 되찾기 위한 수단이다. 이런 의미에서 전통적 역사학에서 문서들은 일종의 집

542　미셸 푸코, 이정우 옮김, 『지식의 고고학』, 서울: 민음사, 2011, 28쪽

543　『지식의 고고학』, 33쪽

단적 기억으로 생각되어 왔다. 이러한 생생한 과거를 지속적으로 기억하기 위해서는 과거와 현재 사이의 연속성이 있어야 한다. 그런데 푸코에 의하면 이러한 '문서'를 '기념비'로 변환하는 것이 고고학이 일차적으로 해야 할 일이라고 말한다. 여기서 '기념비'란 "문맥 없는 대상"으로서 불연속적인 사건으로 솟아오르는 것을 의미한다.[544]

그런데 전통적인 역사학은 기념비를 문서로 변환시키는 작업이었다. 즉 전통적인 역사학은 사료를 과거의 생생한 진리의 흔적으로써 '문서'로 다루어 왔다. 그런데 푸코는 이제 역사학이 문서를 기념비로 변화시켜야 한다고 말하는 것이다. 이렇게 문서들을 기념비로 변환하는 것은 맥락과 지시대상에 의해 사료의 참/거짓 여부를 결정하거나 "그 표현적 가치를 결정"하는 것이 아니라 그것을 맥락으로부터 떼어내어 "내부로부터 그를 가공하는 것, 정교화시키는 것"이다.[545]

실제로 푸코는 이러한 문서의 기념비로의 변환에 의해 불연속의 개념이 "역사학적 탐구들에 있어 주요한 자리를 점하게 된다."고 말한다.[546] 전통적인 역사학에서 불연속은 연속적인 역사 서술을 위해 제거되고 지워져야 할 것이었으나, 이제 불연속성은 탐구의 대상이자 도구가 된다. 푸코는 다음과 같이 쓴다.

> "새로운 역사의 가장 본질적인 특징들 중의 하나는 의심할 바 없이 불연속의 위상변화이다. 장애물로부터 실천으로의 그의 이

---

544 『지식의 고고학』, 27쪽
545 『지식의 고고학』, 25쪽
546 『지식의 고고학』, 28쪽

행, 역사가의 담론-그곳에서 불연속이 더 이상 환원되어야 할 외
부적 숙명이 아니게 되는, 사용 가능한 조작적 기능으로서 기능하
는-속으로의 그의 통합."[547]

그리고 이러한 불연속적인 사건을 도구이자 대상으로 삼는 역사
는 이제 전체사(Histoire globale)로부터 벗어나서 일반사(Histoire générale)로
나아가야 한다고 푸코는 말한다. 전체사는 하나의 유일한 중심을 통
해 구조화된 모든 현상들의 통합된 총체를 찾는다. 이와 같은 구심
력이 작동하는 전체사와 달리 일반사는 원심력이 작동하여 "분산의
공간을 전개"한다.

이렇게 "분산의 공간을 전개"하는 역사는 차이, 간극, 분산, 그리
고 불연속의 역사이기에 기존에 생명으로 은유되었던 역사, 진화론
적으로 혹은 목적론적으로 이해되었던 역사, 근원을 향해 더듬어 나
아가는 것으로, 혹은 전통을 재구성하는 것으로 이해되었던 역사
는 근본적으로 변형되어야 한다. 생생하고 연속적인 역사의 관점에
서 보면 이러한 고고학으로서 역사는 '암살된 역사'라고 여겨지겠지
만 말이다. 푸코에 의하면 이것은 역사의 사라짐이 아니며, 특정한
형태의 역사의 소멸이다. 사라지는 역사는 "주체의 종합적인 활동에
연결"된 역사이다. 말하자면 의식의 절대성을 보증하는 역사는 파괴
되어야 한다는 것이다. 이러한 의식 혹은 주체의 종합이란 의식 혹
은 주체를 비켜나갔던 것을 복원할 수 있도록 하는 "역사의 이데올

---

547 『지식의 고고학』, 29~30쪽

로기적 사용"인 것이다.

6.2 기존 개념의 불충분성과 담론적 사건의 장

푸코는 이런 의미에서 불연속적인 '사건'의 역사를 쓰기 위해서는 "연속성의 테마"에 종속된 지식의 역사의 모든 개념들이 검토되어야 한다고 말한다. 우선 다음과 같은 개념들을 보자.

① 전통: 이 개념은 "역사의 분산" 혹은 시간의 분산을 동일자로 환원시키도록 하며, "존속의 기초 위에서 새로움들을 배제"하는 것을 가능하게 한다.
② 영향: 이 개념은 단순한 반복에 불과한 것에 인과적 관계를 부여하게 한다.
③ 발전과 진화: 이 개념들은 분산된 사건들을 "유일하고 동일한 조직원리"에 복종시킨다.
④ 시대정신이나 의식구조(mentalité): 이 개념들은 집단의식의 지고함 속에서의 〈종합〉을 가능하게 한다.

우리는 흔히 "작품마다 작가의 발전이 있고, 작가 간의 영향이 있으며, 모든 사람에 대한 일반적인 영향, 즉 시대정신이라고 불리는 것이 있다."고 생각하지만, 고고학에서는 이러한 사고를 넘어서야 한다고 푸코는 주장한다.[548]

---

548 개리 거팅, 홍은영 · 박상우 역, 『미셸 푸코의 과학적 이성의 고고학』, 서울: 백의, 1999, 298쪽

이 개념들은 "분산된 사건들의 무리"를 동일성과 연속성 속에서 환원한다. 이러한 개념들은 불연속과 차이, 파열을 낳는 사건의 철학에 의해서 폐기되어야 한다. 즉 고고학은 분산된 사건들의 무리를 낳는 분산의 체계를 기술해야 한다.

또한 우리는 보통 담론의 단위를 책이나 작품으로 생각하지만, 푸코는 이를 엄밀히 검토해야 한다고 말한다.

(1) 어떻게 보면 책은 '물질적 통일성'을 가지고 있는 듯 보인다. "즉 일련의 기호들에 의해 스스로의 시작과 끝을 보여주는 책의 물질적 개별화"[549]가 존재하는 듯 보인다. 그러나 우리는 "시 모음집, 유고모음, 『원추곡선론』, 『프랑스사』 1권"[550] 각각이 구별되는 것이 각각의 담론적 통일성에 의해서이지 물질적 통일성에 의해서가 아니라는 것을 알 수 있다. 따라서 책에서 중요한 것은 담론적 통일성이지 물질적 통일성이 아니다.

또한 책은 수많은 다른 텍스트들과 참조의 관계를 맺고 있고 이러한 참조의 놀이는 "수학적 논구, 어떤 텍스트에 대한 주석, 역사적인 이야기, 소설적인 사건들 속에서의 에피소드 등"[551] 다종다양한 텍스트들과 책의 관계를 의미하며 이러한 관계는 책이 어떤 종류의 텍스트들과 접속하느냐에 따라 다르며 이런 의미에서 책의 동일성은 존재하지 않는다. 이런 의미에서,

---

549 『지식의 고고학』, 46쪽
550 『지식의 고고학』, 46쪽
551 『지식의 고고학』, 46쪽

"책의 동일성은[…] 동일한 것으로 생각될 수 없는 것이다. 책이 우리의 손안에 있는 대상으로서 주어진다고 해도 사정은 마찬가지이다. 그것이 테두리 짓고 있는 이 작은 직사각형 안에 압축된다 해도 마찬가지이다: 그의 통일성은 가변적이고 상대적인 것이다. 결국 자세히 살펴보자마자 그것은 그의 자명성을 잃어버린다."[552]

결국 우리는 책을 출발점으로 하는 논의가 잘못되었으며 오히려 담론의 장에서 시작해서 책을 설명해야 한다는 것을 깨닫는다.

(2) 또한 푸코는 "한 고유명사로서의 기호에 의해 지시될 수 있는 텍스트들의 집합"으로 정의된 작품의 개념이 담론의 단위, 그 내적 통일성을 가진 단위가 될 수 없다고 말한다. 왜냐하면 이 고유명사는, "그가 자신의 이름으로 펴낸 텍스트를, 그가 가명으로 펴낸 텍스트를, 그의 죽음 뒤에 사람들이 찾아낸 초안을, 난필로 적어놓은 텍스트를, 노트해 놓은 수첩들을" 동일한 방식으로 지시하지 않기 때문이며, 따라서 이 텍스트들의 집합의 통일성은 존재하지 않기 때문이다.[553] 이런 의미에서 작품은 담론의 단위가 될 수 없다: "작품이란 직접적인 단위로서도, 확실한 단위로서도, 등질적인 단위로서도 생각될 수 없는 것이다."[554]

이제 푸코는 지식의 역사 속의 연속성을 재생산하게 해주는 개념으로서 시원 또는 기원이라는 개념을 공격한다. 이러한 시원의 개념은 진정한 의미에서의 "사건의 파열"을 불가능하게 하는데, 왜냐하면 이러한 시원을 찾는 역사철학에서는 시원 이후에 진정한 의미의 '시작'은 존재하지 않고 모든 사건은 시원적 사건의 반복 혹은 흔적이기 때문이다. 이런 식으로 '시원'의 개념은 모든 사건들을 단지 현재 결핍된 시원의 재생산으로 만듦으로써 모든 사건들을 공허하게 만든다. 그리고 명시적으로 말해진 것 속에 새겨진 시원의 흔적을 발견하는 것이 중요하다면, 이러한 명시적으로 드러나지 않는 시원의 흔적은 일종의 "억압된 무의식"이 된다. 즉 "명시적인 담론은 그가 말하지 않은 것의 억압적인 현존일 뿐이다."[555]

푸코는 이러한 연속주의를 넘어서 사건의 '파열'을 온전히 긍정하는 방향으로 나아가야 한다고 말한다. 푸코는 다음과 같이 쓰고 있다.

> "담론의 무한한 연속성을 그리고 언제나 갱신되는 부재의 놀이 속에서의 그의 비밀스러운 자기 현전을 보장하는 것으로 기능하는 이 논제들을 버려야 한다. 사건들의 파열 속에서 담론의 각 순간들을 모으는 것. 그를 나타나게 하는 이 시간적 정확성 속에서, 그로 하여금 반복되고, 인식되고, 잊혀지고, 변환되고, 그의 최소한의 흔적에 이르기까지 지워지고, 모든 시선으로부터 외면된 채 매장될 수 있게 해주는 이 시간적 분산 속에서, 책들의 먼지 속에

---

555 「지식의 고고학」, 49쪽

서. 언설을 시원의 먼 현전에 관련시키지 말자. 그것을 그의 순간

의 놀이 속에서 다루자."[556]

이와 같은 상식적인 연속주의를 파괴하면, 〈지식의 고고학〉의 영

역이 규정된다. 그것은 현실적인 언표적 사건들의 집합이다: "이렇

게 해서 담론적 사건들의 기술에 대한 계획이[…] 탐구를 위한 지평

으로서 떠오른다."[557]

이 담론적 사건의 장은 소쉬르적 의미의 '랑그'와는 다르다고 푸코

는 말한다. 왜냐하면 '랑그'는 무한한 발화(parole)를 생산해 내는 유한

한 집합이지만, 담론적 사건의 장은 유한한 가시적 언표적 계열들로

구성된다. 물론 각각의 계열들은 무한할 수 있으며, "[…]독해의 모

든 능력을 능가할 수 있"지만[558] 하나의 계열을 한 원소라고 하면 이

계열들의 집합은 유한하다.

푸코는 또한 담론적 사건의 장에 대한 기술은 전통적인 지성사,

즉 "사유의 역사"와 대립된다고 주장한다. 이러한 "사유의 역사"는

현실적인 언표들의 피안에서 주체의 의도를 혹은 무의식적 지향을

되찾고자 한다. 즉 사유의 역사에서의 가장 중요한 질문은 "말하여

진 것 속에서 말하는 자는 누구인가?"이다. 반면 고고학, 즉 담론적

장에 대한 분석은,

556 「지식의 고고학」, 50쪽
557 「지식의 고고학」, 53쪽
558 「지식의 고고학」, 53쪽

"전혀 다르게 정향되어 있다. 여기에서 문제되는 것은 언표를
그의 사건의 구체성과 단일성 속에서 파악하는 것, 그의 존재조건
을 결정하는 것, 적절하게 그의 한계를 고정시키는 것, 그에 연결
될 수 있는 다른 언표들과의 상관관계를 수립하는 것, 그것이 어
떤 다른 언표행위의 양태들을 배제하는가를 지적하는 것이다."[559]

앞에서 우리가 보았듯이 푸코는 우리가 담론의 단위라고 생각했
던 모든 것을 그 단위의 지위에서 박탈했고 기초적인 개념들이라고
생각했던 모든 것이 사실은 기초적이지 않음을 보였다. 이러한 작
업은 언표적 사건의 파열을 불가능하게 했던 통일성과 연속성을 치
워버리는 작업이었다. 이러한 언표적 사건의 파열은 불연속이 지층
내에 단층을 도입시키는 커다란 사건뿐만 아니라 '언표라는 단순한
사실' 속에서 이미 존재한다는 것을 의미한다. 푸코는 다음과 같이
쓴다.

"우리는 언표를 그의 역사적 파열 속에서 나타나도록 한다. 우
리가 눈앞에 드러내 보이고자 하는 것, 그것은 언표가 구성하는
이 절개, 이 환원 불가능한[…] 출현인 것이다."[560]

이러한 불연속성에도 불구하고, 그리고 의식적 종합을 벗어나는
성격에도 불구하고 푸코는 사건들 사이의 관계가 없는 것은 아니라

559　「지식의 고고학」, 54쪽
560　「지식의 고고학」, 55쪽

고 말한다. 고고학에서 탐구하는 관계들은 다음과 같다.

(1) 언표들 사이의 관계들

(2) 이렇게 수립된 언표군들 사이의 관계들

(3) 언표 및 언표군들과 "이들과는 전혀 다른 질서에 속하는 사건들(기술적, 경제적, 정치적, 사회적 사건들)" 사이의 관계들[561]

(3)에서 우리는 『지식의 고고학』이 단순한 언어 관념론이 아니라는 사실을 알 수 있다. 뿐만 아니라 우리는 『지식의 고고학』에서 베르그송이 들으면 경악할 "언표적 사건들이 그 안에서 펼쳐지는 공간을 그 순수성 속에서 나타나게 하는 것"이 고고학이 지향해야 할 일이라는 푸코의 문구를 발견할 수 있다. 이 공간은 그 자신 속에 고립된 것이 아니다. 오히려 고고학은 "그 공간의 안에서 그리고 바깥에서 관계의 놀이를 기술"한다(56쪽).

6.3 언표군의 통일성

푸코는 이제 "언제 언표군은 하나의 통일된 단위가 되는가?"라고 묻는다. 푸코는 이러한 질문에 대한 네 가지 대답들이 존재한다고 말한다. 그것들은 다음과 같다.

---

561 『지식의 고고학』, 56쪽

① 언표군이 하나의 대상을 지시할 때

② 언표군이 하나의 양식(style)으로써 언표행위의 한 특성을 나타낼 때

③ 언표군 속에서 작동하는 정합적인 개념의 체계를 수립할 때

④ 언표군 속에서 하나의 테마의 동일성과 존속이 존재할 때

　푸코는 이와 같은 네 가지 대답의 부적절성을 보인다. 먼저 ①은 정신병리학의 언표들의 집합이 〈광기〉라는 통일된 대상을 가짐에도 불구하고 개별화되지 않는다는 것에서 잘못된 대답임이 드러난다. 오히려 푸코는 대상의 단일성과 존속이 담론의 통일성을 보장하지 않으며, 담론 속의 출현의 규칙에 의해 다양한 대상이 출현한다고 푸코는 말한다. 그뿐만 아니라 다른 규칙들이 존재하는데, 이러한 규칙들은 이 다양한 "대상들의 변환을, 시간 속에서의 그들의 비동일성을, 그들 안에서 야기되는 비약들을, 그들의 존속을 위협하는 내적 불연속을 정의하는 규칙들"이다. 그리고 이러한 출현, 변환, 비동일성, 비약, 불연속의 규칙들을 통해서 비로소 하나의 언표군은 비로소 담론이 된다. 말하자면 분산, 차이, 간극, 거리들을 생산하는 배분의 법칙을 공식화함으로써 언표군을 "그 개별성에 있어 정의"할 수 있다.[562]

　②에 대해서 임상의학이 기술적(記述的)인 언표들의 군으로서 조직됨으로써 하나의 개별성을 형성했다는 주장에 대해 임상의학은 실제로는 다종다양한 특성을 갖는 언표행위들로 구성되어 있다고 푸

562　『지식의 고고학』, 61쪽

코는 반박한다. 이러한 다종다양한 언표행위들을 생산하는 규칙들의 집합이 통일된 언표들의 집합을 구성한다. 푸코에 의하면 특성화하고 개별화해야 할 것은 다음과 같다.

> "분산된 이질적인 언표들의 공존, 그들의 분배를 지배하는 체계, 그들이 서로에게서 취하는 지지점, 그들이 서로를 함축하고 배제하는 방식, 그들이 겪는 변환, 그들의 교대의, 배열의, 대체의 놀이인 것이다."[563]

③에 대해서는 동일한 언표군 내에서 상이하고 양립 불가능한 개념체계가 발생할 수 있다고 말함으로써 푸코는 정합적인 개념의 체계를 수립했다고 해서 언표군이 통일된 단위가 될 수 없다고 말한다. 오히려 푸코는 이러한 개념들의 "출현과 분산의 놀이"를 분석해야 한다고 말한다.

> "담론적 통일성을 개념들의 정합성의 측면에서가 아니라 그들의 동시적인 또는 계기적인 출현, 그들의 간극, 그들을 분리하고 있는 거리 그리고 경우에 따라서는 그들의 상호양립 불가능성의 측면에서 찾는다면, 우리는 그를 발견할 수 있을 것이다."[564]

④에 대해서 푸코는 동일한 테마가 전혀 다른 대상들의 두 가지

---

563 「지식의 고고학」, 62쪽
564 「지식의 고고학」, 64쪽

장(場), 분석의 두 가지 유형, 개념들의 두 가지 작동 위에 세워질 수 있다고 말한다. 또한 동일한 개념체계로부터 상이한 테마가 세워질 수 있다고 푸코는 말하고 있다. 따라서 차라리 담론의 개별화의 원리는 선택점들의 분산의 체계 속에서 찾아야 한다고 푸코는 말하고 있다. 푸코는 "선택점들의 분산을 지표화하고, [⋯]전략적 가능성들의 장을 정의"해야 한다고 말한다.[565]

따라서 우리는 이러한 검토를 통해 담론의 통일성 혹은 개별화는 차이나 간극을 생산하는 분산의 체계의 기술을 통해서만 가능하다는 것을 알 수 있다. 푸코는 "새로운 지도 이념"으로서 분산을 그 자체로 기술하는 것, 또한 이렇게 분산되는 요소들 사이에서 규칙성을 찾아내는 일이 필요하다고 말한다. 푸코는 다음과 같이 쓰고 있다.

> "그것은 분배의 형태들을 연구할 것이다. 추론의 연쇄들을 복구시키는 대신에[⋯], 차이들의 표를 수립하는 대신에[⋯], 우리의 분석은 분산의 체계(systèmes de dispersion)를 기술하는 것이다."[566]

이와 같은 분산과 분배의 요소들 사이에 규칙성(질서, 상호관계, 위치와 기능 작용, 변환)을 찾을 수 있을 때, 우리는 담론적 형성(formation discursive)을 규정짓는 것이다. 푸코는 이러한 분산과 분배의 요소들이 복종하

---

565 『지식의 고고학』, 66쪽
566 『지식의 고고학』, 67쪽

는, 담론적 형성의 조건을 형성의 규칙(règles de formation)이라고 부르고 있다: "형성의 규칙은 주어진 담론적 분배에 있어서의 존재의 조건이다."[567]

6.4 담론적 형성

6.4.1 대상의 형성

그렇다면 먼저 대상이 어떻게 형성되는지를 살펴보도록 하자. 담론의 대상이 형성되기 위해서는 다음과 같은 것들이 필요하다.

(1) 출현의 표면들(les surfaces d'émergence)

(2) 제한하는 심급들(instances de délimitation)

(3) 특수화의 그물들(grilles de spécification)

이러한 출현의 표면, 제한하는 심급들, 특수화의 그물들 사이에 성립되는 복잡한 관계에 의해 담론의 대상들이 형성된다는 것을 알 수 있을 때, 하나의 담론적 형성이 정의된다.

이를 통해 우리는 다음과 같은 결과들을 유도할 수 있다.

(1) 담론의 대상의 형성 조건은, 즉 무엇에 대해 말할 수 있는지를 규정하는 조건은 매우 복잡하다. 즉 "관계들의 복잡한 그물의 실증

567　『지식의 고고학』, 68쪽

적인 조건"을 통해서만 대상은 형성된다.

(2) 이 관계들은 대상들을 내적으로 구성하는 것이 아니라 대상을 외재성의 장 속에 자리 잡도록 해주는 것이다.

(3) 이 관계들은 담론과 담론의 대상에 독립적인 "제도들, 기술들, 사회적 형태들 사이에서 기술될 수 있는 관계"[568]로서 일차적 관계 또는 실제적 관계와 구분되어야 한다. 또한 이 관계들은 담론의 내부에 정식화되어있는 관계, 즉 이차적 관계 또는 반성적 관계들과 구분되어야 한다. 이러한 일차적 관계나 이차적 관계와 다른 〈담론적 관계〉가 존재한다.

(4) 그리고 이 담론적 관계는 담론에 내재적이지 않다. 그렇다고 이 담론적 관계가 담론에 외재적인 것도 아니다. 푸코는 이 담론적 관계가 담론과 비담론의 경계선에 위치한다고 말한다. 이러한 관계들은 "대상들을 말할 수 있기 위해[…] 실행해야 할 관계들의 다발"이고 이러한 관계들은 "실천으로서의 담론 그 자체를 특성화하는 것이다."[569]

따라서 담론의 통일성은 대상들에 의해 찾아질 수 있는 것이 아니라고 푸코는 말한다. 즉 담론의 통일성은 담론적 실천을 특성화하는 관계의 산물이다. 이러한 관계는 "특정 실천에 내재적인"[570] 그리고 이 실천을 특수성 속에서 정의하는 규칙들의 집합이다. 푸코에 의하

---

568 『지식의 고고학』, 77쪽

569 『지식의 고고학』, 78쪽

570 허경, 『미셸 푸코의 『지식의 고고학』 읽기』, 서울: 세창 미디어, 2013, 102쪽

면 한 담론을 일정하게 유지하는 것은 대상들이 출현할 수 있고, 제한될 수 있고, 특수화될 수 있는 표면들의 관계이다. 즉 통일성을 가진 담론은 이와 같은 관계에 의해 발생하는 "표면 효과"이다.[571]

푸코는 이런 의미에서 자신이 〈사물들〉을 넘어서고자 하며 담론적 관계 이전에 사물이 존재한다는 소박한 생각을 넘어서고자 한다고 말한다. 즉 담론에 앞서는 "수수께끼 같은 보물"로서 "물 자체"를 논의할 필요가 없다고 푸코는 말한다. 오히려 대상을 형성하는 규칙들의 집합에 의해 대상을 정의해야 한다고 푸코는 말한다. 이러한 "물 자체"를 삭제하는 것은 의미작용의 언어학적 분석을 시도하는 것이 아니다. 오히려 〈담론적 실천을 특성화하는 관계들의 체계〉를 파악해야 한다. 즉, 푸코는 말의 의미나 의미작용을 분석하는 사람이 아니다. 오히려 푸코는 담론은 의미작용의 체계로서 랑그나 파롤로 환원 불가능하다고 말하며 담론은 그 이상의 무엇이라고 말한다. 왜냐하면 의미구조는 "다수의 얽힌[…] 대상들이 형성되고 변형되는, 나타나고 사라지는 장소로서의 담론적 실천"을 규정짓지 못하기 때문이다. 따라서 고고학적 분석에서 의미작용의 기호로서 '말'은 사라진다: "말들은 사물들 자체와 똑같이, 숙고의 결과로서, 부재한다."[572]

따라서 고고학은 "말들과 사물들의 순수하고 단순한 얽힘"[573]에 대한 탐구가 아니라고 푸코는 말한다. 이런 의미에서 푸코는 『말과 사

571　『미셸 푸코의 『지식의 고고학』 읽기』, 103쪽

572　『지식의 고고학』, 82쪽

573　『지식의 고고학』, 82쪽

물』이라는 제목이 풍자적인 의미를 담고 있다고 말한다.

6.4.2 언표행위적 양태들의 형성

푸코 연구자 허경에 의하면 언표행위적 양태들의 형성은 다음과 같은 세 가지 질문과 관계가 있다.[574]

(1) 말하는 주체는 누구인가?

(2) 주체의 이러한 담론을 가능케 한 제도적 정위(emplacements institutionels)는 무엇인가?

(3) 이러한 담론을 발화할 수 있었던 다양한 상황은 무엇인가?

그런데 앞에서 푸코는 전통적인 지성사에서 말하는 주체의 의도를 탐구하는 것을 비판하지 않았나? 이 비판과 (1)은 모순되는 것 아닌가? 그렇지 않다. (1)에서 '말하는 주체'는 내면적 실체가 아니라 외재적인 관계 속에서 규정되는 위치와 지위를 의미하는 것이기 때문이다. 허경은 이에 대해 다음과 같이 쓰고 있다.

"위치와 지위에 관한 질문은 '누가 말하는가?'의 문제를 '어디에서 말하는가?'의 문제로 변형시킨다. 이는 이전의 실체론적 질문을 관계론적 질문, 곧 위상학적·정치적 질문으로 변형시킨다."[575]

....

574 『미셸 푸코의 『지식의 고고학』 읽기』, 106쪽
575 『미셸 푸코의 『지식의 고고학』 읽기』, 107쪽

(2)에서 각각의 제도적 정위는 이와 같은 관계 속에서 형성된 주체가 자신의 담론을 취하고 "이 담론이 그로부터 그의 합법적인 시원과 적용점[…]을 발견"[576]하도록 만든다. 이러한 각각의 제도적 정위는 하나의 장소 위에서 이루어진다. 예를 들어 의사의 제도적 정위의 장소는 병원, 실험실, 도서관 등이 있다.

(3)에서 상황이란 주체가 그 속에 포함되어 있는 지식과 물음들의 그물망을 의미한다. 실제로 푸코는 상황 속의 주체가 아무렇게나 묻는 것이 아니며 "명시적인 또는 그렇지 못한 물음들의 어떤 망"[577] 속에서 물음을 던지게 된다고 말한다. 또한 의사는 아무렇게나 듣는 것이 아니라 "정보의 어떤 프로그램"[578]에 따라 청취한다. 또한 그는 아무렇게나 응시하지 않고 "특성들의 표에 따라, 기술적인 유형에 따라 주의함으로써"[579] 응시한다. 또한 주체는 기술매체를 통해 인식한다. 예를 들어 의사는,

> "정보의 범위를 수정시키는, […]지각적 수준과의 관련하에서
> 주체를 변위시키는, 피상적인 수준으로부터 심오한 수준으로의
> 그의 옮겨감을 보장해 주는, 그를 신체의 내부적인 공간 속에서
> […] 순환시키는 도구적 매개물들을 사용한다."[580]

---

576 『지식의 고고학』, 85쪽
577 『지식의 고고학』, 86쪽
578 『지식의 고고학』, 86쪽
579 『지식의 고고학』, 86쪽
580 『지식의 고고학』, 86쪽

그리고 주체는 정보의 망 속에 있다.

이러한 주체의 위치, 제도적 정위, 다양한 상황들 사이의 관계의 체계가 존재할 때 그리고 이 다발을 일정한 방식으로 이용할 때 비로소 담론의 통일성이 만들어진다. 그리고 이러한 관계의 체계를 건설하는 것은 바로 담론적 실천인 것이다: 요소들 사이에 "관계들의 체계를 수립하는 것은 실천인 한에서의 이 담론인 것이다."[581]

그리고 푸코는 언표행위들의 분산을 강조하며 이것을 통일된 주체에 복속시키는 것에 반대한다. 푸코는 다음과 같이 쓰고 있다.

> "우리는 언표행위들의 다양한 양태들을 주체의 통일성에 연관 지우지 않는다-그것이 합리성을 정초 지우는 순수한 심급으로서의 주체이건, 종합의 경험적인 기능으로서의 주체이든."[582]

언표행위의 규범은 선험적 주체에 의해서도 경험적 주체에 의해서도 정초되지 않는다. 오히려 의식의 종합이 아니라 담론적 실천의 특수성에 의해 수립된 관계의 체계에 의해 이러한 언표행위의 규범들이 세워진다. 푸코는 "종합의 언어적인 번역"으로서의 표현 뒤에 숨겨진 의식적 주체를 찾지 말아야 한다고 말한다: "담론이란 사유하는, 인식하는, […]말하는 주체의 현시[…]가 아니다."[583]

581　『지식의 고고학』, 88쪽
582　『지식의 고고학』, 89쪽
583　『지식의 고고학』, 89쪽

오히려 다양한 주체의 위치와 지위를 규정하는 "규칙성의 장"을 찾아야 한다고 푸코는 말한다. 오히려 이와 같은 의미에서 담론적 규칙성이 주체를 규정짓는다. 더 나아가 심지어 푸코는 "담론이란 주체의 분산 및 스스로와의 불연속이 그 안에서 규정될 수 있는 집합"이라고 말한다.[584]

6.4.3 개념의 형성

푸코는 정합적인 개념적 건축물은 린네의 작품과 같은 매우 좁은 범위에서만 가능할 뿐 보다 넓은 범위, 예를 들어 문법이나 경제학 또는 생물학 같은 분야들에서는 정합성이 성립하지 않는다고 말한다. 푸코의 말대로 "보다 넓은 계단을 취할 경우[…] 출현하는 개념의 놀이는 엄밀한 조건에 굴복하지 않"으며, 정합적 체계는 존재하지 않는다.[585]

그렇다면 고고학자는 개념적 건축물을 재구성할 것이 아니라 개념의 출현 체계를 찾아내야 한다. 그리고 이러한 개념들의 출현 체계는 바로 언표적 장이다. 이러한 언표적 장의 조직화에는 다음과 같은 것들이 필요하다.

(1) 계기의 형태들(formes de succesion)

(2) 공존의 형태들(formes de coexistence)

(3) 간섭의 과정들(procédures d'intervention)

---

584 『지식의 고고학』, 89쪽
585 『지식의 고고학』, 90쪽

(1) 계기의 형태들에는 ①언표적 계열들의 다양한 좌표화 ②언표들의 다양한 의존의 유형들 ③여러 언표군들을 그에 따라 조합할 수 있는 다양한 수사학적 도식들이 있다.

이 모든 계기의 형태들은 사실 "언표들의 일반적인 배치"라는 말로 요약될 수 있다(91쪽).

(2) 공존의 형태들에는 ①현존의 장 ②병존의 장 ③기억의 영역이 있다. 현존의 장이란 다른 곳에서의 언표에 대한 인용, 비판, 거부, 배제 등을 표현하는 언표들로 이루어진 장을 의미한다. 이러한 다른 곳에서의 언표와의 얽힘은 명시적일 수도, 함축적일 수도 있다.

병존의 장이란 아예 다른 담론의 유형들을 횡단하는 언표들로 이루어진 장이다. 예를 들어 린네와 뷰퐁의 시대에 있어서 자연사의 병존의 장은 "우주론, 지사(地史), 철학, 신학, 성서, 성경의 주석서들, 수학"과의 관련 속에서 정의된다.

기억의 영역이란 더 이상 받아들여지지도 않고 그에 대한 논의조차도 되지 않는, 비유하자면 '언표의 박물관'으로 보내어진 언표이다. 그러나 이 언표들에 관련해서 역사적 연속성과 불연속성의 관계들이 수립된다.

(3) 간섭의 과정들에는 ①다시 쓰기의 기술 ②옮겨 쓰기의 방법 ③번역의 양식 ④언표들의 개산 증폭을 위한 방법 ⑤언표들의 유효성을 제한하는 방식 ⑥언표의 유형을 이전시키는 방식 ⑦명제들의 체계화의 방법 ⑧언표들의 재분배의 방법이 있다.

이 모든 상이한 요소들이 관계 맺는 방식이 개념들을 형성하는 체계를 구성한다. 푸코는 우리의 이러한 분석이 개념들의 놀이에서 한 걸음 뒤에 놓여진 전-개념적인 수준에서 이루어져야 한다고 말한다. 이러한 전-개념적 수준의 분석은 텍스트들을 관통하는 개념들의 "익명적 분산"을 기술할 수 있도록 해준다.[586]

푸코는 이러한 〈전-개념적인〉 수준이 관념성의 지평이나 경험으로부터의 추상의 발생을 의미하는 것이 아니라고 말한다. 푸코는 담론에서 개념이 출현하므로 담론 자체의 수준에서 문제를 제기해야 한다고 말한다. 푸코는 이러한 작업이 담론의 상수들을 개념의 구조에 덧붙이는 것이 아니며, 담론의 내적인 규칙성으로부터 개념의 출현 체계를 규정한다. 푸코는 다음과 같이 쓰고 있다.

"이와 같이 기술된 <전 개념적인 것>은[…] <표면적인> 수준에서(담론의 수준에서), 그에 효과적으로 적용되는 규칙들의 집합인 것이다."[587]

여기서 이러한 표면성이 중요하다. 담론 분석은 담론의 배후에 있는 심층을 겨냥하는 것이 아니라 담론이라는 표면을 분석한다. 허경은 다음과 같이 쓰고 있다.

"담론 분석은 심층이 아닌 표면을, 잠재 혹은 가능이 아닌 실제

---

586 『지식의 고고학』, 95쪽
587 『지식의 고고학』, 98쪽

적 실천과 그러한 실천이 발생시킨 효과만을 다룬다."[588]

"담론 분석은 담론 아래에 놓여있는 어떤 심층적 수준이 아닌, 오직 담론 자체의 수준에서 문제를 제기한다."[589]

그러므로 이 〈전-개념적인〉 수준이란 경험으로부터의 추상을 통한 개념의 발생을 의미하는 것이 아니다. 왜냐하면 형성의 규칙의 장소는 정신이나 의식이 아니라 담론 자체이기 때문이다. 이뿐만 아니라 〈전-개념적인〉 수준이라는 것은 관념성의 지평을 의미하지 않는데, 왜냐하면 〈전-개념적인 것〉은 '역사를 관통하여 존속하는 하나의 지평'을 그리지 않고, 〈표면적인〉 수준에서의 형성의 규칙을 기술하기 때문이다.

6.4.4 전략의 형성

전략은 이러한 대상, 언표행위, 개념에 대해 메타적인 위치에 있다. 전략을 구성하는 것은 다음과 같다.

(1) 담론의 가능한 회절점들

(2) 담론적 별자리의 경제학

(3) 비담론적인 것과의 관계의 심급

(1)의 회절점이란 요소들의 계열들이 발산하는 지점을 말한다. 양

---

588   『미셸 푸코의 『지식의 고고학』 읽기』, 105쪽
589   『미셸 푸코의 『지식의 고고학』 읽기』, 120쪽

립 불가능한 두 대상들, 두 언표행위의 양태들, 두 개념들이 동일한 형성의 규칙에 의해 발생하며, 이와 같이 형성의 규칙을 공유한다는 점에서 이 두 요소들은 등가성을 가진다. 이것은 말하자면 분리 종합, 혹은 선언적 종합(disjonction)을 의미한다. 실제로 푸코는 다음과 같이 쓰고 있다.

> "그들이 연대기에 따라 동시에 나타나지 않는다 해도, 그들이 현실적인 언표들의 군 속에서 동등한 방식으로 표상되지 않았다 해도, 그들은 <A or B or C …>의 형태하에서 나타난다."[590]

이러한 회절점은 또한 체계화의 연결점이기도 하다. 앞에서 언급된 대상, 언표행위, 개념의 분산은 하나의 '담론'을 형성하는데 이러한 담론을 부분집합으로 삼는 보다 광범위한 담론적 집합들이 만들어진다. 그리고 이러한 담론적 부분집합은 보다 광범위한 담론적 집합이 만들어지는 "제일 질료"로 취급되어야 한다고 푸코는 말한다. 보다 광범위한 이 담론적 집합의 통일성은 "가능한 선택의 장을 여는 그리고 다양한 동시에 상호배제적인 건축물들로 하여금 서로서로 나란히 또는 차례로 역할을 맡도록 해주는 분배의 통일성"이다. 이런 의미에서 이 광범위한 담론은 부분집합으로서의 담론에 대해 메타적이다.

---

590 『지식의 고고학』, 102쪽

(2)에서 '담론적 별자리'란 담론이 이웃하는 언표들과의 관련하에서 특정한 역할을 할 때, 이러한 역할을 규정하는, 그리고 이 담론과 이 담론에 이웃하는 언표들이 속해있는 언표들의 집합을 의미한다.

푸코는 실현 가능한 모든 것이 실현되지는 않는다고 말한다. 그럼에도 불구하고 푸코는 이 심층의 실현되지 않은 것을 연구할 것이 아니라 실현 가능한 것들 중에서 왜 일부분만 출현하는지를 설명해야 한다고 말한다. 즉,

> "함축적인 것으로 머무를, 존재 없이 말해질, 명시적인 언표들
> 아래에서 보다 근본적인 일종의 부분담론을 구성할, 그래서 결국
> 이제 햇빛을 보게 될 말 없는 내용은 문제시되지 않는다"[591]

이런 의미에서 푸코는 우리가 '담론적 별자리의 경제학'을 수행해야 한다고 말한다. 즉 푸코는 담론의 '효용', 즉 담론이 그 별자리 속에서 수행하는 역할과 기능에 대한 분석과 실현되지 않은 담론을 배제함으로써 떠안게 되는 '기회비용'에 대한 분석을 수행해야 한다고 말한다.

이런 의미에서 담론의 가치는 경제학이 의미하는 전략적 선택에 의해 규정된다. 그리고 이러한 선택의 가능성이 존재한다는 것은 담론적 형성이 "그의 대상들, 언표행위들, 개념들의 형성체계가 권리상 그들에게 열어주는 가능한 전 체적을 차지하지 않는다."[592]는 것

---

591 「지식의 고고학」, 105쪽
592 「지식의 고고학」, 104쪽

을 의미한다.

또한 푸코는 주어진 담론 혹은 담론적 형성을 새로운 별자리 안에 집어넣으면 새로운 가능성이 나타날 수 있다고 말한다. 즉 새로운 별자리 속으로의 삽입에 의해 "배제와 선택의 가능성에 관한 원리의 수정"[593]이 이루어진다는 것이다.

(3)에서의 심급이란 ①담론적인 실천들의 장 속에서 수행하는 기능 ②전유의 체제와 과정 ③담론에 관해서의 욕구의 가능한 위치에 의해 특성화되는 심급을 말한다.

푸코는 이와 같은 의미에서 광범위한 담론의 "담론적 형성은 그 안에서 전개되는 상이한 전략들의 형성의 체계가 정의될 수 있을 때 개별화된다."[594]고 말한다.

이와 같은 푸코의 『지식의 고고학』에서의 언표들을 곱씹어 볼 여지가 많다. 우선 담론을 배제하거나 선택하는 '경제학'은 담론의 문제와 권력의 문제가 분리될 수 없다는 것을 잘 드러낸다. 게다가 전략의 형성의 체계에 의해서 비로소 담론이 개별화된다는 것은 담론을 규정하는 것이 전략이라는 것을 잘 보여준다. 그리고 『성의 역사 1: 지식의 의지』에서 푸코는 권력 관계를 '전략'의 관점에서 이해해야 한다고 말한다. 거기서 푸코는 다음과 같이 쓰고 있다.

---

593 「지식의 고고학」. 105쪽
594 「지식의 고고학」. 106쪽

"권력은 제도도 아니고, 구조도 아니며, 몇몇 사람이 부여받았다고 하는 어떤 역량도 아니다. 권력은 어느 주어진 사회의 복잡한 전략적 상황에 부여되는 이름이다."[595]

　　그리고 푸코는 『성의 역사 1: 지식의 의지』에서 "동일한 전략의 내부에는 서로 다르고 심지어 모순되기까지 하는 담론들이 있"다고 말함으로써 담론적 집합의 통일성은 "가능한 선택의 장을 여는 그리고 다양한 동시에 상호배제적인 건축물들로 하여금 서로서로 나란히 또는 차례로 역할을 맡도록 해주는 분배의 통일성"이라는 『지식의 고고학』의 테제를 반복한다. 그리고 담론의 전술적 가치는 전략적 선택에 의해서 규정된다는 『지식의 고고학』의 테제는 성의 역사 1권에서 "담론의 전술적 다가성"의 원칙으로 표명된다. 즉 담론은 "세력관계의 영역에서 전술적 요소 또는 연합"이다. 푸코는 다음과 같이 쓰고 있다.

　　"담론의 세계를 […] 다양한 전략에 작용할 수 있는 다수의 분산된 요소들로 생각해야 한다. […]담론이 권력의 도구이자 동시에 결과일 수 있을 뿐만 아니라 장애물, 제동장치, 저항지점, 대립적 전략을 위한 거점일 수 있는 복잡하고 불안정한 작용을 인정해야 한다."[596]

595　미셸 푸코, 이규현 옮김, 『성의 역사 1: 지식의 의지』, 파주:나남출판, 2019, 102쪽

596　『성의 역사 1: 지식의 의지』, 110~111쪽

또한 푸코는『지식의 고고학』에서 분명히 이 전략을 이차적인 요소로 보아서는 안 된다고 말하고 있다. 즉 순수한 담론이 먼저 존재하고 전략이 나중에 등장해서 이 담론을 오염시키는 것이 아니다. 오히려 담론은 전략적 관계망 속에서 탄생하고, 사용되고, 기능하고, 소멸된다.

이런 의미에서『지식의 고고학』에서 푸코가 담론적 형성에 전략을 포함시킨 것은 전략을 담론적인 것으로 환원시킨 것이 아니라 오히려 담론 속에 권력이 언제나 있으며 담론의 형성에 일차적으로 관여한다고 주장한 것이다.

6.4.5 형성의 체계

형성의 체계는 이와 같은 대상의 형성, 언표행위적 양태들의 형성, 개념의 형성, 전략의 형성이라는 네 가지 그물망들의 상호의존으로 구성된다: "이 수준들은 서로가 서로에 대해 자유롭지 못하며, 제한 없는 자율성에 따라 전개되지 않는다." 하위 수준과 상위 수준은 서로 독립적이지 않은 것이다.[597]

우리는 이 형성의 체계를 "규칙으로 기능하는 관계들의 복합적인 다발"로 이해해야 한다. 그리고 하나의 단일한 형성의 체계를 정의하는 것은 한 담론을 특성화하는 것이다. 그리고 이러한 형성의 체계는 시간을 멈추게 하는 구조주의적 체계가 아니며 역동성을 띤다. 다만 형성의 체계를 기술하는 것은 "담론적 사건들과 다른 일련의

---

597 『지식의 고고학』, 112쪽

사건들, 변환들, 변이들 그리고 과정들 사이에 분절의 원리를 제기"하는 것이며 영원한 이데아 혹은 형상이 아닌 "다양한 시간 계열들 사이의 상응의 도식"을 제기하는 것이다.[598]

형성의 체계의 역동성에는 ①요소들의 수준에서의 역동성이 있다. 동일한 형성의 체계 속에서 새로운 대상, 언표행위, 개념, 전략이 나타났다(푸코는 정신의학의 사례를 들고 있다). 또한 ②담론적 실천은 대상들, 언표행위들, 개념들, 전략들이라는 요소들 사이의 관계를 짓는 영역들을 수정한다.

그런데 이러한 〈형성의 체계〉는 담론을 최종적으로 결정짓지 못한다. 왜냐하면 담론은 그 외재성의 장 속에서, 그리고 비담론적인 것과의 관계 속에서 끊임없이 변화하기 때문이다. 그럼에도 불구하고 푸코는 이러한 형성의 체계 배후에 "무질서의 불확실한 풍요"가 있다고 생각하길 거부하며, "담론의 얇은 표면 아래에, 한편으로 말 없는 생성의 덩어리를 가정"하지 않는다.[599] 말하자면 "우리는 담론의 차원에 머문다."[600]

---

598 『지식의 고고학』, 114쪽
599 『지식의 고고학』, 115쪽
600 『지식의 고고학』, 116쪽

6.5 언표와 문서고

6.5.1 언표란 무엇인가?

그런데 우리는 아직 언표가 무엇인지 정의하지 않았다. 푸코는 언표를 간단하게 정의하지 않으며, 대신 먼저 명제, 어구, 발화행위와 언표는 구별된다고 말한다.

(1) 언표는 어떻게 명제와 구별되는가?

푸코는 같은 진리치를 가지며 동일한 구성법칙들에 의해 구성된, 즉 명제의 관점에서는 동일한 두 언표 〈아무도 듣지 않았다〉와 〈아무도 듣지 않은 것은 사실이다〉의 사례를 통해 언표를 명제로 환원할 수 없음을 말한다. "언표인 한에서는, 이 두 공식화는 등가적이지도 상호 교환 가능하지도 않다."[601]

또한 하나의 언표가 서로 다른 두 가지 명제를 함축하기도 한다. 예를 들어 〈현재 프랑스 왕은 대머리이다〉라는 언표는 〈현재 프랑스 왕은 존재한다〉라는 명제와 〈그 왕은 대머리이다〉라는 명제를 함축하고 있다. 이런 의미에서,

> "한 명제의 동일성을 정의하도록 해주는 규준들, 한 명제 아래
> 에서 여러 명제를 구분하도록 해주는 규준들, 한 명제 아래에서
> 여러 명제를 구분하도록 해주는 규준들, 한 명제의 자율성과 완결

601 『지식의 고고학』, 120쪽

성을 특성화해 주는 규중들은 한 언표의 통일성을 기술하는 데에는 가치가 없다."[602]

(2) 언표는 어구와 어떻게 구별되는가?

예를 들어 라틴어 문법에 있어서,

amo

amas

amat

라는 수직으로 배열된 단어들은 어구가 아니라 "amare 동사의 현재 직설법의 상이한 인칭변화들에 관한 언표들이다."[603] 푸코는 이에 대해 다음과 같은 반론을 예상한다.

즉, 이것은 축약되고 생략된 어구이며 본래의 어구는 〈amare 동사의 현재 직설법은 일인칭에 있어 amo이다〉 등이라는 것이다.

그러나 푸코는 계통학적인 나무, 회계장부, 대차대조표들은 어구가 될 수 없다고 말한다. 또한 그래프, 성장곡선, 피라미드, 확률분포의 구름은 언표이지만 어구가 될 수 없으며 "이들이 동반할 수 있는 어구"는 이것의 해석 혹은 주석이다.[604] 이 언표들이 어구들로 등치 되기 위해서는 무한한 수의 어구들이 필요하다.

602 『지식의 고고학』, 120쪽

603 『지식의 고고학』, 121쪽~122쪽

604 『지식의 고고학』, 122쪽

따라서 언표와 어구는 등치될 수 없다.

(3) 언표는 발화행위와 어떻게 구별되는가?

영미의 화용론에서 발화행위(speech act) 또는 illocutionary act라고 하는 것은 다수의 언표를 필요로 하며, 특히 어떤 illocutionary act 들은 이 다수의 언표들이 특정한 방식으로 연결되어야 작동한다: "이 행위들은 이 언표의 계열 또는 총화에 의해서, 그들의 필연적인 병치에 의해서 구성된다."[605]

이런 의미에서 언표는 명제, 어구, 발화행위와 구별된다. 또한 푸코는 "언표의 출현은 시공간 속에서 기호들의 출현"과 동일시 될 수 없다고 말한다. 그렇다면 언표는 무엇인가? 푸코에 의하면 언표는 어구, 명제, 발화행위와 동일한 수준에 있지 않으며, 어구, 명제, 발화행위가 존재하는지와 언어적 규범에 맞게 구성되었는지, 그리고 의미가 있는지 등을 규정하는, 기호에 속하는 "존재의 기능"[606]이다. 푸코는 다음과 같이 쓰고 있다.

> "즉 언표란 그 자체로는 결코 단위가 아니며, 구조들의 그리고 가능한 단위들의 영역을 가로지르는, 그들을 구체적 내용들과 함께 시간과 공간 속에 나타나게 하는 하나의 기능인 것이다."[607]

605 『지식의 고고학』, 124쪽
606 『지식의 고고학』, 129쪽
607 『지식의 고고학』, 129쪽

언표적 기능의 특징은 무엇이 있을까? 언표적 기능의 일반적 특징들은 다음과 같다.

(1) 언표와 언표되는 것 사이에는 명제와 지시대상 사이의 관계나 어구와 의미 사이의 관계와는 다른 관계가 성립한다. 논리학자들은 지시대상을 가지지 않은 명제를 검증 불가능하다는 이유로 "아무것과도 관계하지 않는다."[608]고 말하지만 언표의 차원에서 보면 언표의 상관자는 반드시 존재한다. 뿐만 아니라 푸코는 한 명제가 지시대상을 가지는지 여부를 살펴보기 위해서는, 언표의 상관자를 검토해야 한다고 말한다. 예를 들어 〈현재 프랑스 왕은 대머리이다〉가 지시대상을 갖지 않기 위해서는 이 언표가 오늘날의 "역사학적 정보의 세계"[609]와 관련되어 있음이 가정되어야 한다. 이와 같이 언표와 그 상관자의 관계는 명제와 그 지시대상과의 관계에 보다 선행하고 그것을 조건 짓는다.

또한 어구가 아무런 의미를 갖지 않을 때에도, 언표는 그 상관자를 가진다. 어구에 의미가 부여되거나 박탈되는 것은 "규정된 그리로 잘 안정화된 언표적 관계 안에서이다."[610] 그렇다면 언표의 상관자는 무엇인가? 푸코는 이를 "어떤 대상들을 나타나게 할 수 있는, 그리고 어떤 관계들이 부과되도록 할 수 있는 어떤 영역들의 집합"

---

608 『지식의 고고학』, 132쪽

609 『지식의 고고학』, 132쪽

610 『지식의 고고학』, 133쪽

이라고 정의한다.[611] 이러한 영역은 물질적 대상들의 영역일 수도 있고, 허구적인 대상들의 영역일 수도 있으며, 친족관계들의 영역일 수도 있다. 이와 같은 영역들 각각이 상관자이므로 언표와 그 상관자 사이에는 일대일대응이 성립하지 않는다. 언표의 상관자는 다른 말로 번역하면 〈언표의 좌표계〉라고 부를 수 있다. 이러한 언표의 좌표계로서 언표의 상관자는 "어구에 그 의미를 주는, 명제에 그의 진리가를 주는 존재의 출현과 제한의 가능성들"을 규정한다.[612]

따라서 언표적 수준에 대해서 기술한다는 것은 일차적으로 '언표와 분화의 공간들 사이의 관계'를 분석한다는 것과 같다.

(2) 또한 언표의 주체는 "어구 안에 현존하는 일인칭의 문법적 요소"[613]가 아니며, 발화자나 저자가 아니다. 우선 언표의 주체는 어구에 외재적이며, 일인칭을 포함하지 않는 언표 역시 언표의 주체를 가지고, 두 개의 언표가 동일한 문법적 형태를 가진다고 해도 그 언표의 주체는 다를 수 있다.

또한 기호의 발화자는 언표의 주체와는 다른데, 이러한 예로는 최종교정자에 의해 읽히고 있는 텍스트를 들 수 있다.

또한 언표의 주체는 저자가 아니다. 우선 익명적인 저작의 경우에도 언표의 주체는 존재하며, 하나의 소설 속에서의 언표의 주체는 항상 동일하지 않다. 말하자면 소설의 저자가 동일한 경우에도 언표

---

611 「지식의 고고학」, 134쪽

612 「지식의 고고학」, 134쪽

613 「지식의 고고학」, 136쪽

와 언표의 주체의 관계가 항상 동일하게 존재하지 않는 것이다. 그러나 이것은 문학에 국한된 경우 아닌가? 문학에서는 저자가 부재하거나 저자의 동일성 밑에서 상이한 위치와 역할을 차지하는 언표의 주체들이 존재하는 경우가 흔하다. 그런데 푸코는 이러한 위치와 역할의 분산은 "절대적으로 일반적인 것"이라고 말한다.[614]

예를 들어 수학적인 담론의 공간에서 〈제3의 양과 동일한 두 양은 서로 같다〉라는 언표의 주체는 절대적으로 중성적이고 시간과 공간과 상황에 대해 무관심한 위치를 차지하지만, 〈나는 […]한 점들의 모든 집합을 직선이라고 부른다〉라는 언표나 〈어떤 요소들의 유한한 집합이 있다고 하자〉와 같은 언표에서 언표의 주체는 조작의 주체로서 미래의 조작과 연결되어 있다. 그러나 뒤의 두 '조작적 언표' 조차도 언표의 주체는 차이가 난다. 첫 번째 조작적 언표의 경우에 언표된 것은 관습이고, 따라서 언표의 주체와 언표된 것은 같은 차원에 속한다. 그러나 두 번째 조작적 언표의 경우에 언표의 주체는 언표된 것을 존재케 하는 것으로서 언표된 것보다 상위의 차원에 속한다.

이렇게 언표의 주체는 저자가 아니며, 하나의 위치이자 자리, 즉 "상이한 개인들에 의해 유효하게 점유될 수 있는 규정된 그리고 비어있는 자리"인 것이다.[615]

(3) 언표적 기능의 세 번째 특징은 '그것이 그에 연합에 있는 어

614 『지식의 고고학』, 138쪽
615 『지식의 고고학』, 140쪽

떤 영역'이 없이는 작동되지 않는다는 점이다. 명제는 그것이 참인 가 거짓인가를 알기 위해서는 지시대상이 필요하지만, 그것이 명제 인지 아닌지의 문제는 지시대상의 존재 여부와 상관이 없는 문제이 다. 즉 명제가 존재하는 것 자체에는 지시대상이 필요하지 않다. 또 한 어구의 존재는 어구의 의미의 존재와는 별개의 문제이며 무의미 한 어구, 그러나 문법적으로 올바른 어구들은 무수히 많다. 또한 어 구나 명제가 존재하기 위해서는 다른 명제나 어구가 필요 없다. 혹 자는 명제는 공리들의 체계가, 그리고 어구는 문법이 존재해야 한다 고 말하지만, 공리들의 체계나 문법은 명제나 어구와 동등한 수준에 있지 않으며, 명제나 어구와 '연합'되지 않는다. 따라서 어구나 명제 는 다른 것과 연합되지 않아도 존재할 수 있다.

그러나 언표는 그에 연합되어 있는 장이 존재하지 않으면 기능할 수 없다.

앞의 연구를 통해서 우리는 하나의 언표가 존재하기 위해서는 대 상들의 영역, 주체와의 규정된 관계가 존재해야 한다는 것을 알 수 있다. 뿐만 아니라 인접(隣接)한 모든 언표장과의 관계로서 방계공간 (espace collatéral)이 기능하지 않고서는 하나의 어구는 언표가 될 수 없 다. 푸코는 다음과 같이 쓰고 있다.

"일반적인 언표, 자유롭고 중성적인 그리고 독립적인 언표란 존재하지 않는다. 그러나 하나의 언표는 언제나 하나의 계열 또는 하나의 집합의 부분을 이룸으로써, 다른 언표들 사이에서 어떤 역할을 행함으로써, 하나의 언표적 놀이[…]에 통합된다. […](자신과) 상이한 언표들을 전제하지 않는 언표란 존재하지 않는다. 자신의 주위에 공존의, 계열적 효과들의 그리고 계기의 장, 즉 기능들과 역할들의 분배를 가지지 않는 언표는 존재하지 않는다."[616]

이런 의미에서 허경의 말대로 "언표 분석의 관건은[…] 언표장의 배치"라고 볼 수 있다.[617]

(4) 언표적 기능의 네 번째 특징은 그것이 물질적 존재(existence matérielle)를 가진다는 점이다. 언표는 '물질적 두께'를 통해서만 우리에게 주어진다. 이런 의미에서 물질성은 언표를 구성한다.

즉, 언표의 정체성 자체는 "실체, 기반, 장소, 그리고 날짜"에 의해 규정되며 이 사항들의 수정은 언표의 정체성 자체를 바꿀 수 있기 때문이다. 반면 어구나 명제의 동일성은 제한된 조건하에서 상이한 기반, 장소, 날짜를 관통하여 유지될 수 있다.[618] 그러나 동시에 언표는 물질성이지만 "반복 가능한 물질성"이기도 하다.

동일한 책, 예를 들어 보들레르의 『악의 꽃』의 여러 판본들이 어떤 종이 위에 어떤 잉크로 씌어 졌건 간에 동일한 언표들이라는 사실에서 푸코는 언표의 물질성은 '물리적인' 물질성을 의미하는 것이 아님을 알 수 있다고 말한다. 언표의 물질성은 제도의 질서를 의미한다.

616 『지식의 고고학』, 146쪽
617 『미셸 푸코의 『지식의 고고학』 읽기』, 143쪽
618 『지식의 고고학』, 148쪽

이러한 제도의 질서란 언표의 제도적 반복 가능성, 즉 다시 쓰기와 옮겨 쓰기의 가능성들을 규정짓는 질서를 말한다.

이 언표의 반복 가능한 물질성 속에서 어떤 지위와 함께 나타나며 어떤 조작들과 전략들에 통합된다. 말하자면 제도적 질서로서 언표의 물질성은 전유와 경쟁, 인정 투쟁, 그리고 권력과 무관하지 않다. 이정우는 『담론의 공간』에서 다음과 같이 쓰고 있다.

> "이 반복 가능한 물질성에 대한 논의와 그와 상관적인 담론 이론은 푸코의 철학에서 권력의 문제를 본격적으로 드러낸다. [···] 고고학과 계보학 사이에 급진적인 단절은 없다."[619]

따라서 언표는 "기호들의 집합에 고유한 존재양식"으로서 이 기호들의 집합이 대상들의 영역과 관계 맺을 수 있도록, 주체의 모든 가능한 위치를 규정할 수 있도록, 다른 방계공간들과의 연합 가운데에 위치할 수 있도록, 반복 가능한 물질성을 가질 수 있도록 해주는 양식을 의미한다. 그리고 이렇게 언표가 정의됨에 따라 담론은 "동일한 형성의 체계로부터 나온 언표들의 집합"으로서 명확히 규정된다.[620]

언표에 관한 기술은 "표면 뒤에 숨겨진 요소"로 나아가는 것이 아니다. 왜냐하면 언표는 현실적으로 표현된 기호들의 집합에 고유한 존재양식을 특성화하기 때문이다. 말하자면 언표는 언어적 수행들을 그들의 존재(실존)의 수준에서 다루기 때문에 언표는 탈은폐적이

---

619 이정우, 『담론의 공간』, 서울: 산해, 2000, 62쪽
620 『지식의 고고학』, 157쪽

다. 그러나 놀랍게도 언표는 비가시적이다. 들뢰즈에 의하면 고고학의 임무 중 하나는 "단어와 문장과 명제를 개방"함으로써 언표를 추출하는 것이다.[621] 명시적인 언표의 배후에 있는 심층, 즉 장막의 뒤나 아래에는 "어떤 것도 존재하지 않"지만 "언표는[⋯] 다양한 조건들에 관계될 경우에만 해독 가능한 것"이다.[622]

이와 같은 비가시적이며 동시에 탈은폐적인 언표는 언어의 극한이라고 푸코는 말한다. 푸코는 언표적 수준은 언어의 출현양태를 규정한다. 이것은 언어와 언어표현의 전적인 부재 사이에는 "반쯤 언어화된 모든 사유들, 단편들"이 존재하는 것이 아니라 "언표적 기능을 실행시키는 조건들"만이 존재한다는 것을 뜻한다.

6.5.2 언표적 장의 실증성: 희박성, 외재성, 축적

푸코에 의하면 현실화된 언표는 '언어학적 요소들의 무제한 조합체계'에 의해 생산될 수 있는 언어표현에 비해 극히 적다. 이것이 바로 언표의 희박성이다. 이러한 언표의 희박성은 담론들 사이의 불연속성을 도입한다: "담론적 형성은 담론들의 얽힘 속에서의 분절의 원리로서 나타나며 동시에 언어적 장에 있어서의 진공의 원리로 나타나는 것이다(173쪽)."

고고학은 언표적 장이 〈말해지지 않은 것〉을 배제하면서 언표를 나타나게 하는, '현존들의 제한된 체계'에 대해 탐구한다. 그리고 이것은 언표의 희박성에 근거를 두고 있다. 물론 배제라는 어휘에서 〈

---

621   질 들뢰즈, 허경 옮김, 『푸코』, 서울: 그린비, 2019, 93쪽

622   『푸코』, 96쪽

억압〉을 연상해서는 안 된다. 고고학은 억압된 무의식을 탐구하지 않는다. 고고학은 또한 명시적 언표들 아래에 숨겨져 있는 텍스트가 존재한다고 생각하시 않는다. 푸코는 "언표적 영역은 전적으로 그의 고유한 표면에 존재한다."라고 분명히 말한다.

그리고 푸코는 극소수의 것들만 언표될 수 있다는 사실은 언표가 투명하지 않고, 인간의 욕망과 소유, 권력과 무관하지 않다는 것을 의미한다고 말한다. 푸코는 이런 의미에서 언표가 "존재하자마자 […] 권력의 물음을 제기하는 재산, […]투쟁의 대상이 되는 재산"이라고 말한다.[623]

뿐만 아니라 언표는 외재성이라는 특성을 가진다. 즉 언표적 장은 내면의 번역이나 '표현'이 아니다. 이러한 언표적 장은 그 자체의 수준에서 기술할 수 있는 장이다. 그리고 이 언표적 장은 개별적인 주체나 집단의식 또는 선험적 주체성에 연결되지 않는다. 언표적 장은 하나의 익명적 장으로서 오히려 말하는 주체들의 가능한 자리를 규정하는 장이다. 심지어 푸코는 익명적 장으로부터 주체를 읽어내는 것이 아니라 주체로부터 익명적 장의 효과를 읽어내야 한다고 주장한다.

이런 의미에서 언표 분석은 코기토를 배제한다. 더 나아가 언표적 분석은 〈사람들이 말한다〉의 수준에 위치한다. 이것은 실제로 집단이 말한다는 것이 아니라 익명적 장에 의해 규정되는 말하는 주체의 자리와 그 자리에 부여된 기능이 그 자리를 차지한 사람의 개별성이

---

[623] 「지식의 고고학」, 175쪽

나 고유성과 무관하다는 것을 의미한다. 이런 의미에서 〈누구든지 말할 수 있다〉.

또한 언표는 축적됨이라는 특성을 지닌다. 그리고 이러한 언표의 축적을 규정짓는 것은 ①잔류효과(rémanence) ②부가성(additivité) ③반복(récurrence) 이다.

① 잔류효과는 언표들이 일련의 테크놀로지에 의해 힘입어, 어떤 유형의 제도에 따라, 법규적인 양태에 의거해 보존됨을 의미한다.
② 담론의 이질성에 따라 언표들이 부가되는 방식으로서 부가성이 다르다는 것을 의미한다. 예를 들어 수학적 언표들이 축적되는 방식은 법률적인 언표들이 축적되는 방식과는 다르다.
③ 언표들은 선행하는 요소들의 장을 전제하지만 동시에 이 장을 재조직하고 재분배한다. 즉 언표는 그에 선행하는 것으로서 구성된 것 속에서 자신과 양립할 수 없는 것을 배제하고 그를 가능한 것 혹은 필연적인 것으로 만드는 것을 반복한다.

이와 같은 의미에서 푸코는 언표의 희박성, 외재성, 축적이 일종의 리얼리티, 즉 실증성(positivité)을 구성한다고 말한다. 한 담론적 형성을 분석하는 것은 언표들의 수준에서, 그리고 언표장의 실증성의 형태하에서 담론적 형성을 다루는 것이다. 푸코는 이런 의미에서 자신이 "행복한 실증주의자"라고 말한다: "만일 총체성들에 대한 탐구를 희박성에 대한 분석으로, 선험적 정초의 테마를 외재성의 관계에 대한 기술로, 시원에의 물음을 축적들에 대한 분석으로 치환함으로써 우리가 한 사람의 실증주의자가 될 수 있다면, 그렇다면 우리는 행복한 실증주의자이다."[624]

6.6 결론: 역사적 아프리오리와 문서고

고고학은 누가 진리를 말했는가에 관심을 두지 않는다. 고고학에 의해 구성되는 '책들과 텍스트들의 통일성'은 예를 들어 린네와 뷔퐁이 같은 수준에 위치함으로써, 같은 개념적 장을 전개시킴으로써, 같은 전장 위에서 대립함으로써 어느 정도까지 같은 것을 말했는지에 대해 말함으로써 획득된다. 말하자면 이러한 통일성은 '소통의 제한된 공간'을 규정짓는다. 또한 푸코는 한 담론적 형성에 속하는 한 무더기의 텍스트가 그 실증성의 형태를 통해서도 소통할 수 있다고 말한다. 실증성의 형태는 "형식적인 동일성들이, 테마적인 연속성들이, 개념들의 번역들이, 논쟁적인 놀이들이 펼쳐지는 하나의 장을 정의한다."[625]

그리고 이러한 실증성은 역사적 아프리오리라고 푸코는 말한다. 이러한 일견 역사적 아프리오리라는 개념은 그 자체로 모순된 것처럼 보인다. 왜냐하면 역사는 경험적인 것으로 규정되어 왔기 때문이다. 그러나 미셸 푸코는 우리의 인식을 구속하는 선험적인 틀이 존재하지만 이 선험적인 틀이 역사에 따라 변화할 수 있음을 주장한

---

624 「지식의 고고학」, 182쪽
625 「지식의 고고학」, 184쪽

다. 이를 받아들인다면 역사적 아프리오리는 그렇게 이해하지 못할 개념은 아니다. 실제적으로 역사적 아프리오리는 바로 〈담론적 실천을 특성화하는 규칙들의 집합〉이다.[626] 말하자면,

> "이 아프리오리는 역사성을 비켜 가는 것이 아니다: 그것은, 사건을 넘어서서 그리고 부동의 하늘 위에서, 하나의 비시간적인 구조를 구성하지 않는다."[627]

그리고 이러한 실증성의 형태들을 가로질러 문서고라는 체계가 존재한다: "문서고란 말해진 것들이[…] 그들의 담론적 수준을 고유하게 특성화해주는 관계들의 모든 놀이에 의해 나타나도록 해주는 것이다."[628]

이러한 문서고는 언표들의 형성과 변형의 일반적인 체계를 의미한다. 말하자면 문서고는 언표가능성의 체계를 의미한다. 이러한 문서고를 충분히 기술하는 것은 불가능하다고 푸코는 말한다. 왜냐하면 우리는 이러한 문서고의 '밖'에 서있을 수 없으며 언제나 문서고의 체계 안에서 언표하기 때문이다. 반면 문서고는 우리를 지배하며 우리가 의지에 따라 제어할 수 없는 것이라는 점에서, 그리고 우리가 반성에 의해서도 온전히 알 수 없다는 점에서 우리에 대해 '타자'이다. 이런 의미에서 문서고는 우리의 '바깥' 혹은 언어의 '바깥'에

---

626 『지식의 고고학』, 185쪽
627 『지식의 고고학』, 185쪽
628 『지식의 고고학』, 187쪽

존재한다. 또한 허경은 다음과 같이 쓴다.

"문서고는 오직 파편적인 형태로만[…] 기술될 수 있다."[629]

그렇다면 들뢰즈의 『프루스트와 기호들』에서 보듯이 우리는 오직 이러한 파편들 사이를 횡단함으로써만 이러한 문서고에 조금이라도 더 다가갈 수 있다. 이것이 푸코가 그토록 이질적인 담론들을 횡단 했던 이유라고 볼 수 있다.

참고문헌

» 개리 거팅, 홍은영 · 박상우 옮김, 『미셸 푸코의 과학적 이성의 고고학』, 서울: 백의, 1999
» 미셸 푸코, 이규현 옮김, 『성의 역사 1: 지식의 의지』, 파주:나남출판, 2019,
» 미셸 푸코, 이정우 옮김, 『지식의 고고학』, 서울: 민음사, 2011
» 이정우, 『담론의 공간』, 서울: 산해, 2000
» 질 들뢰즈, 허경 옮김, 『푸코』, 서울: 그린비, 2019
» 허경, 『미셸 푸코의 『지식의 고고학』 읽기』, 서울: 세창 미디어, 2013

---

629   『미셸 푸코의 『지식의 고고학』 읽기』, 173쪽

7. 장 프랑수아 리오타르
-『포스트모던적 조건』

▌ 7.1 『포스트모던적 조건』을 읽는 이유

　장 프랑수아 리오타르의『포스트모던적 조건』은 이른바 '포스트모더니즘'의 유행이 지난 뒤에도 읽을만한 가치가 있다. 왜냐하면 과학적 지식을 정당화해 왔던 근대적인 메타-이야기의 붕괴는 오늘날에도 극복되지 않고 있으며 리오타르가 이러한 메타-이야기에 의한 정당화의 대안으로 제시한 "불일치에 의한 정당화"가 아직도 시사하는 바가 있기 때문이다. 뿐만 아니라 정보사회에서 지식의 역할과 위상, 의미에 대한 탐구는 오늘날 한국 사회를 설명하는 데에 무리가 없다. 리오타르의 진단에 의하면 오늘날 '지식'은 가장 중요한 생산력이 되었으며 더 나아가 지식이 교환되기 위해 생산되는 상품이 됨에 따라 더 이상 지식을 얻는 과정이 "정신의 도야" 과정이 아니게 된다.

　　"지식 획득은 정신의 도야, 심지어 인격의 도야와 분리될 수 없다는 옛 원리는 더욱 효력을 상실할 것이다. 지식의 공급자 및 사용자가 지식에 대하여 갖는 관계는 상품의 생산자 및 소비자가 상품에 대해 갖는 관계와 같은 형태, 즉 가치형태를 가질 것이다."[630]

뿐만 아니라 오늘날 과학적 지식의 정당화과정은 권력의 문제와 떼려야 뗄 수 없다는 리오타르의 주장은 옳다. 지식이 무엇인지를 결정하는 것, 그리고 이러한 결정을 누가 내릴지를 결정하는 것은 바로 권력이다: "정보 시대에서 지식에 관한 물음은 그 어느 때보다도 지배에 관한 물음이다."[631]

7.2 화용론적 방법과 포스트모던적 조건

이와 같은 현대정보사회에서 지식의 위상과 의미를 분석하기 위해서 리오타르는 비트겐슈타인에 의해 주창되었고 오스틴과 설에 의해 발전된 화용론을 자기 것으로 소화하여 활용한다. 비트겐슈타인의 『철학적 탐구』 초반부부터 언어를 단지 지시대상을 반영하는 것으로만 생각하는 사고는 파괴되며 지시적인 언어게임은 무수히 많은 언어게임 중 하나가 된다. 예를 들어 바그너의 『니벨룽겐의 반지』에 나오는 지크프리트의 검인 노퉁 검이 온전하든 이미 파괴되었든 "노퉁의 칼은 날카롭다."라는 말은 '의미'를 가지고 있다. 즉 언어의 의미는 반드시 대상을 '지시'함으로써 생겨나는 것이 아니며,

630 장 프랑수아 리오타르, 이현복 옮김, 『포스트모던적 조건』, 파주: 서광사, 2014, 20~21쪽

631 『포스트모던적 조건』, 28쪽

지시적 언어게임은 유일한 종류의 언어게임이 아니다. 언어의 의미는 구체적인 실천 속에서의 언어의 '사용'에 의해 규정되며 이러한 언어를 말하는 것 자체가 이러한 실천의 일부이며 이러한 실천을 명시적/암묵적으로 규제하는 규칙이 존재한다. 그리고 이러한 언어의 '사용'은 다종다양하며 실천의 규칙들도 다종다양하다.

> "여기서 '언어게임'이라는 낱말은 언어를 말하는 일이 어떤 활동의 일부, 또는 삶의 형식의 일부라는 사실을 강조하기 위해 사용된다. […]언어게임의 다양성을 눈여겨보라."[632]

그리고 이러한 다종다양한 규칙들을 제어하거나 소통시키는 단 하나의 메타—언어게임은 존재하지 않는다. 이를 리오타르는 '통약불가능성'이라고 말하고 있다. 즉 하나의 언어게임 속의 문장은 다른 언어게임 속의 문장으로 번역되지 않는다는 것이다. 리오타르에 의하면 '언어의 통일성에 대한 유감 표명'이 비트겐슈타인의 후기 사상에 짙게 배어있다.[633]

리오타르는 오늘날의 사회적 유대가 한 가지 종류의 섬유로 이루어져 있지 않으며, '자기'는 다양한 언어게임의 "복합적이고 유동적인 관계 조직망"[634]에 속해있다고 말한다. 언어게임은 사회성립의 필

632　루트비히 비트겐슈타인, 이승종 옮김, 『철학적 탐구』, 파주: 아카넷, 2020, 54쪽

633　장 프랑수아 리오타르, 이현복 옮김, 『지식인의 종언』, 서울: 문예출판사, 2011, 76쪽

634　『포스트모던적 조건』, 45쪽

수적 기초이고 사회적 유대에 대한 물음 자체가 하나의 언어게임이며 발화자, 수화자, 지시대상의 위치를 즉각 규정한다는 의미에서 이미 사회적 유대이다. 따라서 더 이상 다종다양한 사회적 유대와 언어게임 바깥에 고독한 주체는 존재하지 않는다. 말하자면 이러한 주체들은 다양한 의사소통 회로들의 교차점에 위치한다. 여기서 의사소통이란 정보 전달만을 의미하지 않으며, "지시적 · 규범적 · 평가적 · 수행적"[635] 메시지를 담은 언어의 교환을 의미한다. **참고로 리오타르가 말하는 '언어'는 모든 종류의 '기호'들을 포괄하고 있다.** 리오타르는 다음과 같이 쓰고 있다.

> "새로운 언어들은 옛 언어에 부가되며, [⋯]기계 언어, 게임 이론의 주형, 새 음악 표기법, 비지시적 논리학의 표기법(시제 논리학, 당위 논리학, 양상 논리학), 유전 코드 언어, 음성학적 구조의 그래프 등이 첨가될 수 있다."[636]

이와 같이 사회는 "언어게임의 유연한 망으로 해체"되기 시작한다.[637] 이와 같은 다양성이 생성되며 이와 같은 다양한 언어게임들 사이에는 '친족 유사성'만이 존재할 뿐 이러한 언어게임을 관통하는 메타-언어게임은 존재하지 않는다.

그런데 이러한 다원론적 '포스트모던적 조건'이 완전히 성숙하

---

635 『포스트모던적 조건』, 47쪽
636 『포스트모던적 조건』, 94쪽
637 『포스트모던적 조건』, 48쪽

기 이전에 근대적 사회 이론에는 사회적 유대의 단일성을 주장하는, 즉 사회 체계가 유기적 통일성을 갖고 체계 내에서 각각의 부분들이 정해진 '기능'을 수행하고 있다고 주장하는 사회 기능주의적 이론과, 사회 체계가 이러한 단일성으로의 종합을 시도하지만 언제나 이에 저항하는 갈등적 요소가 있으며 사회는 이 둘의 갈등으로 구성된다는 마르크스주의적 이론이 존재해 왔다. 말하자면 근대에서 선택지는 일원론 혹은 이원론이었던 것이다. 그런데 리오타르는 이와 같이 사회를 설명하는 일원론이나 이원론이 오늘날의 사회를 설명하는데에 있어 부적합하다고 말한다. 이런 의미에서 '포스트모던적 조건', 즉 사회 이론의 절대적 전제는 '차이'와 '다양성'이라고 말할 수 있다.

7.3 이야기적 지식과 이른바 '과학'

근대 이후의 서양에서 유일한 지식의 형태는 지시적 언어게임으로 특징지어지는 '과학'이었다. 리오타르는 그런데 전통 사회 혹은 원시 사회에는 이와 같은 지시적 언어게임과는 다른 종류의 언어게임을 통해서 생산되는 '이야기적 지식'이 존재해 왔다고 말한다. 이러한 '이야기적 지식'은 관습이나 '문화'를 통해서 재생산되는 것으로서, 다양한 능력들을 형성하기 위해서 존재한다. 이와 같은 다양한 능력들의 형성을 촉진하는 '이야기적 지식'은 그 내부에 언어게임의 다양성을 수용할 수 있다. 이와 같은 의미에서 전통 사회 혹은 원시 사회에서 지식은 단순히 인지적 능력과만 관계하지 않는다.

> "지식이라는 용어는 지시적 진술의 총체만을 의미하지 않는다.
> 지식은 행할 줄 앎, 생활할 줄 앎, 경청할 줄 앎과 같은 개념들을
> 포함한다. [⋯]지식은 다른 종류의 진술들을 배제하면서 인지적
> 진술과 같은 특정한 종류의 진술에 관한 능력에 있는 것이 아니
> 다."[638]

또한 전통 사회 혹은 원시 사회에서 '이야기적 지식'은 특정한 화
용론적 규칙에 종속되어 있는데, 발화자의 자격을 얻는 것은 자신이
수화자와 지시대상의 위치에 있었다는 사실로부터이다. 따라서 언
어 행위(actes de langage)는 고독한 주체의 창조행위가 아니며 "사회적
관계를 형성하는 화용론적 규칙 집단"을 형성한다.[639]

또한 '이야기적 지식'이 생산되는 사회에서 이야기는 리듬의 반
복에 종속된다. 이러한 리듬의 반복은 규칙적 주기를 가진 '운율'과
"주기 중의 몇몇 길이와 폭을 변화시키는"[640] 악센트 중에서 '운율'의
우세를 보장한다. 그리고 이러한 규칙적 주기의 반복으로서의 운율
은 각 주기 간의 상이성을 지워버림으로써 기억을 지워버리는 역할
을 한다. 이것은 운율을 통해서 '잊지 않기'를 기대하는 서구사회와
는 정반대인 것이다.

---

638 『포스트모던적 조건』, 52쪽
639 『포스트모던적 조건』, 57쪽
640 『포스트모던적 조건』, 57쪽

또한 '이야기적 지식'이 생산되는 사회에서는 자신의 이야기를 정당화할 필요가 없으며 사회구성원은 이 이야기의 현실화에 불과하다. 그러므로 이는 언제나 과학적 지식의 정당화를 중요하게 여기는 서구 문화와는 다르다.

반면 서구사회에서 과학은 지시적 언어게임에 특권적 지위를 부여하고 "지시적 언어게임의 격리 및 다른 것들의 배제"를 통해서 작동한다.[641] 또한 이러한 지시적 언어게임의 지시대상은 원칙적으로 발화자와 수화자의 논의 공간 '바깥'에 존재한다고 가정된다. 그리고 새로운 지시적 진술이 다른 지시적 진술과 대립되거나 모순된다면 이 새로운 지시적 진술은 '논증과 증명을 통해' 선행진술을 반박함으로써만 정당화된다. 그렇기에 과학적 게임은 '기억과 기획'이 중요하게 된다.

뿐만 아니라 새로운 과학적 진술이 의미가 있으려면 동일한 지시대상에 대한 기성의 과학적 진술과 다른 지시적 진술을 내어놓아야 한다. 따라서 과학적 지식의 발화자는 기성의 과학적 진술들에 대한 지식을 참고문헌으로써 갖고 있어야 한다. 이것은 동일한 운율의 반복을 통해 기억을 지워버리는 역할을 하는 전통 사회나 원시 사회에서의 이야기적 지식과는 대비되는 것이다. 과학적 지식에서,

> "각각의 수행에서 '악센트'라고 명명된 것과 이 게임의 논쟁적
> 기능은 모두 '운율'을 능가하고 있다. 기억 장치 및 새로움의 연구

---

641 『포스트모던적 조건』, 64쪽

를 전제하는 이 통시성은 원칙적으로 누적과정을 나타낸다. 악센
트와 운율의 관계인 이 누적과정의 '리듬'은 가변적이다."[642]

리오타르는 이러한 의미에서 이야기적 지식과 과학적 지식이 서
로 통약불가능하며 어떤 것이 더 우월하거나 열등하다고 말할 수 없
다고 말한다. 리오타르는 과학적 지식만이 유일한 형태의 지식이며
이야기적 지식은 미개하다고 생각하는 서양의 제국주의적 사고방식
을 비판한다.

7.4 과학적 지식의 정당화와 탈정당화

더 나아가 리오타르는 과학적 지식은 지금까지 과학의 관점에
서 보기에 비–지식에 불과한 이야기에 의해 정당화되어 왔다고 주
장한다. 이것은 오늘날도 마찬가지이다. 예를 들어 과학자들은 대
중매체에 나와서 자신의 비–이야기적 지식을 얻는 과정에 대한 '이
야기'를 발화함으로써 자신의 연구의 정당성을 홍보한다. 그리고 이
"이야기적 게임"은 "진부한 것도 부수적인 것도 아니다."[643] 또한 국
가는 과학에 이러한 서사를 부여하는 데에 많은 예산을 지원하고,
이러한 과학 전문가들은 "결정권자들에게 필요한 공공의 동의를 창

642 『포스트모던적 조건』, 66쪽
643 『포스트모던적 조건』, 70쪽

출한다."[644]

이러한 과학적 지식에 대한 정당화 담론으로서 이야기에 대한 호소는 플라톤에서부터 볼 수 있다. 플라톤은 『국가론』에서 '동굴의 비유'를 통해 과학적 지식을 정당화하고 있는데, 이 '동굴의 비유'는 이야기이다. 이러한 '동굴의 비유'는 왜 사람들이 '이야기'를 믿기를 원하고 과학에 적대적인지를 '이야기'를 통해 보여주는 역설을 가지고 있다. 즉 "지식은 지식의 순교에 관한 이야기에 의해서 확립된다."[645]

이와 같이 과학은 '이야기' 없이는 정당화되지 못하는데, 왜냐하면 과학은 스스로를 정당화할 수 없기 때문이다. 과학이 스스로를 정당화한다는 것은 과학적 지식이 스스로 전제된다는 것, 즉 부당 전제의 오류를 범한다는 것을 의미한다.

그렇다면 근대과학은 어떻게 정당화되어 왔는가? 근대과학은 물론 하나의 이야기에 대한 호소, 즉 시민(부르주아)계급의 성장과 더불어 등장하는 하나의 이야기에 대한 호소를 통해 '정치적으로' 정당화되어 왔다. 이 이야기의 주인공은 바로 인민(peuple)이다. 이러한 '인민'에 대한 이야기는 "점증적인 진보"와 "보편성의 경향"과는 무관했던 전통 사회의 이야기와는 판이하게 다른 것이었다.[646] 이러한 '인민'은 전통적인 지식을 몽매주의로 여기며 이러한 전통적인 '이야기적 지식'을 파괴하는 자이기도 했다.

---

644 『포스트모던적 조건』, 70쪽
645 『포스트모던적 조건』, 71쪽
646 『포스트모던적 조건』, 74쪽

내가 이러한 '인민'의 이야기에 의해 과학이 '정치적으로' 정당화되어 왔다는 것을 강조하는 것은 과학을 정당화하는 다른 이야기가 존재해 왔기 때문이다. 이 다른 이야기는 '철학적'으로 과학을 정당화한다. 이 이야기의 주인공은 바로 '사변적 정신'이다. 헤겔 등에 의해 발전되어 온 사변철학에서 사변적 지식은 단순한 지시대상에 대한 실증적 인식이기를 중단하며 이러한 실증적 인식은 "정신이나 삶의 여정 중에, [...]사변적 담론을 이야기하는 백과전서 속에 어떤 위치를 통해서 수용"된다.[647] 사변적 담론은 자신을 전개하면서 실증적 담론들을 인증한다.

그런데 리오타르는 이러한 사변적 이야기와 해방적 이야기 모두 '포스트모던적 조건'에서 성립되기 어렵다고 말한다. 더 나아가 리오타르는 이러한 메타이야기들 속에 이미 탈정당화의 씨앗이 내포되어 있었다고 말한다. 먼저 사변적 이야기는 자체 내에 자기-해체적 애매성을 내포한다. 왜냐하면 사변적 이야기에 의하면 과학적 진술은 인식의 보편적 생성과정 속에 설정되는 한에서만 지식일 수 있다. 이러한 사변적 이야기는 보편적 발생과정이 존재한다는 것과 과학적 진술 속에서 이것이 표현된다는 전제를 갖는다. 이런 전제는 "일군의 규칙"을 규정한다.[648] 즉, 사람들이 지식 담론의 보편적 생성과정으로서 '실증과학'의 양식을 수용한다는 것, 그리고 이 담론의 형식적, 공리적 전제가 옳다는 것을 말이다.

사변적 이야기는 충분히 반성되지 않은, "직접성에서 지시대상

647　「포스트모던적 조건」, 83쪽
648　「포스트모던적 조건」, 91쪽

[…]에 관한 지시적 담론"[649]으로서의 실증적 과학이 "자신이 안다고 믿는 것을 실제로는 알지 못"한다고 주장한다. 이렇게 사변적 이야기는 그 내부에 "실증 지식에 대한 회의주의를 포함"[650]하고 있다.

그런데 사변적인 담론이 "'일상적' 이야기와 같은 선(先)과학적 지식"[651]으로 추락하지 않고 '과학성'과 '보편성'을 담보하기 위해서는 ①이러한 진리의 표현방식이 보편적이라는 것, 즉 사람들이 "지식 언술의 일반적 방식으로서 '실증' 과학의 양식을 수용한다는 것을 가정"[652]되어야 하고, ②이러한 사변적인 담론이 명시하는 '과학성'의 전제로서의 보편적인 인식론적 발생과정에 포함됨이 그 자신에게 적용되어야 한다.

그런데 이러한 조건을 만족시키기는 어렵기 때문에 오늘날 사변적 이야기를 통한 과학적 지식의 정당화는 '내적 침식'을 겪게 된다. 이렇게 과학적 진리 요구 자체가 그 과학적 진리를 요구하는 사변적 담론 자체에 적용됨으로써 사변적인 담론은 '내파'하게 되는 것이다. 이러한 사변적 게임의 붕괴는 과학적 담론들 사이의 위계질서의 붕괴를 유발하고 있다. 리오타르는 다음과 같이 쓰고 있다.

> "이 침식은 각각의 과학이 자기 위치를 찾아야 하는 백과사전적 골격을 이완시키면서 과학을 해방시킨다(92쪽)."

---

649 「포스트모던적 조건」, 90쪽
650 「포스트모던적 조건」, 90쪽
651 「포스트모던적 조건」, 91쪽
652 「포스트모던적 조건」, 91쪽

따라서 지식들 사이의 관계의 체계는 더 이상 나무가 아니라 리좀 (rhizome)이 되어가고 있다. 리오타르의 말대로 "인식의 사변적 위계질서는[…] 탐구의 이른바 '평평한' 내재적 망상조직에 그 자리를 내준다."[653] 즉, 인식의 위계질서, 즉 사변적 철학의 과학에 대한 우위는 성립하지 않으며 사변적 철학에 의해 부여받았던 각 과학의 확고했던 경계선은 오늘날 흐려지고 있고, 오늘날의 이러한 '융합'의 흐름은 학문적 체계를 점차로 들뢰즈가 말한 '리좀'으로 바꾸어 가고 있다는 말이다.

이러한 정당화 이야기에 의한 "정당화 요구를 원동력으로 하는"[654] 역설적인 탈정당화는 해방의 요구를 원동력으로 하는 〈계몽〉에 의해 규정된 정당화 절차에 의해서도 이루어진다. 〈계몽〉은 과학적 담론이 '이야기적 지식'과 같은 다른 유형의 담론보다 우월한 가치를 지닌다는 것을 가정하는 것인데, 이러한 계몽주의의 정점인 칸트에 이르러 인간의 인식능력과 언어에 대한 철저히 〈과학적인〉 분석을 통해 이론적 이성과 실천적 이성이 분리됨에 따라 과학적 담론이 "실천적인 게임[…]을 규제할 자격이 없는 언어게임이라고 폭로"[655] 되고, 따라서 "과학적 담론은 다른 담론들과 동등하게 설정"[656]된다. **이로써 〈계몽〉의 이념 자체가 내파한다.**

이러한 과학적 담론 사이의 위계질서의 붕괴와 과학적 담론의 다

---

653 『포스트모던적 조건』, 92쪽

654 『포스트모던적 조건』, 92쪽

655 『포스트모던적 조건』, 93쪽

656 『포스트모던적 조건』, 93쪽

른 담론에 대한 규제의 철폐에 의해 언어게임은 폭발적으로 분산된다. 더 이상 총체성이나 "메타 담론에 의거하는 종합"[657]은 불가능하게 되는 것이다. 그리고 "이런 언어게임의 분산 속에서 바로 사회적 주체 자신이 분해된다."[658] 리오타르는 다음과 같이 쓰고 있다.

> "어느 누구도 이 모든 언어를 말하지 못하며, 이 언어들은 보편적인 메타언어를 갖지 않으며, 체계-주체에 관한 기도는 실패로 끝나고, 해방의 기도는 과학과 함께할 일이라고는 아무것도 없으며, 사람들은 이런저런 개별적 인식의 실증주의에 빠져있다."[659]

위에서 살펴본 바, 오늘날 사변적 이야기와 해방적 이야기 모두 위기를 맞이하고 있다. 과학적 언어게임은 그렇다면 자기 스스로 형식적 조건에 의해 정당화될 수 있을까? 이러한 형식적 조건은 과학적 언어게임의 명제가 공리계(axiomatique)로부터 출발하여 정당한 과정을 거쳐 도출될 수 있음을 의미한다. 그런데 리오타르는 괴델이 자연수를 받아들이는 공리계에서 증명될 수도 반박될 수도 없는 명제가 존재함을 보였다고 말한다. 이는 공리계의 완전성이 불가능함을 보여준다. 따라서 형식적 공리계에 의한 자기-정당화조차도 불가능하다.

---

657 「포스트모던적 조건」, 94쪽

658 「포스트모던적 조건」, 94쪽

659 「포스트모던적 조건」, 94~95쪽

7.5 수행성에 의한 정당화와 그에 대한 비판

이런 의미에서 과학적 지식에 대한 고전적 정당화 모두가 심각한 위기를 맞게 된다. 이제 과학적 지식은 산출/투입의 비율로서 수행성의 극대화, 즉 기술에 의해 정당화된다. 이제 "게임의 적절성은 참, 정의, 아름다움과 같은 것이 아니라 효율성이다."[660] 그런데 이런 수행성에 의한 정당화는 이미 데카르트가 『방법 서설』에서 "수행을 극대화하는 기계들"을 마련하기 위해서는 추가 경비가 필요하고, 따라서 실험실을 위한 자금이 필요하다고 말하는 것에서 나타나고 있다. "돈 없이는 증명, 진술의 검증, 진리도 없는 것이다."[661]

그런데 산업혁명에 의해 '부 없이는 기술도 없다.'라는 말보다 '기술 없이는 부를 창출하지 못한다.'라는 말이 더 적합하게 된다. 그리고 매상고의 일부는 수행성을 더 높이기 위해 과학기술연구에 재투자된다. 그리고 이때의 과학기술은 생산력이 되고 이것은 과학기술이 "자본 유통의 한 계기"가 된다는 것을 의미한다.[662] 이것은 앞에서 『안티 오이디푸스』에서 이윤율의 경향적 저하를 막는 〈기계적 잉여가치〉가 과학과 기술에 의해, 즉 과학기술자들의 두뇌 노동에 의해 창조된다는 것과 같은 것을 말하고 있는 것이다. 그럼에도 리오타르는 과학기술은 돈을 더 벌기 위한 '수단'일 뿐이지 '목적'이 아니

---

660 『포스트모던적 조건』, 102쪽

661 『포스트모던적 조건』, 103쪽

662 『포스트모던적 조건』, 103쪽

라고 말한다. 기술은 "수행성이라는 정신적 매개"[663]를 통해서만 오늘날 지식에서 의미를 갖는다.

그리고 오늘날 기술을 연구하는 응용연구소에는 기업이 돈을 많이 투자하는 반면에 기업의 지배적인 조직 규범이 침투한다. 즉 위계질서와 능률 평가 등이 가혹하게 도입된다. 반면에 이 조직 규범을 받아들이지 않는 '순수연구소'에는 예산이 적게 편성된다.

이렇게 효율성과 수행성에 의해 작동하는 기술의 게임은 '힘'의 게임, 즉 권력 게임이다. 결국 이는 '권력에 의한 정당화'이다. 그렇다면 권력은 무엇이 정당화할까? 권력은 자기 스스로를 정당화한다. 그리고 오늘날 언어의 수행성은 그것이 담고 있는 정보에 비례하여 증가하고 권력 게임은 항상 수행성에 의해 작동하는 언어게임이므로 오늘날 권력은 정보의 생산, 저장, 유통, 관리에 관여한다.

그런데 리오타르에 의하면 "실증주의적인 효율성의 '철학'"[664]은 오늘날의 과학적 성취와 현대적인 연구게임의 화용론과 어긋난다. 그에 의하면 수행과 수행성의 개념은 매우 안정된 결정론적 체계를 전제로 하며, 투입과 산출 사이에 "예측할 수 있는 관계의 법칙"[665]이 존재한다는 가정 위에 성립한다. 그러나 오늘날 양자역학적 세계에서 "체계 상태를 완벽하게 측정한다는 것은 사실상 불가능"[666]하며 국가주도적인 체계 조정을 통한 체계 수행의 향상은 그 자신의

663 「포스트모던적 조건」, 103쪽
664 「포스트모던적 조건」, 121쪽
665 「포스트모던적 조건」, 123쪽
666 「포스트모던적 조건」, 124쪽

관료주의에 의해 불가능하게 된다.

뿐만 아니라 현대의 과학적 성취는 "결정주의에서 전제가 되는 안정 체계의 개념을 직접 문제시"한다.[667] 르네 톰(René Thom)의 연구는 양립 불가능한 상태들을 낳는 여러 통제 변수들의 동시적 변화에 의해 상태 변수가 결정 불가능하게 될 수 있다는 것을 보여준다. 이에 대해서는 리오타르의 다음과 같은 사례를 보자.

> "호전성을 개의 상태 변수라고 가정해 보자. 호전성은 통제 변수인 격분과 직접적인 관련 하에 증가한다. [⋯]한계에 도달한 호전성은 공격으로 표현된다. 두 번째 통제 변수인 공포는 반대 결과를 초래하며, 한계에 이르면 그것은 도망으로 표현된다. [⋯]만일 두 통제 변수가 함께 증가한다면 동시에 두 한계에 도달할 것이다. 이때 개의 행동은 예측 불능이며 갑자기 공격에서 도망으로 또 그 반대로 바뀔 수 있다."[668]

포스트모던한 과학적 담론의 장에서 갈등, 즉 불일치는 배제되어야 할 것이 아니라 바다 위에서 섬이 떠오르듯이 국부적 규칙들의 형태발생(morphogenesis), 즉 전(前)체계적인 것의 자기조직화를 통한 체계의 발생을 가능하게 하는 조건이다. 왜냐하면 언어게임의 이질성이 보존된다는 것이 가정될 때에만 국부적인 합의가 가능하기 때문이다. 따라서 리오타르는 이러한 "규칙의 채택을 가능하게 만드는

---

667 『포스트모던적 조건』, 129쪽
668 『포스트모던적 조건』, 129~130쪽

것"[669]으로써의 언어게임들 간의 불일치가 존중되는 한에서 국부적인 합의와 국부적인 규칙을 산출해 내야 한다고 말한다.

▌ 7.6 결론: 리오타르와 들뢰즈/가타리의 비교

이러한 리오타르의 언어철학은 『천개의 고원』에서 개진된 들뢰즈/가타리의 언어철학과 어떤 부분에서 통한다. 리오타르는 사변적이거나 정치적인 메타이야기의 지상명령이 더 이상 통하지 않는 상황을 긍정해야 함을 주장한다. 또한 리오타르는 "모든 언어게임에서 보편타당한 규칙"[670]을 통한 합의와 소통이 아닌 언어게임들 간의 차이(불일치)의 보존을 통해 과학적 담론을 정당화해야 한다고 주장한다. 그런데 리오타르에게 있어 각각의 언어게임들은 통제 변수와 이에 대응하는 상태 변수 사이의 관계가 일종의 '상수'로서 고정되어 있다는 점에서 결정론적이고 따라서 들뢰즈/가타리적인 의미에서 '다수적'이다. 들뢰즈/가타리는 이러한 결정론적인 언어를 '변주'함으로써 비결정론에 도달하려 하지만, 리오타르는 결정론적인 다양한 언어게임들의 뒤섞임과 교차를 통해 비결정론적인 지대를 창출하려고 한다. 이러한 언어의 변주는 도주선을 그리게 하고, 언어게임들의 뒤섞임과 교차는 매끄러운 공간, 즉 언어적 세계에 있어서의 〈바다〉를 만들어 낸다. 들뢰즈와 가타리에 의하면 '바다'는 근본적

---

669   『포스트모던적 조건』, 144쪽
670   『포스트모던적 조건』, 142쪽

으로 매끈한 공간으로써 형식화하려는 포획장치의 작동으로부터 탈코드화하고 탈영토화하려는 힘이 작동하는 공간이다.

뿐만 아니라 이 둘의 사상은 상호보완적일 수 있다. 리오타르의 이론은 '도주'만을 강조하는 사람들에게 특정한 시공간적 제약 속에서는 국부적으로 언어-체제가 결정론적일 수 있음을 일깨워 주고, 들뢰즈/가타리의 이론은 그럼에도 불구하고 이러한 국부적으로 결정론적인 체제가 오랜 시간이 흐르면 변주되고 변형될 수 있다는 사실을 일깨워 준다.

그러나 이렇게 두 텍스트의 교차점과 접점들이 있음에도 불구하고, 이 두 텍스트 사이에는 차이점도 존재한다. 그리고 이러한 차이는 리오타르의 오류에서 비롯된다. 이러한 리오타르의 오류 두 가지만 검토해 보도록 하자.

우선 체제가 수행성이나 효율성을 강조한다고 해서 이러한 수행성이나 효율성을 악으로 여기거나 극복의 대상으로 삼는 것은 잘못된 전략이다. 리오타르는 『지식인의 종언』에 실린 「포스트모던에 대한 짧은 설명」이라는 글을 통해서도 이러한 수행성과 효율성을 비판하지만 결론 부분에 이르게 되면, 이러한 주장이 뒤집힘을 알 수 있다. 리오타르는 언어기계를 작동시키기 위해 투입되는 에너지는 그렇게 많지 않으며 우리는 언어기계의 속도와 수행성을 더욱 높일 필요가 있다고 말한다. 언어기계에 필요한 것은 "언어의 탁월한 속성"으로서의 "날렵함·민첩성"이다.[671] 이렇게 투입이 작고 빠른 속도로

---

671 「포스트모던적 조건」, 56쪽

인해 산출이 크기 때문에 탁월한 언어기계는 효율적이고 수행적이다. 그리고 이러한 탁월하고 수행적이며 효율적인 언어기계는 "과잉 자본화"에 종속되지 않는다.[672] 비록 자본주의가 언어 속으로 침투해서 "언어가 상품으로 변화"[673]되는 것이 우리의 시대일지라도, 이러한 효율적이고 수행적인 언어기계에 대해 "경제인들은 좌절"[674]하고 있다. 왜냐하면 언어기계의 극한적인 속도는 자본주의가 따라잡기에는 버겁기 때문이다.

뿐만 아니라 네그리와 하트 등에 의해 밝혀진 바에 따르면 이러한 언어기계의 혁신을 포함한 오늘날의 대부분의 위대한 "혁신은 네트워크들 속에서 이루어"지며 자본주의의 사적 소유에 의한 통제는 이러한 네트워크에 의한 혁신을 통해 증대된 효율성과 속도를 따라잡을 수 없기에 '감속'의 요인으로 작동한다.[675] 또한 네그리와 하트는 "명령을 내리는 중심"을 정점으로 하는 위계질서에 의해 작동하는 기업 모델보다 수평적인 네트워크로서의 떼(swarm) 모델이 정보 처리에 있어서 더 효율적이고 신속한 모델이라고 말한다.[676] 그렇기 때문에 수평적 네트워크를 통해 자본주의보다 속도/효율성/수행성의 측면에서 더 앞서나감으로써 자본주의를 붕괴시키는 전략은 자본주의가 가진 속도를 감속시키려는 전략보다 훨씬 유효하다고 볼 수 있다.

---

672 『포스트모던적 조건』, 57쪽
673 『포스트모던적 조건』, 50쪽
674 『포스트모던적 조건』, 57쪽
675 안토니오 네그리, 마이클 하트, 조정환 · 정남현 · 서창현 역, 『다중』, 서울:세종서적, 2008, 403쪽
676 『다중』, 127~129쪽

그리고 이러한 빠른 속도와 수행성은 정해진 투입에 대한 산출물의 양을 폭발적으로 증대시킴으로써 이러한 산출물의 양을 예측 불가능하고 제어 불가능하게 함으로써 결정론적 체계 자체를 붕괴시킨다. 따라서 수행과 수행성의 개념은 매우 안정된 결정론적 체계를 전제로 한다는 리오타르의 전제 자체가 무너지는 것이다.

또한 들뢰즈/가타리는 오히려 왕립과학보다 유목과학이 더 실용적이고 수행적이며 효율적이라고 주장한다. 왕립과학은 정확한 정의와 안정된 공리로부터 정리로 나아가는 정리적인(theorematic) 과학인 반면에 유목과학은 현실의 "문제로부터 출발해 이 문제를 조건 짓고 해결하는 다양한 사건들로 나아가"는 문제설정적인(problematic) 과학이라고 볼 수 있다.[677] 이렇게 출발점부터 다른 두 과학 중에서 더 수행적이고 효율적인 과학은 당연히 후자이다. 그런데 이러한 유목과학은 사람들의 상상과는 달리 오히려 엄밀하고 왕립과학과는 다른 방식으로 추상적이다. 왕립과학은 경험적 세계를 초월한 이상적 본질을 추구하는 추상화에 의해서 작동하지만, 유목과학에서의 추상화는 "유랑적이고 유목적인 형태의 본질"을 낳는다.[678] 유목과학은 본질을 항상 변용이라는 관점에서 고찰하는 반면 왕립과학은 변용이 불가능한 '원의 이데아'와 같은 것을 탐구한다. 이러한 왕립과학과 반대로 유목과학은 '둥긂'과 같은 모호하고 유동적인 본질을 대상으로 하는 것이다. 이러한 "모호하고 유동적인" 본질이 생성을 엄밀하게 규정짓는다는 점에서 이러한 유목과학은 "비정확하지만

---

677 질 들뢰즈, 펠릭스 가타리, 김재인 옮김, 『천개의 고원』, 서울: 새물결 출판사, 693쪽

678 『천개의 고원』, 704쪽

엄밀"하다.[679]

또한 리오타르는 괴델 이후 과학적 담론이 공리계의 통제로부터 벗어난 듯이 말하지만 들뢰즈와 가타리는 오늘날 과학적 담론을 추동하는 자본주의가 공리계에 의해 작동하고 있다고 말한다. 이러한 '공리계'의 문제는 왕립과학/유목과학의 문제와도 관련이 있다. 들뢰즈와 가타리는 왕립과학이 공리계에 의해 작동되었으며 "공리론자들은 기하학에서 정리주의의 후계자들"이라고 말한다.[680]

이러한 공리계 속에서 공리는 명제가 아니라 명제 이전에 존재하는 것이므로 "분명히 정리적 명제"가 아니고, 공리계의 성질상 다른 공리에서 파생되지 않는다.[681] 이것은 자본주의에서도 마찬가지인데, 자본주의적 공리계의 공리들은 선(先)명제적인 것으로서 자본주의적(혹은 정치경제학적) 명제들에 대해 메타적인 위치에 있다. 오늘날 자본주의에서 공리들은 "〈자본〉의 기호론적 형태를 만들고 생산, 유통, 소비의 배치의 성분으로 들어가는 조작적인 언표"들로서 이러한 공리들은 흐름들에 작용한다.[682] 이러한 공리적 언표들은 다른 명제적 정리들을 파생시키고 이러한 공리와 명제들은 흐름들을 관리하는 명령어의 체제를 이룬다. 이러한 공리들은 자본주의 사회에서 존재론적으로 제1의 위치에 있는 존재로서의 명령어들이다.

---

679 『천개의 고원』, 705쪽

680 『천개의 고원』, 884쪽

681 『천개의 고원』, 884쪽

682 『천개의 고원』, 884쪽

참고문헌

» 루트비히 비트겐슈타인, 이승종 옮김, 『철학적 탐구』, 파주: 아카넷, 2020

» 안토니오 네그리, 마이클 하트, 조정환 · 정남현 · 서창현 역, 『다중』, 서울:세종서적, 2008

» 장 프랑수아 리오타르, 이현복 옮김, 『지식인의 종언』, 서울: 문예출판사, 2011

» 장 프랑수아 리오타르, 이현복 옮김, 『포스트모던적 조건』, 파주: 서광사, 2014

» 질 들뢰즈, 펠릭스 가타리, 김재인 옮김, 『천개의 고원』, 서울: 새물결 출판사, 2003

8. 맺는말

이로써 〈기호〉라는 프리즘을 통해 현대 프랑스철학을 분석하고자 하는 나의 시도는 끝이 났다. 우리가 이 현대 프랑스철학에서 배울 수 있는 것은 정치적인 것이나 사회적인 것으로부터 분리된 기호계는 존재하지 않는다는 것이다. 이것이 들뢰즈와 가타리의『안티 오이디푸스』에서의 정치체제에 따른 기호의 성격 변화의 강조,『천개의 고원』에서의 '레닌'을 참조하고 '소수적인 언어'를 강조하는 화용론과 기호체제론 뿐만 아니라 사회적, 물질적 의사소통을 중요시하는『목소리와 현상』에서의 데리다와 루소와 레비스트로스에 대한 비판을 통해 정치적인 것과 사회적인 것에 대한 성찰을 강조하는『그라마톨로지에 대하여』의 데리다, '전략적인 것'이 담론적 형성에 있어서 이차적인 것이 아니라 일차적인 것임을 강조하는『지식의 고고학』의 푸코, 비트겐슈타인의 화용론을 이용해 현대사회의 불가역적 변화를 이야기하는『포스트모던적 조건』의 리오타르에게서 드러난 것이다.

나의 이 연구가 앞으로 학계에서의 기호계의 사회적, 정치적 성격에 대한 연구의 발전에 도움이 되었으면 좋겠다.

기호와 현대철학

초판 1쇄 발행 2022. 12. 30.

지은이 김상범
펴낸이 김병호
펴낸곳 주식회사 바른북스

편집진행 김재영
디자인 최유리

등록 2019년 4월 3일 제2019-000040호
주소 서울시 성동구 연무장5길 9-16, 301호 (성수동2가, 블루스톤타워)
대표전화 070-7857-9719 | **경영지원** 02-3409-9719 | **팩스** 070-7610-9820

•바른북스는 여러분의 다양한 아이디어와 원고 투고를 설레는 마음으로 기다리고 있습니다.

이메일 barunbooks21@naver.com | **원고투고** barunbooks21@naver.com
홈페이지 www.barunbooks.com | **공식 블로그** blog.naver.com/barunbooks7
공식 포스트 post.naver.com/barunbooks7 | **페이스북** facebook.com/barunbooks7